| 발 행 일 | 2025년 09월 01일(1판 1쇄) |
|---|---|
| I S B N | 979-11-92695-69-3(13000) |
| 정 가 | 14,000원 |
| 집 필 | KIE기획연구실 |
| 감 수 | 방컴(쌤과 아이들) |
| 진 행 | 유아솔 |
| 본문디자인 | 디자인앨리스 |
| 발 행 처 | ㈜아카데미소프트 |
| 발 행 인 | 유성천 |
| 주 소 | 경기도 파주시 정문로 588번길 24 |
| 홈 페 이 지 | www.aso.co.kr |

※ 이 책은 저작권법에 따라 보호를 받는 저작물이므로 무단 전재와 무단 복제를 금지하며, 이 책 내용의 전부 또는 일부를 이용하려면 반드시 아카데미소프트의 서면동의를 받아야 합니다.

## 나의 타자 실력을 기록해보세요!

| 구분 | 날짜 | 타자수 | 정확도 | 확인란 | 구분 | 날짜 | 타자수 | 정확도 | 확인란 |
|---|---|---|---|---|---|---|---|---|---|
| 1 | 월 일 | | | | 13 | 월 일 | | | |
| 2 | 월 일 | | | | 14 | 월 일 | | | |
| 3 | 월 일 | | | | 15 | 월 일 | | | |
| 4 | 월 일 | | | | 16 | 월 일 | | | |
| 5 | 월 일 | | | | 17 | 월 일 | | | |
| 6 | 월 일 | | | | 18 | 월 일 | | | |
| 7 | 월 일 | | | | 19 | 월 일 | | | |
| 8 | 월 일 | | | | 20 | 월 일 | | | |
| 9 | 월 일 | | | | 21 | 월 일 | | | |
| 10 | 월 일 | | | | 22 | 월 일 | | | |
| 11 | 월 일 | | | | 23 | 월 일 | | | |
| 12 | 월 일 | | | | 24 | 월 일 | | | |

# 구성

## 이런 내용으로 구성되어 있어요!

### ■ 배울 내용 미리보기

각 차시별로 배울 내용을 만화로 미리 확인할 수 있어요.

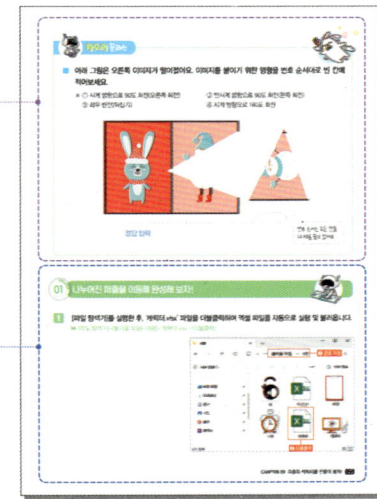

### ■ 창의력 플러스

본문 학습 내용과 관련된 다양한 형태의 문제들을 스스로 해결하면서 창의력과 문제해결능력을 높일 수 있어요.

### ■ 본문 따라하기

엑셀 2021의 여러 가지 기능들을 따라하면서 하나씩 학습할 수 있도록 구성되어 있어요.

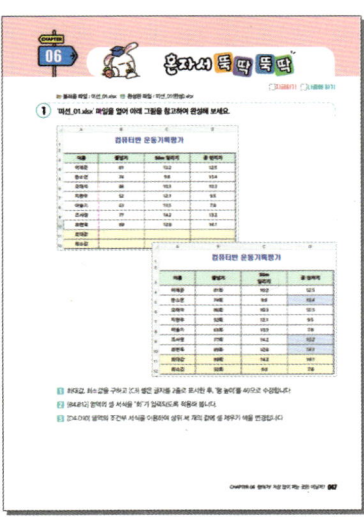

### ■ 혼자서 뚝딱 뚝딱

앞에서 배운 내용을 다시 한 번 복습할 수 있도록 재미있고 신나는 문제를 제공해요.

Orientation 003

# 목차 CONTENTS

### CHAPTER 01
그림 퍼즐로 엑셀 여행 떠나요.

006

### CHAPTER 02
나도 포스터를 만들수 있다고?

012

### CHAPTER 03
우리반 시간표는 내가 만들어!
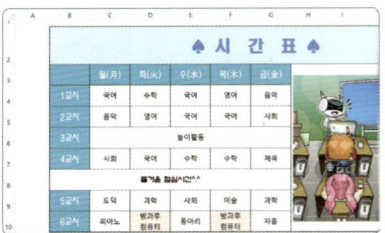
020

### CHAPTER 04
내가 직접 만드는 달력!

028

### CHAPTER 05
방과 후 수업 선호도 조사
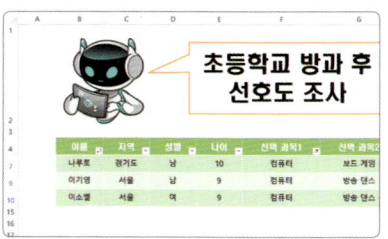
034

### CHAPTER 06
햄버거! 가장 많이 파는 곳은 어딜까?

042

### CHAPTER 07
키가 얼마나 자랐을까요?

048

### CHAPTER 08
단원 종합 평가 문제
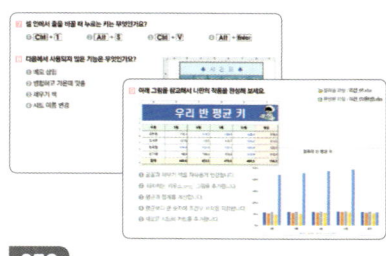
056

### CHAPTER 09
퍼즐과 캐릭터를 만들어 볼까!

058

### CHAPTER 10
컴퓨터 관련 단어를 찾아라~
068

### CHAPTER 11
봄과 여름에 피는 꽃
074

### CHAPTER 12
동물의 특징 알아보기

082

## CHAPTER 13
재미있는 퀴즈 맞추기
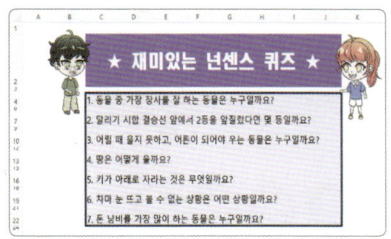
088

## CHAPTER 14
저녁 메뉴 사다리 타기
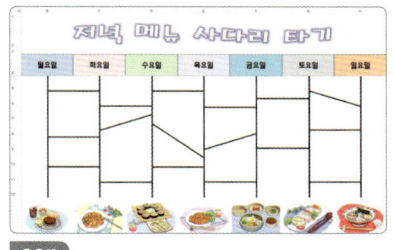
094

## CHAPTER 15
만화 캐릭터 프로필
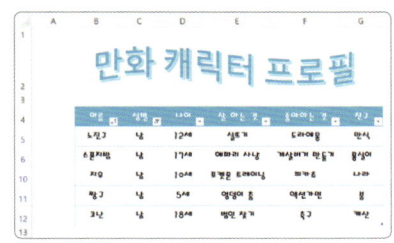
100

## CHAPTER 16
단원 종합 평가 문제
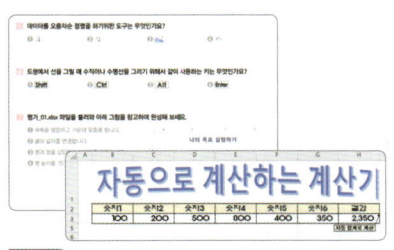
108

## CHAPTER 17
픽셀 아트로 나도 디자이너!

110

## CHAPTER 18
길동이의 용돈 지출 내역
116

## CHAPTER 19
친구들의 성적표를 지켜라!

122

## CHAPTER 20
가장 인기있는 직업은 무엇일까?
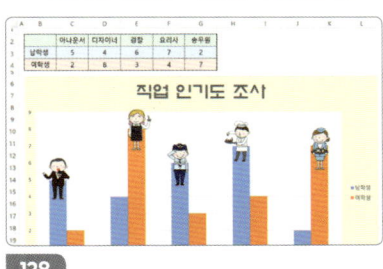
128

## CHAPTER 21
나는 기상학자가 될거야!
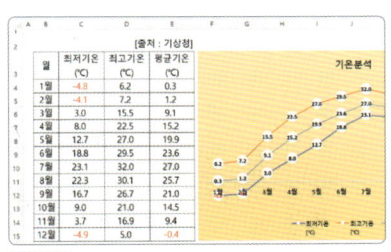
136

## CHAPTER 22
엑셀로 배우는 구구단
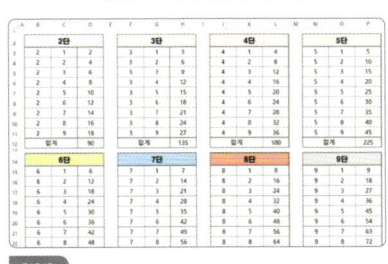
144

## CHAPTER 23
오늘은 분식 배달 시킬까? 얼마야?
150

## CHAPTER 24
단원 종합 평가 문제
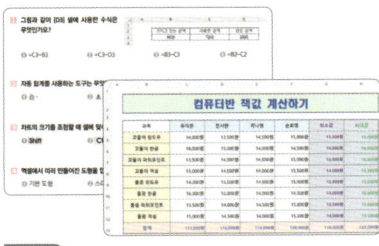
156

# CHAPTER 01 그림 퍼즐로 엑셀 여행 떠나요.

- 행, 열, 셀의 개념을 알아봅니다.
- 그림을 이동하면서 행, 열, 셀을 이해합니다.

📁 불러올 파일 : 그림 퍼즐.xlsx   📗 완성된 파일 : 그림 퍼즐(완성).xlsx

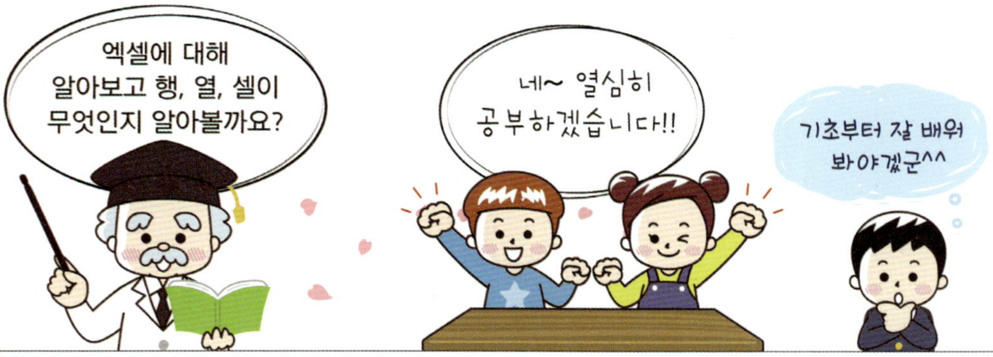

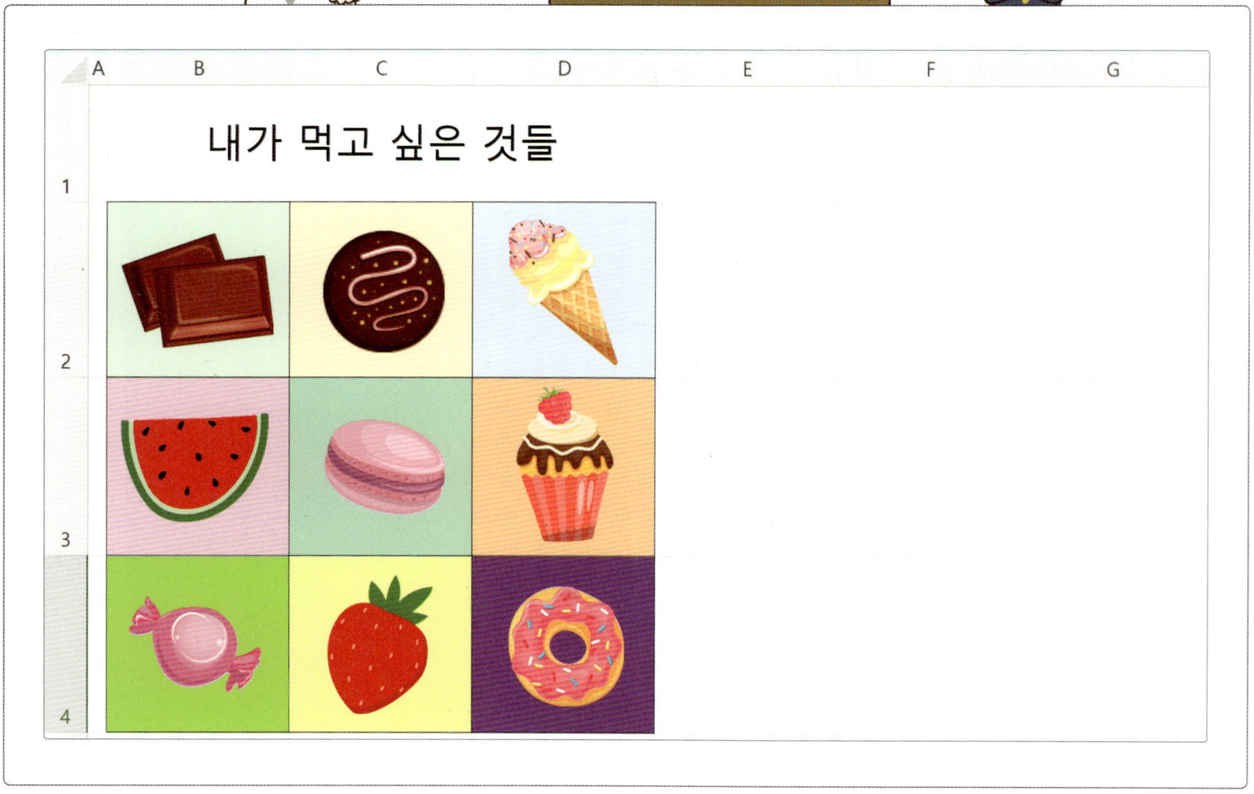

1 우리들의 친구 '키우스봇'은 현재 어디에 있을까요?

※ 보기를 참고해서 열과 행을 적어봅니다.

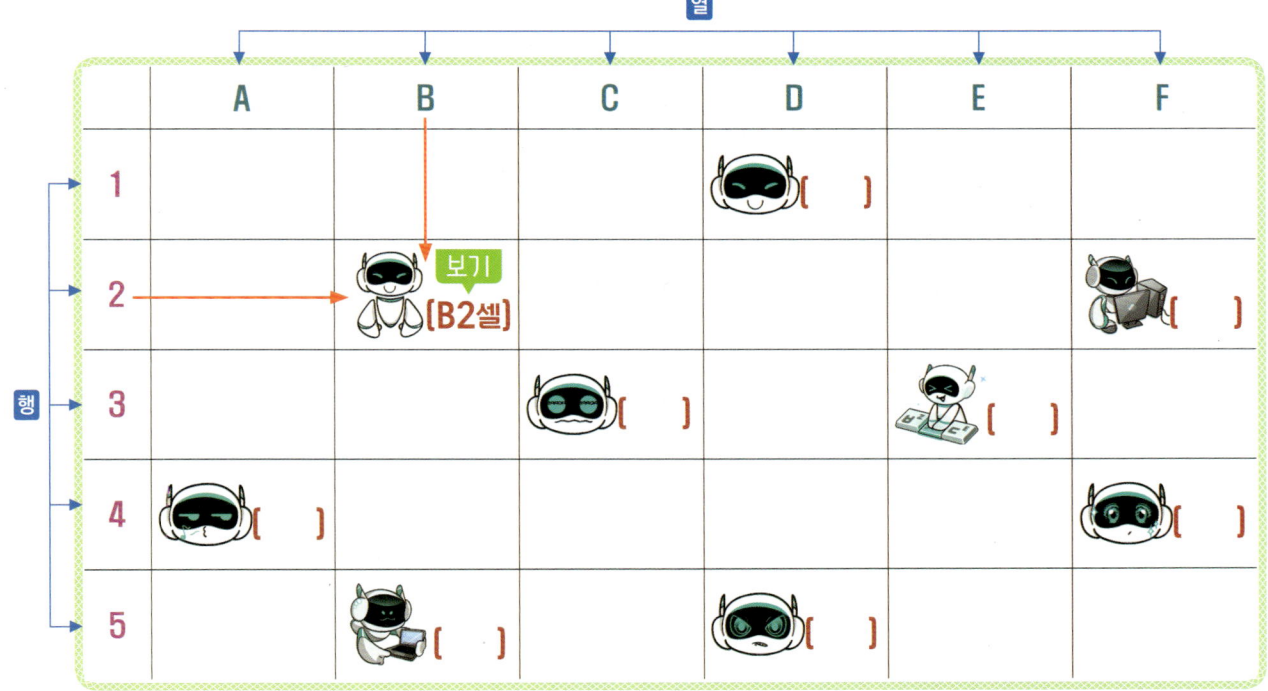

2 다음 음식명을 보고 음식에 들어가는 재료를 자유롭게 적어보세요.

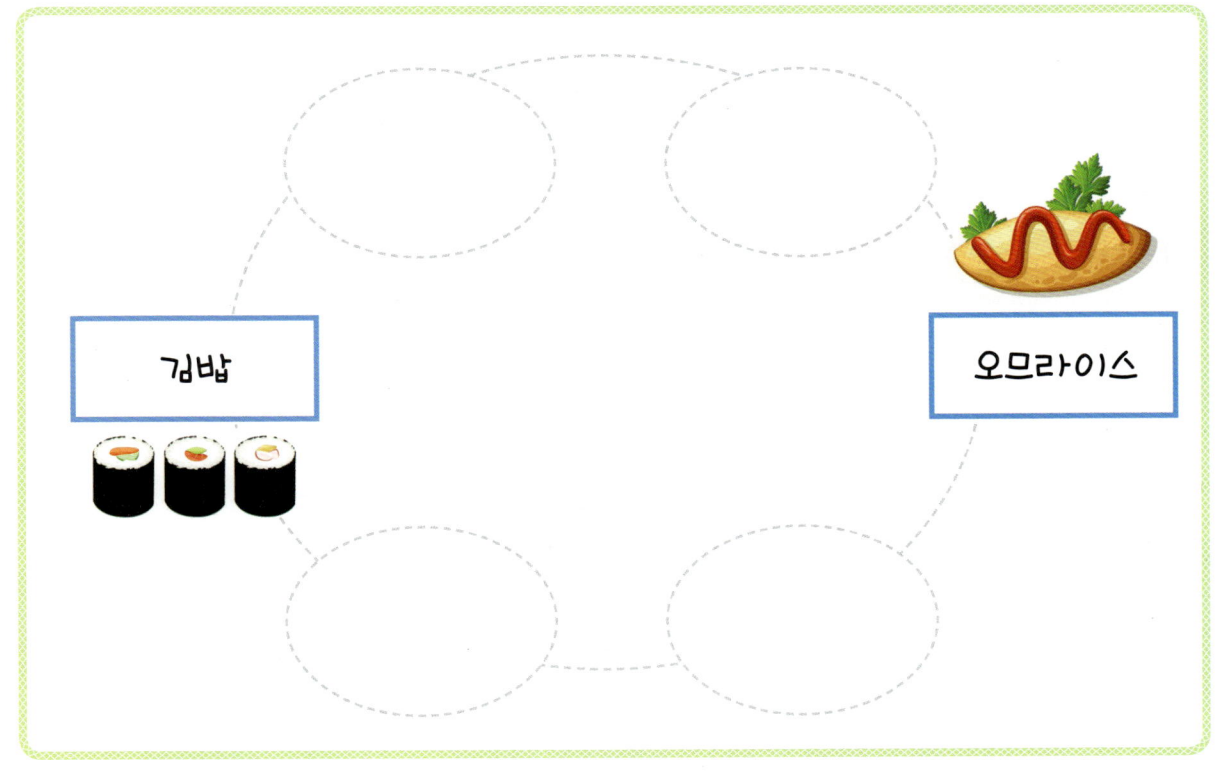

## 01 '엑셀' 파일을 열어볼까요!

**1** [Excel 2021] 프로그램을 실행한 후, '그림 퍼즐.xlsx' 엑셀 파일을 불러옵니다.
➡ [열기]-[찾아보기]-[불러올 파일]-[1장]-'그림 퍼즐.xlsx'-<열기>

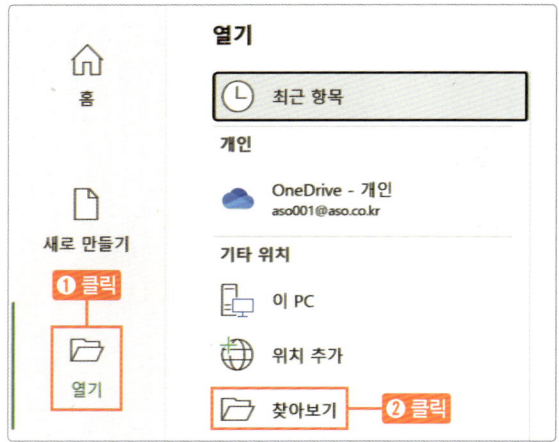
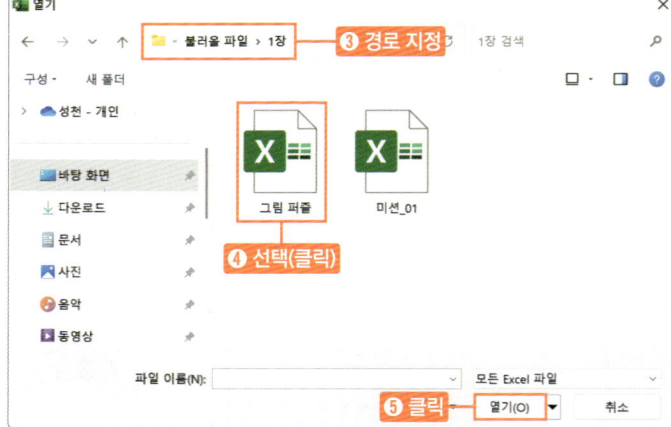

## 02 엑셀의 기본 개념 '행', '열', '셀' 쯤이야?

**1** 마우스로 '내가 먹고 싶은 것들' 텍스트가 입력된 셀을 클릭합니다.

마우스 포인터가 ✚ 모양으로 바뀌고 [B1] 셀이 선택 된 것을 [이름 상자(B1)]에서도 확인할 수 있습니다. 병합된 셀은 첫 번째 셀 이름이 지정됩니다.

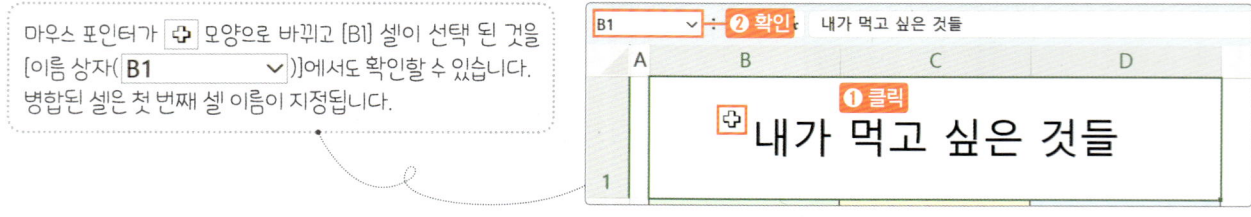

**2** 마우스로 C열 머리글을 클릭하면 마우스 포인터가 ⬇ 모양으로 변경되고 C열 전체가 선택됩니다.

마우스 가운데에 있는 휠 단추를 아래쪽으로 굴리면 아래쪽 화면이 나타나고 휠 단추를 위쪽으로 굴리면 위쪽 화면이 나타납니다.

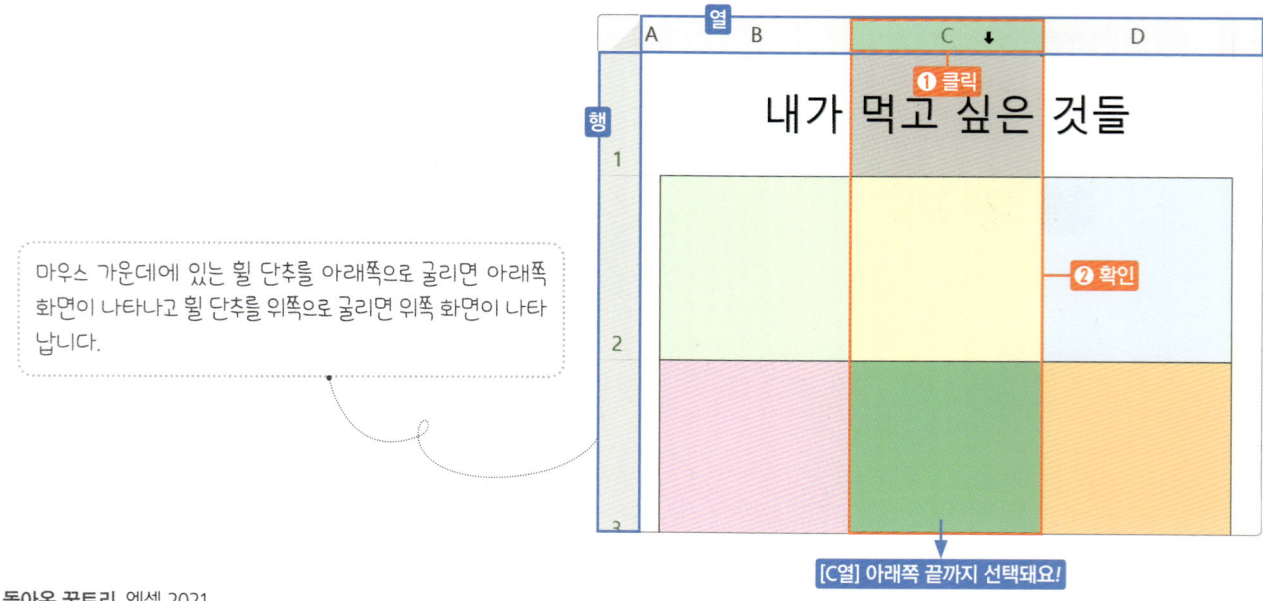

3 마우스로 3행 머리글을 클릭하면 마우스 포인터가 ➡ 모양으로 변경되며 위에서 선택한 C열 선택이 취소되고 3행 전체가 선택됩니다.

4 [C2] 셀을 마우스로 클릭하고 Ctrl + ↓ 키를 누르면 커서가 위치한 맨 마지막 [C1048576] 셀이 선택됩니다.

커서가 위치한 맨 처음 [B1] 셀로 이동할 경우 Ctrl + ↑ 키를 누르면 됩니다.

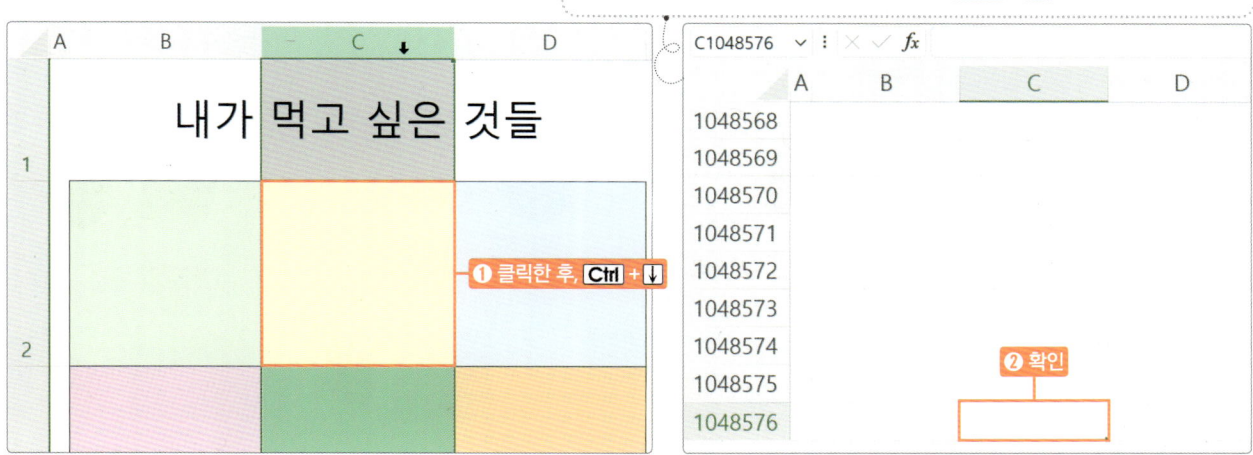

5 [B1] 셀을 선택하고 Ctrl + → 키를 누르면 커서가 위치한 맨 마지막 [XFD1] 셀이 선택됩니다.

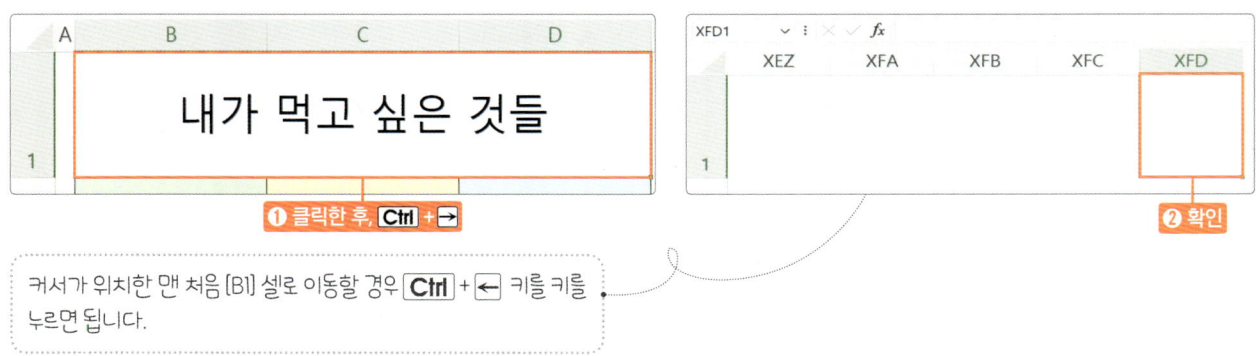

커서가 위치한 맨 처음 [B1] 셀로 이동할 경우 Ctrl + ← 키를 키를 누르면 됩니다.

6 마우스로 [이름 상자(B1 ▽)]를 클릭한 다음 'C31' 또는 'A1'을 입력하고 Enter 키를 누르면 [C31] 셀 또는 [A1] 셀이 선택됩니다.

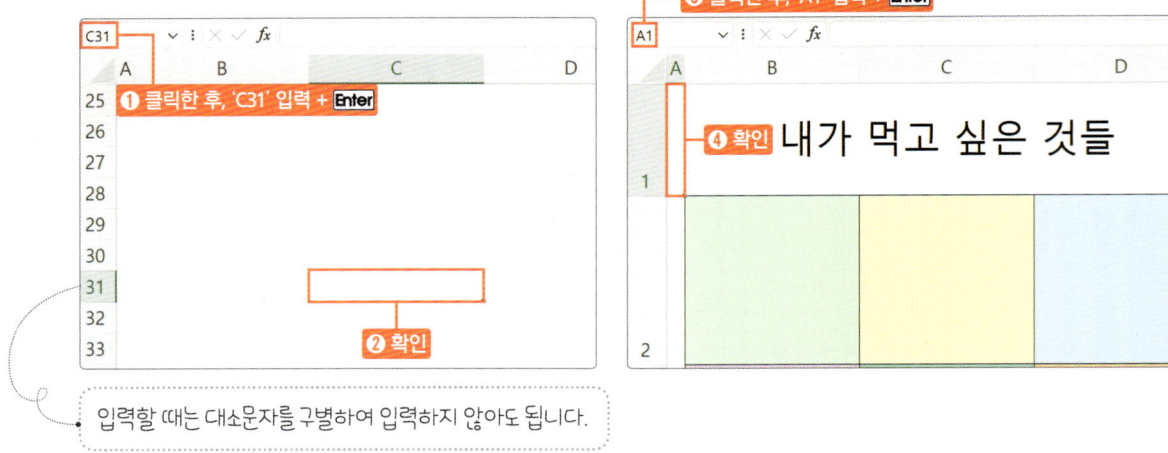

입력할 때는 대소문자를 구별하여 입력하지 않아도 됩니다.

## 03 셀에 그림을 이동하고 파일 저장까지!

1 [E2] 셀에 있는 '쿠키' 그림을 마우스로 드래그해서 원하는 셀로 이동합니다. 나머지 그림들도 원하는 위치의 셀에 드래그합니다.,

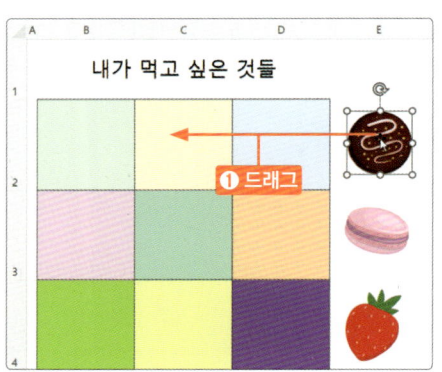  

2 작업한 엑셀 파일을 원하는 폴더에 저장합니다.
➡ [파일]-[다른 이름으로 저장하기]-[찾아보기]-[경로(저장위치) 지정]-'그림 퍼즐(홍길동)' 입력-<저장>

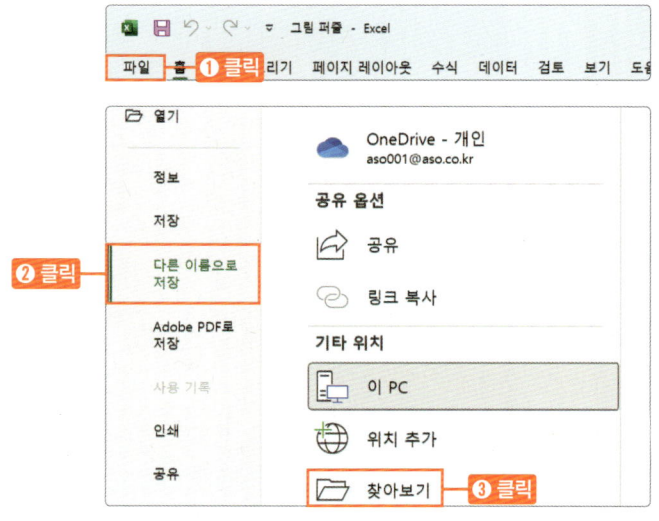 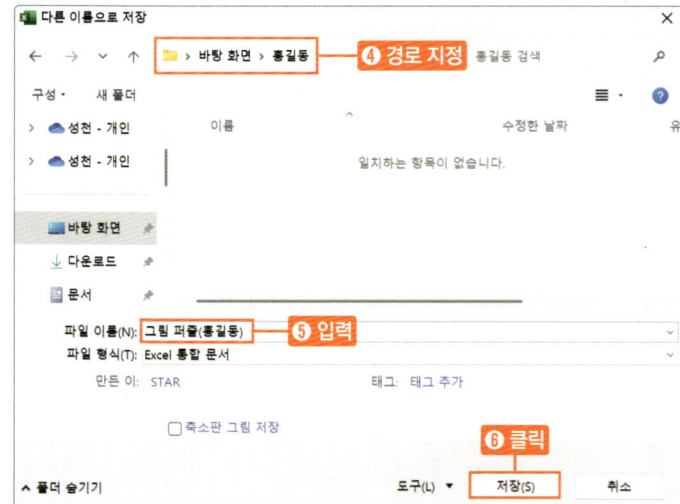

## 혼자서 뚝딱뚝딱

☐ 지금하기　☐ 나중에 하기

📁 불러올 파일 : 미션_01.xlsx　　📁 완성된 파일 : 미션_01(완성).xlsx

**1** '미션_01.xlsx' 파일을 열어 그림을 원하는 위치에 드래그해서 완성해 봅니다.

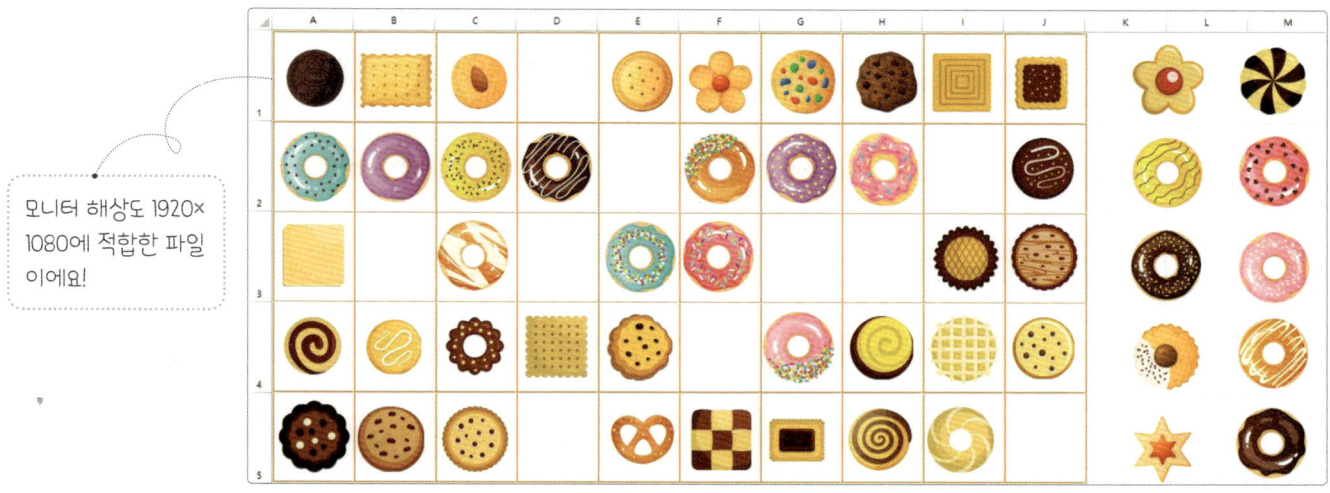

모니터 해상도 1920× 1080에 적합한 파일이에요!

**2** 아래 그림을 보고 쿠키의 셀 주소를 적어봅니다.

I4

CHAPTER 01 그림 퍼즐로 엑셀 여행 떠나요. **011**

# CHAPTER 02 나도 포스터를 만들 수 있다고?

**학습목표**
- 행과 열의 크기를 조절하고, 셀을 병합한 후, 글자를 가운데 맞춤으로 지정해 봅니다.
- 셀에 글자를 입력한 후, 서식을 변경해 봅니다.

글자 색, 글자 모양, 배경색, 선 모양 등의 형태를 '서식'이라고 해요.

### 배울 내용 미리보기!

📁 불러올 파일 : 포스터.xlsx    📄 완성된 파일 : 포스터(완성).xlsx

행과 열의 크기를 조절하고 병합도 해봅니다.

병합? 뭐지??

병합은 여러 셀을 하나로 합치는 거야!

 창의력 뿜뿜

1 다음 이미지를 보고 분리수거를 해보세요.

※ 이미지를 선으로 분리수거통에 연결해보세요.

비닐　　종이　　캔류　　플라스틱

2 환경보호를 위해 내가 할 수 있는 일을 적어보세요.

예) 1회 용품을 사용하지 않아요.

## 01 열의 너비와 행의 높이도 간단히 변경할 수 있지!

**1** [Excel 2021]을 실행한 후, '포스터.xlsx' 파일을 불러옵니다.
➡ [열기]-[찾아보기]-[불러올 파일]-[2장]-'포스터.xlsx'-<열기>

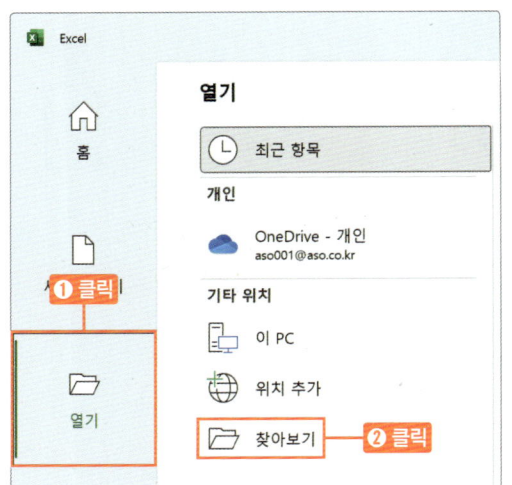 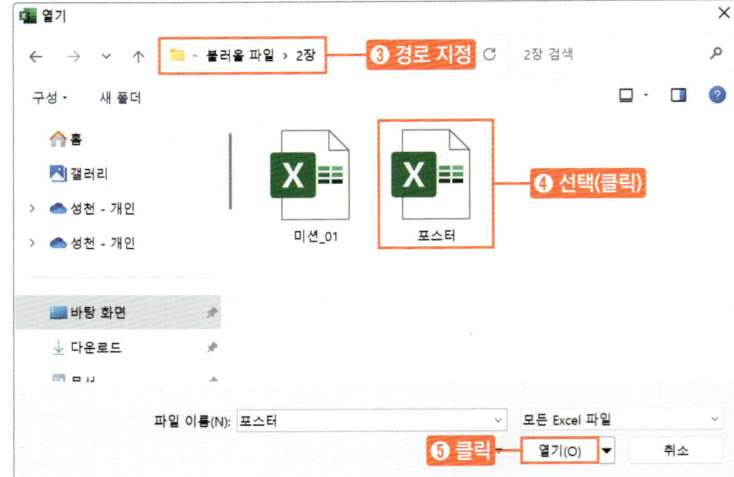

**2** [A] 열 머리글 위에서 마우스 오른쪽 단추를 눌러 [열 너비]를 클릭합니다.

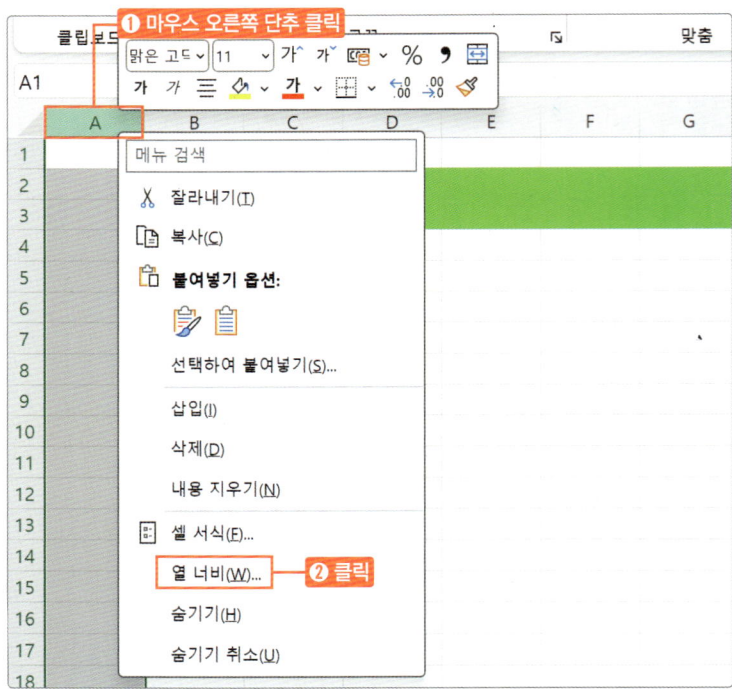

**3** [열 너비] 대화상자에서 입력 칸에 '1'을 입력한 후, <확인> 단추를 클릭합니다.

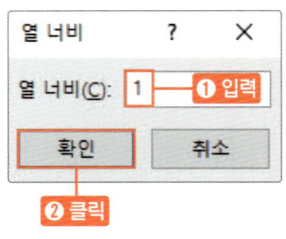

**4** [1] 행 머리글 위에서 마우스 오른쪽 단추를 눌러 [행 높이]를 클릭합니다. 이어서, [행 높이] 대화상자에서 입력 칸에 '10'을 입력한 후, <확인> 단추를 클릭합니다.

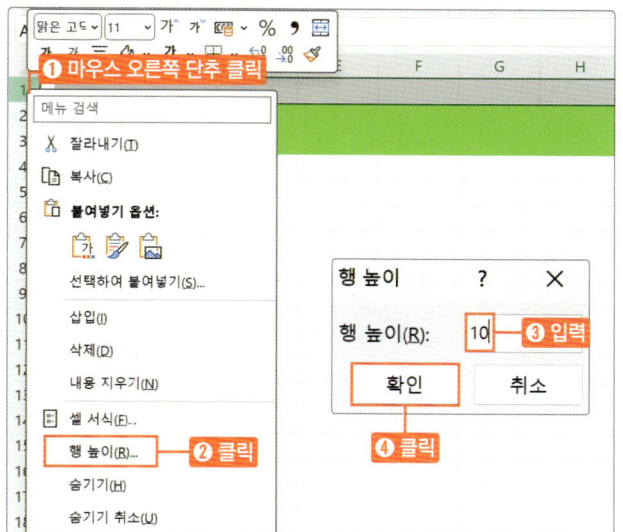
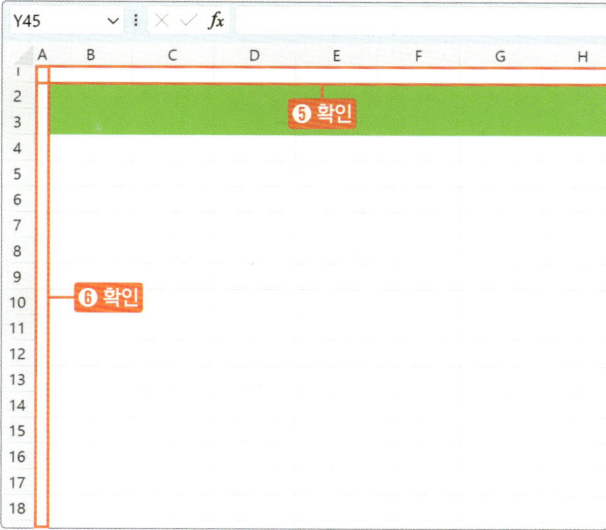

## 02 여러 셀을 하나로 합친다구?

**1** [B4] 셀부터 [G31] 셀까지 드래그한 후, 드래그한 여러 셀을 하나로 합칩니다.

➡ [범위 지정(드래그)]-[홈]-[맞춤] 그룹-[병합하고 가운데 맞춤()]

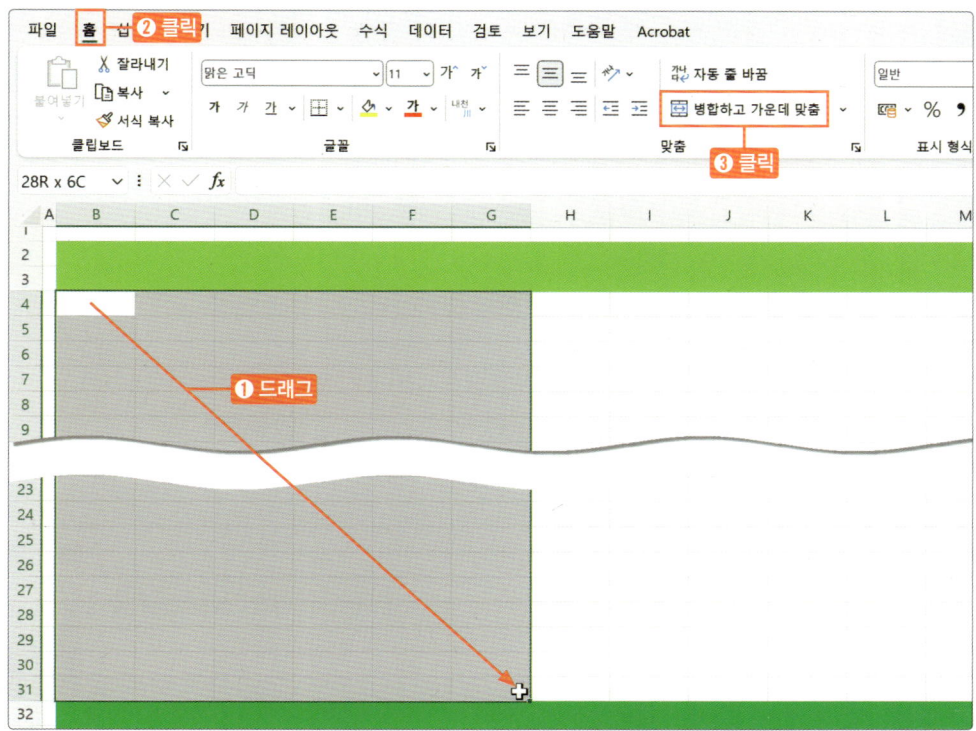

**2** 같은 방법으로 [H4] 셀부터 [P9] 셀까지 그리고 [H10] 셀부터 [P31] 셀까지 드래그한 후, 병합합니다.

➡ [H4] 셀부터 [P9] 셀까지 범위 지정
➡ [H10] 셀부터 [P31] 셀까지 Ctrl +범위 지정
➡ [홈]-[맞춤] 그룹-[병합하고 가운데 맞춤( )]

• Ctrl 키를 누르고 드래그하면 여러 셀을 각각 선택할 수 있어요.

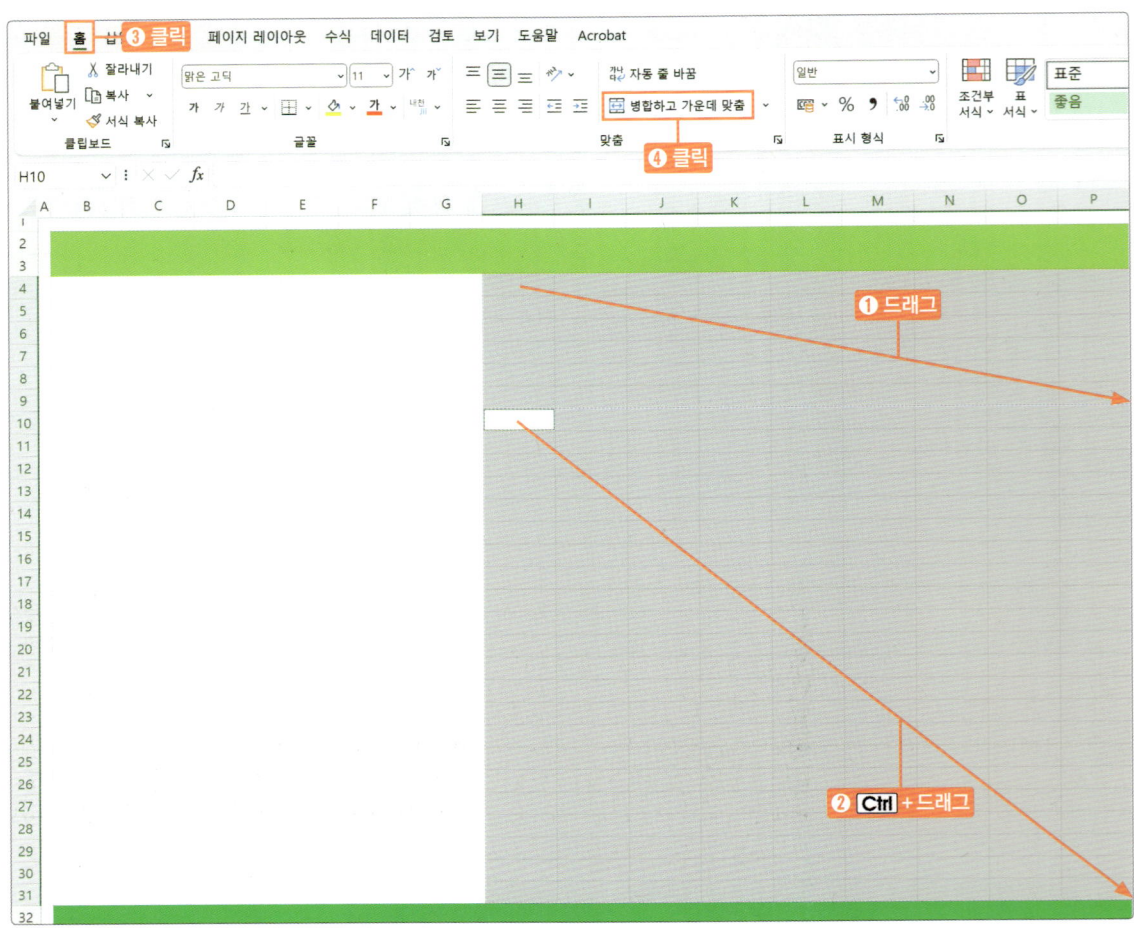

## 03 이제 셀에 채우기 색상을 추가해 볼까!

**1** 병합한 [H4] 셀을 클릭하여 채우기 색을 지정합니다.

➡ [H4셀 클릭]-[홈]-[글꼴] 그룹-[채우기 색( )]-[목록 단추( )]-원하는 색상 선택

• 병합한 셀은 첫 번째 셀 이름이 지정됩니다.

2 병합한 [H10] 셀을 클릭한 후, 마우스 오른쪽 단추를 눌러 [셀 서식]을 클릭합니다.

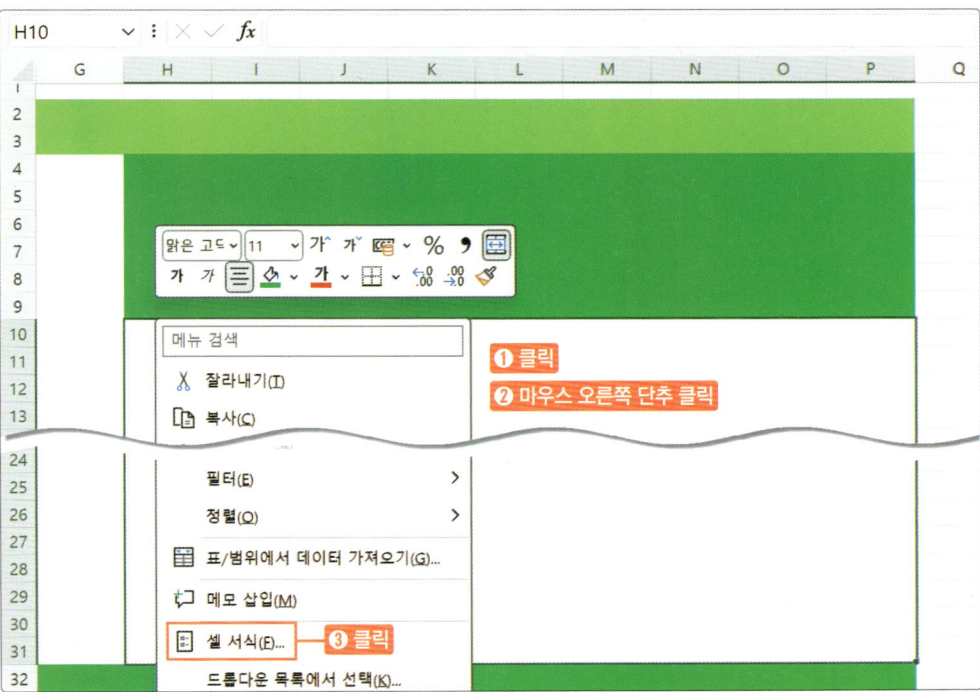

3 [셀 서식] 대화상자가 나오면 [채우기]에서 [배경색], [무늬 색], [무늬 스타일]을 원하는 색상을 지정합니다.

➡ [셀 서식] 대화상자-[채우기]-[배경색], [무늬색], [무늬 스타일]-<확인>

배경색은 색을 알려주는 풍선 도움말이 나오지 않으므로 '무늬 색'을 클릭하여 확인하세요.

## 04 이제 셀에 글자도 입력하고 그림도 추가해 볼까!

**1** [H4] 셀에 특수문자 '★'를 입력합니다.
➡ [H4 셀 클릭]-[한글 'ㅁ' 입력]-[★ 선택(클릭)]

한글 자음(ㄱ, ㄴ, ㄷ~ㅎ)을 입력한 후, 한자 키를 누르면 다양한 종류의 특수문자를 선택할 수 있습니다.

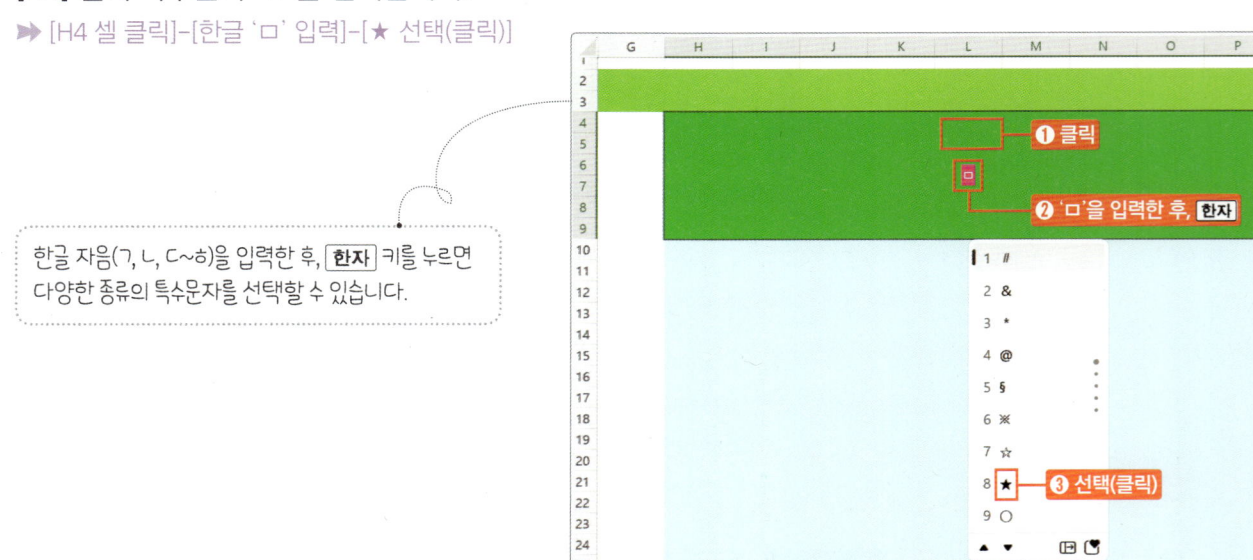

**2** '지구야 고마워'를 입력한 후, 같은 방법으로 특수문자 '★'을 입력하고 Enter 키를 누릅니다.

글자 입력 한 후, '워' 뒤를 다시 클릭하여 특수문자를 입력합니다.

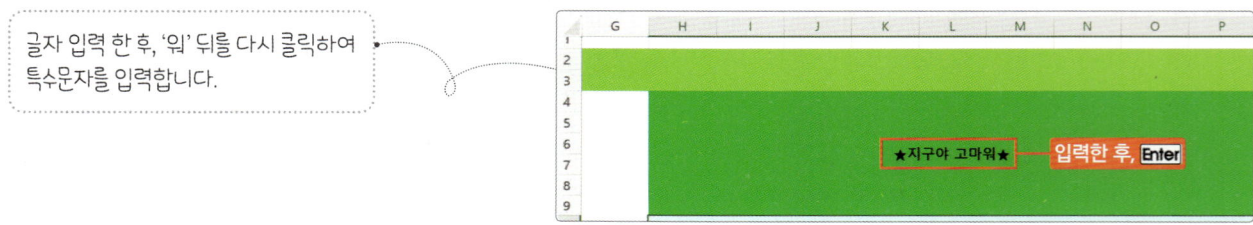

**3** [H4] 셀을 클릭한 후, 위에서 입력한 글자를 꾸며봅니다.
➡ [H4 셀 클릭]-[홈]-[글꼴] 그룹-'원하는 글꼴'

**4** 이제 그림도 추가해 볼까요.
➡ [삽입]-[일러스트레이션] 그룹-[그림( )]- 이 디바이스...(D)

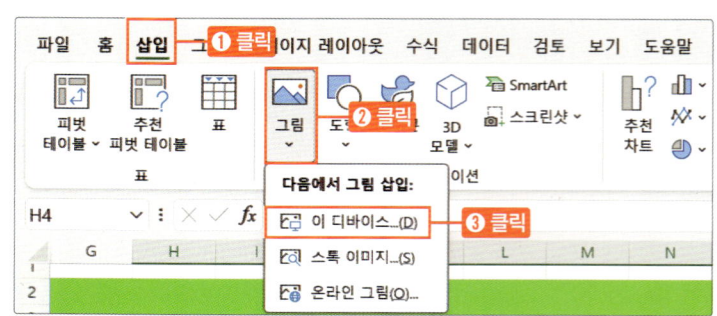

5 그림을 추가한 후, 그림의 조절점(○)을 드래그하고 크기를 조절하고 그림을 드래그하여 위치를 변경합니다.

➡ [그림 삽입] 대화상자-[불러올 파일]-[2장]-'지구본1.png'

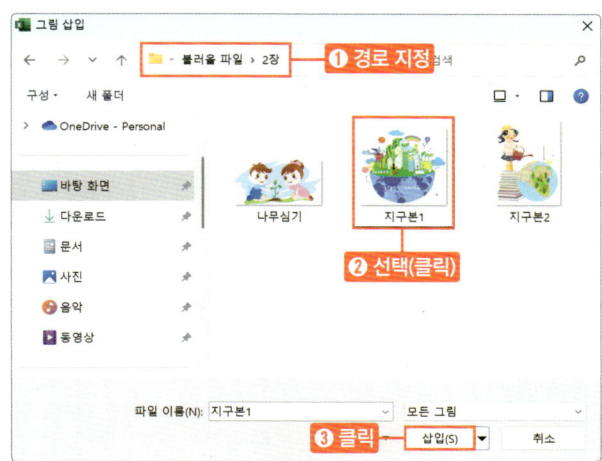

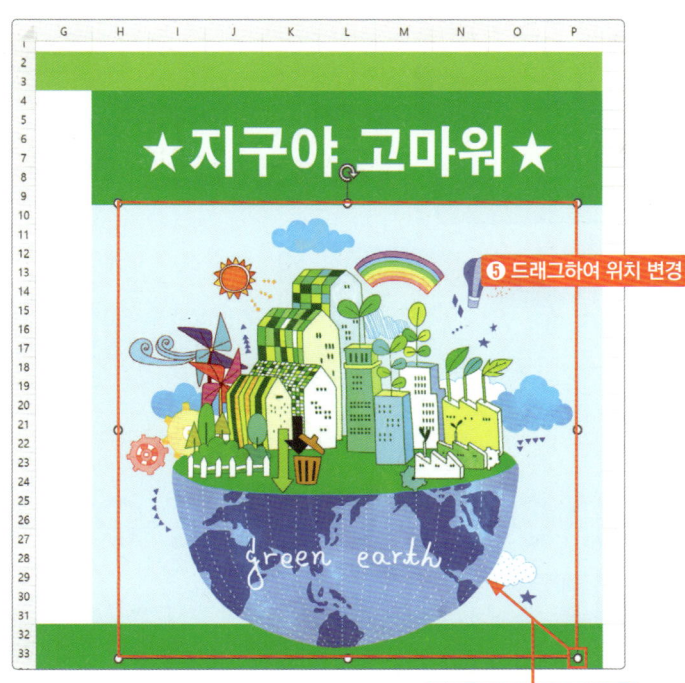

6 같은 방법으로 배울 내용 미리보기를 참고하여 작품을 완성합니다.

## CHAPTER 02 혼자서 뚝딱뚝딱

☐ 지금하기  ☐ 나중에 하기

📂 불러올 파일 : 미션_01.xlsx    💾 완성된 파일 : 미션_01(완성).xlsx

1 미션_01.xlsx 파일을 열어 아래 그림을 참고하여 완성해 보세요.

1 제목행의 높이를 조절하고 색상을 지정해 봅니다.

2 [B3:K21] 영역을 병합한 후, 색상을 무늬로 채우기를 해봅니다.

3 [B22:K22] 영역을 병합한 후, 색상을 적용해 봅니다.

4 '나무심기.png' 그림을 추가합니다.

CHAPTER 02 나도 포스터를 만들수 있다고?  **019**

# CHAPTER 03 우리반 시간표는 내가 만들어!

**학습목표**
- 셀에 한자와 특수문자를 입력해 봅니다.
- 테두리를 적용하고, 시트 이름과 색상을 변경해 봅니다.

 배울 내용 미리보기!

📁 불러올 파일 : 시간표.xlsx    📄 완성된 파일 : 시간표(완성).xlsx

- 한자 변환도 쉽구나
- 특수문자도 가능할까?
- 한자와 특수문자는 [한자] 키를 사용해서 입력할 수 있어요.

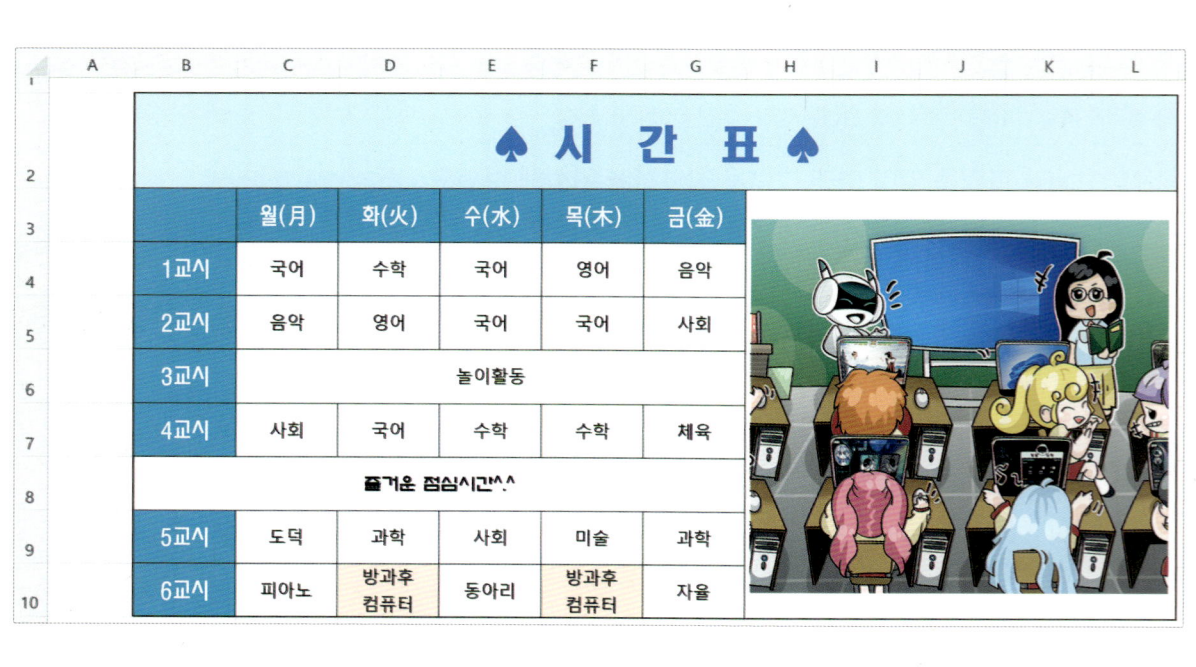

**1** 다음 한자를 회색선을 따라 그려보세요.

**2** 다음 특수문자와 어울리는 그림을 선으로 연결해 보세요.

CHAPTER 03 우리반 시간표는 내가 만들어!

## 01 '한자'도 입력할 수 있다고?

**1** [Excel 2021]을 실행한 후, '시간표.xlsx' 파일을 불러옵니다.
➡ [열기]-[찾아보기]-[불러올 파일]-[3장]-'시간표.xlsx'-<열기>

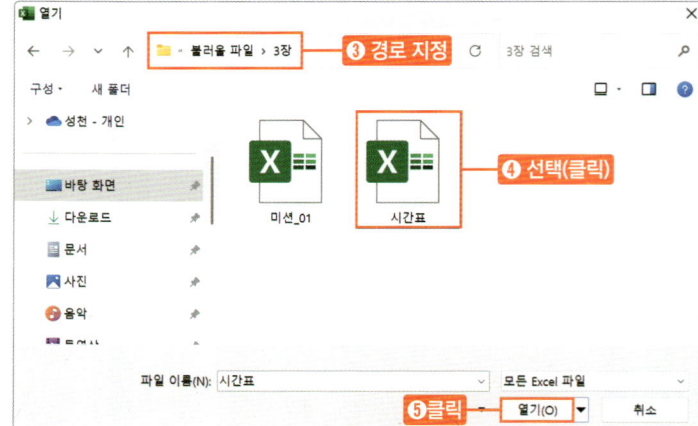

**2** [C3] 셀에 '월'을 입력합니다.
➡ [C3셀 클릭]-['월' 입력]-['월' 오른쪽 클릭]-[한자 키]

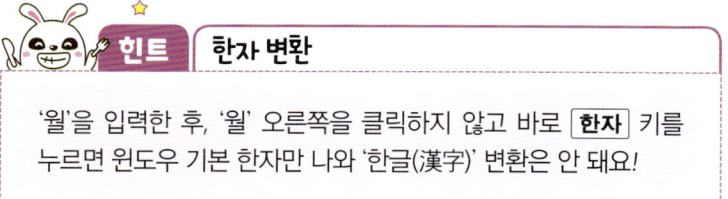

**힌트 | 한자 변환**

'월'을 입력한 후, '월' 오른쪽을 클릭하지 않고 바로 한자 키를 누르면 윈도우 기본 한자만 나와 '한글(漢字)' 변환은 안 돼요!

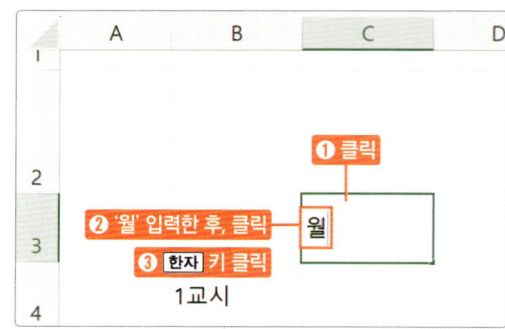

**3** 한자와 입력 형식을 지정합니다.
➡ [한글/한자 변환 대화상자]-[한자 선택]-[月]-[입력 형태]-[한글(漢字)]-<변환>

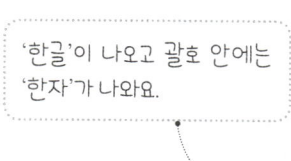

'한글'이 나오고 괄호 안에는 '한자'가 나와요.

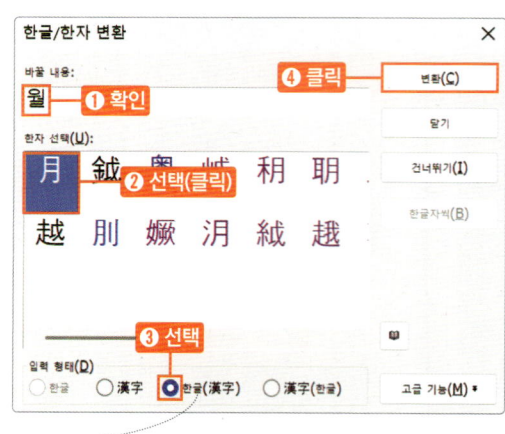

**4** 같은 방법으로 [D3] 셀에 '화(火)', [E3] 셀에 '수(水)', [F3] 셀에 '목(木)', [G3] 셀에 '금(金)'을 입력합니다.

### 힌트 | 한자 입력

셀에 한자만 입력하고 싶을 때는 '월' 입력 후, 바로 한자 키를 누르면 한자의 뜻과 음을 바로 확인하여 간편하게 한자를 입력할 수 있습니다.

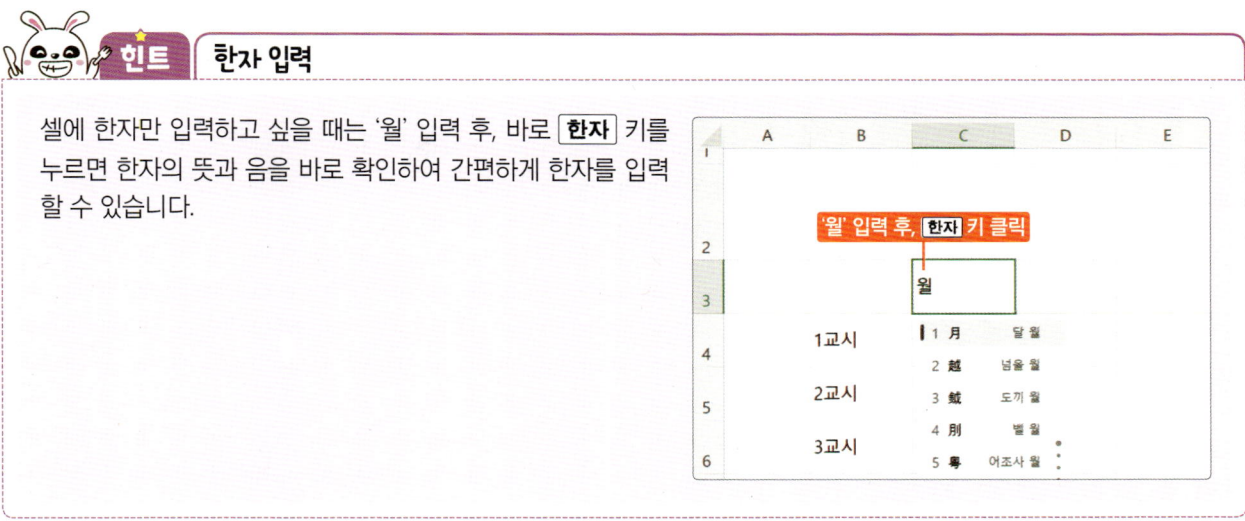

## 02 이제 특수문자까지 입력해 볼까!

 [B2] 셀을 클릭한 후, '♠ 시 간 표 ♠'를 입력합니다.

'♠' 모양은 한글 'ㅁ'을 입력한 후, 한자 키를 누르면 찾을 수 있습니다.

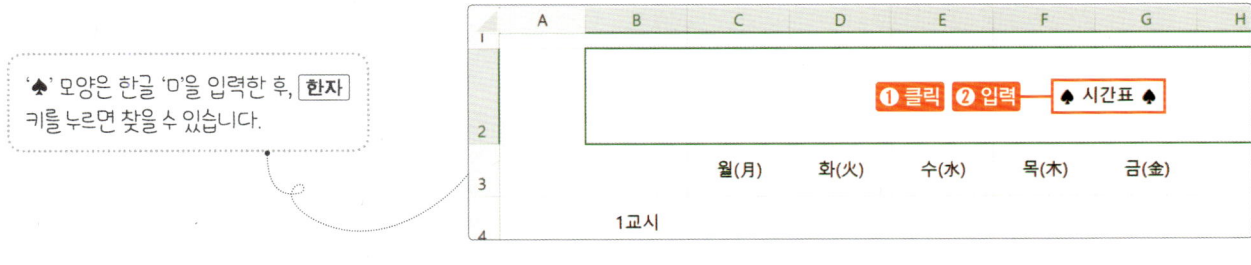

### 힌트 | 특수문자 입력하기

- 한글 자음(ㄱ, ㄴ, ㄷ~ㅎ)을 입력한 후, 한자 키를 누르면 특수문자를 입력할 수 있습니다.
- '♠' 모양은 'ㅁ'을 입력한 후, 한자 키를 누르면 찾을 수 있습니다.

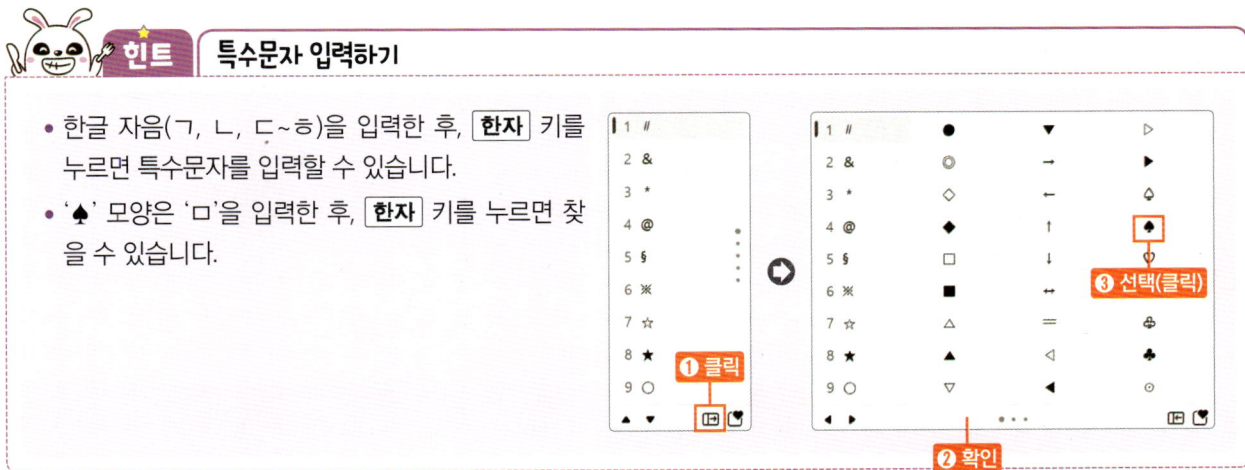

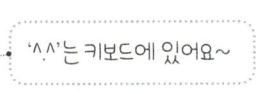 [B8] 셀을 클릭한 후, '즐거운 점심시간 ^.^'을 입력합니다.

'^.^'는 키보드에 있어요~

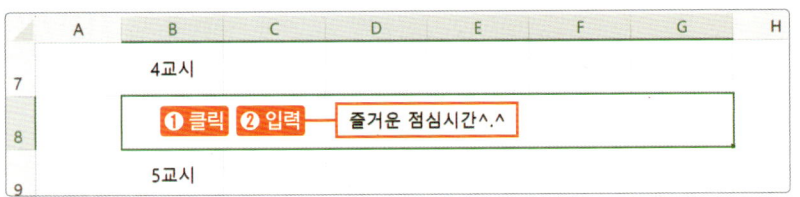

## 03 글꼴 모양(서식)도 변경해 보자!

**1** [C3:G3] 영역을 드래그하여 범위를 지정한 후, **Ctrl** 키를 누른 채 [B4:B7]과 [B9:B10]을 드래그하여 글꼴을 지정합니다.

➡ [범위 지정]-[홈]-[글꼴] 그룹-원하는 글꼴 지정,
   -[가운데 맞춤(☰)]

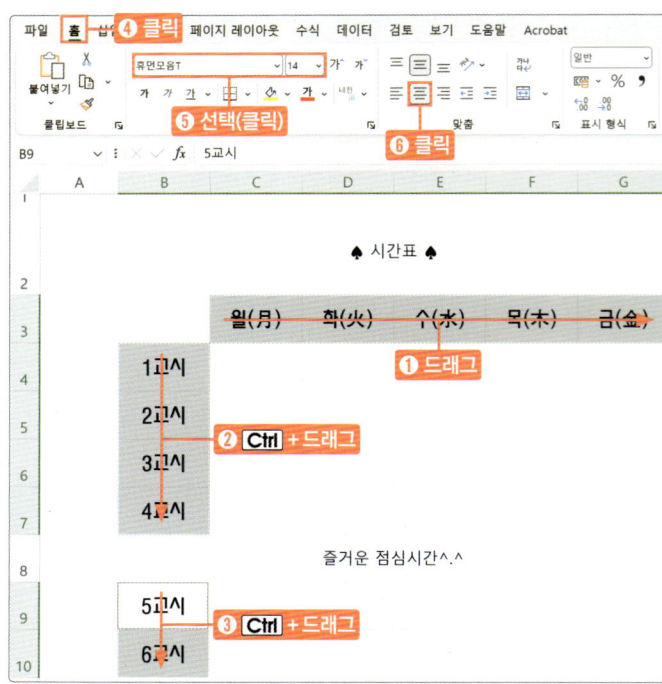

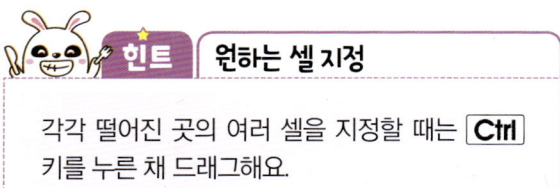

**힌트** 원하는 셀 지정

각각 떨어진 곳의 여러 셀을 지정할 때는 **Ctrl** 키를 누른 채 드래그해요.

## 04 표 안에 선을 추가하면 구분도 쉽게 되고 예쁠텐데...

**1** [B2:L10] 영역을 드래그하여 범위를 지정한 후, 테두리를 지정합니다.

➡ [범위 지정]-[홈]-[글꼴] 그룹-[테두리(⊞▾)]-[목록 단추(▾)]-[모든 테두리(⊞)]

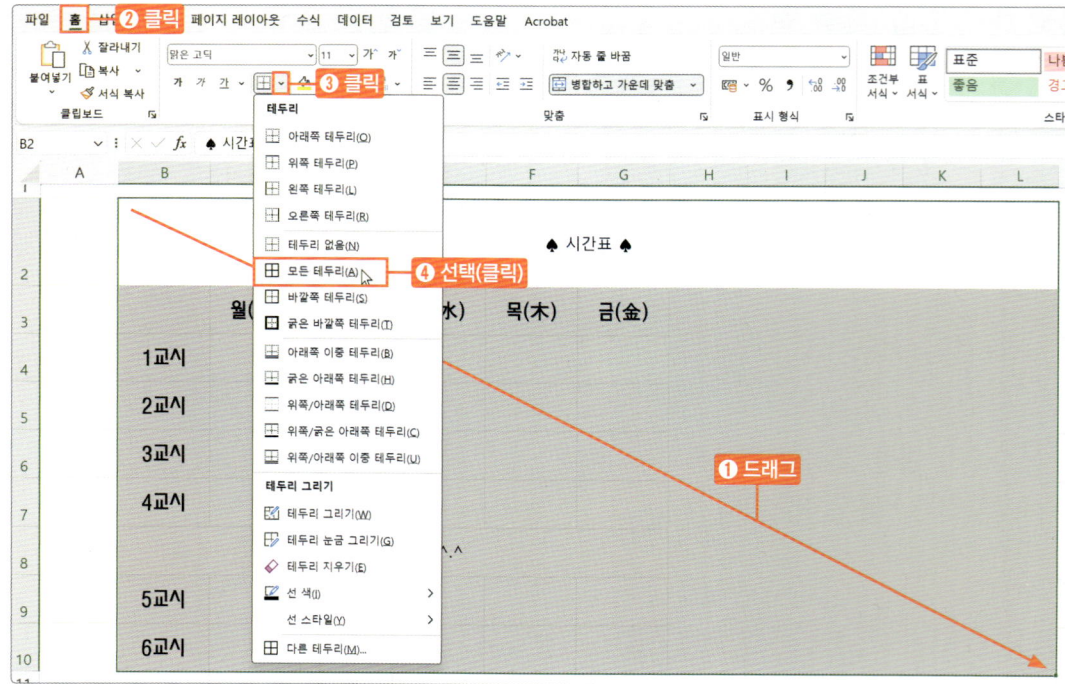

**2** 블록이 지정된 상태에서 바깥쪽 테두리만 굵은 선으로 지정합니다.

➡ [홈]-[글꼴] 그룹-[테두리 (⊞▾)]-[목록 단추 (▾)]-[굵은 바깥쪽 테두리 (⊞)]

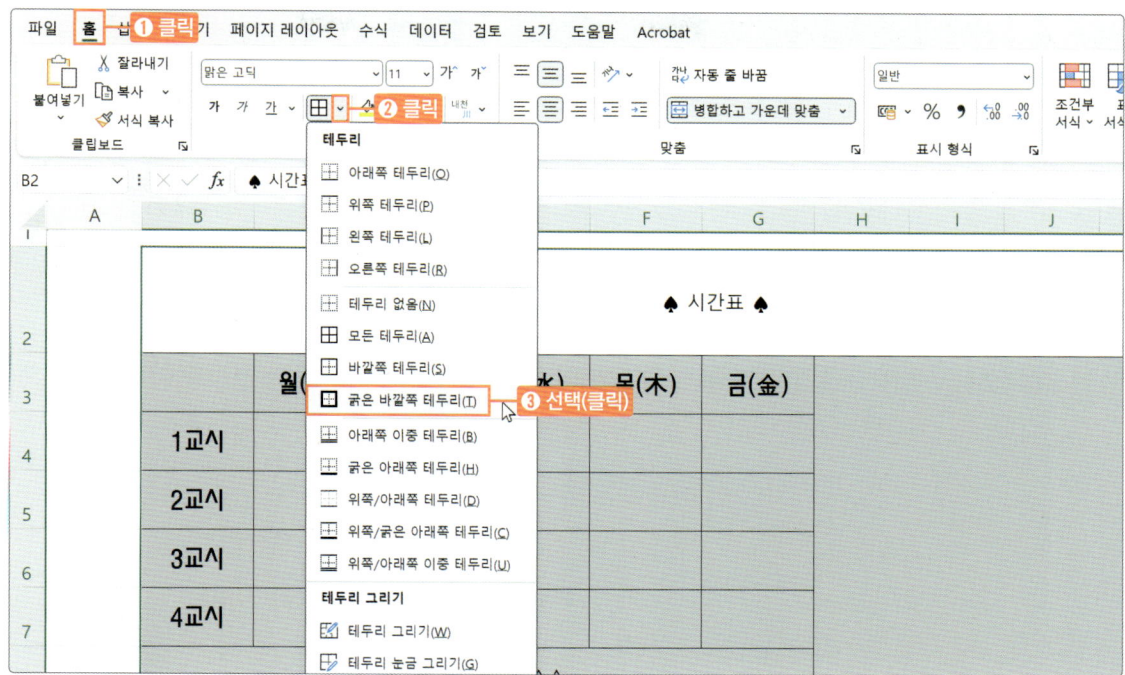

## 05 이제 그림까지 추가해 이쁘게 꾸며볼까!

**1** [H3] 셀을 클릭한 후, 그림을 삽입합니다.

➡ [H3 셀 클릭]-[삽입]-[일러스트레이션] 그룹-[그림 (🖼)]-🖼 이 디바이스...(D)

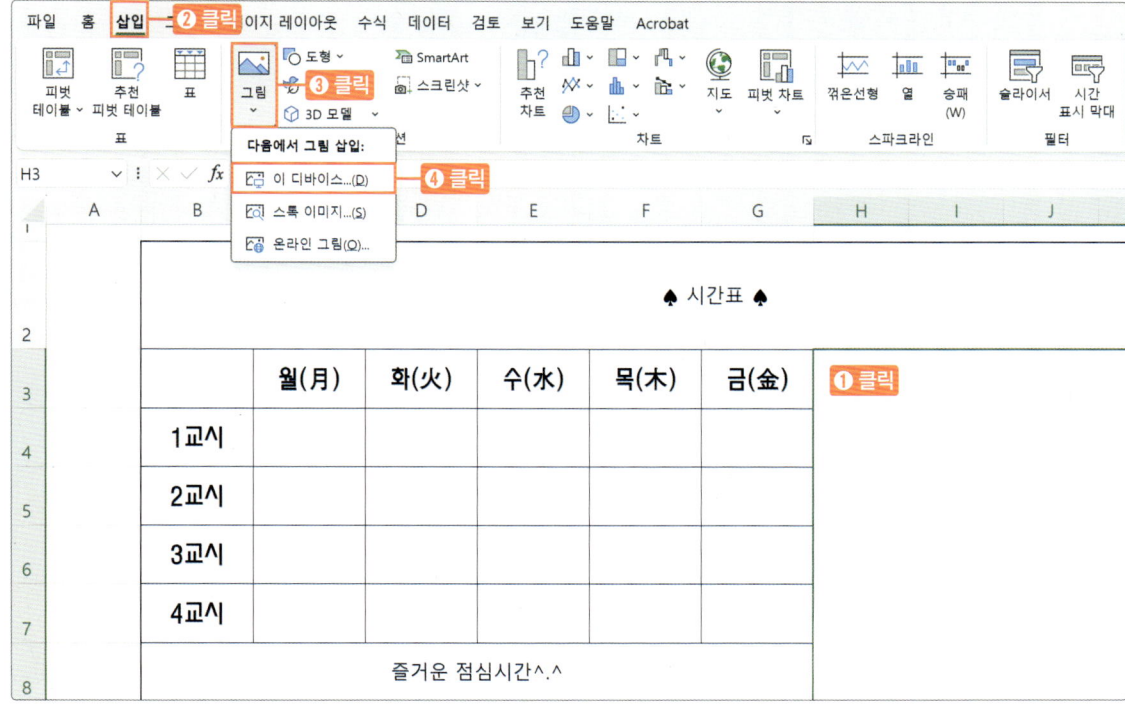

CHAPTER 03 우리반 시간표는 내가 만들어! **025**

2 '컴퓨터실.png' 그림을 삽입합니다.

➡ [그림 삽입] 대화상자-[불러올 파일]-[3장]-'컴퓨터실.png'-<삽입>

3 삽입된 그림을 조절점(○)을 드래그하여 크기를 조절한 후, 키보드의 방향키로 세밀하게 위치를 변경합니다.

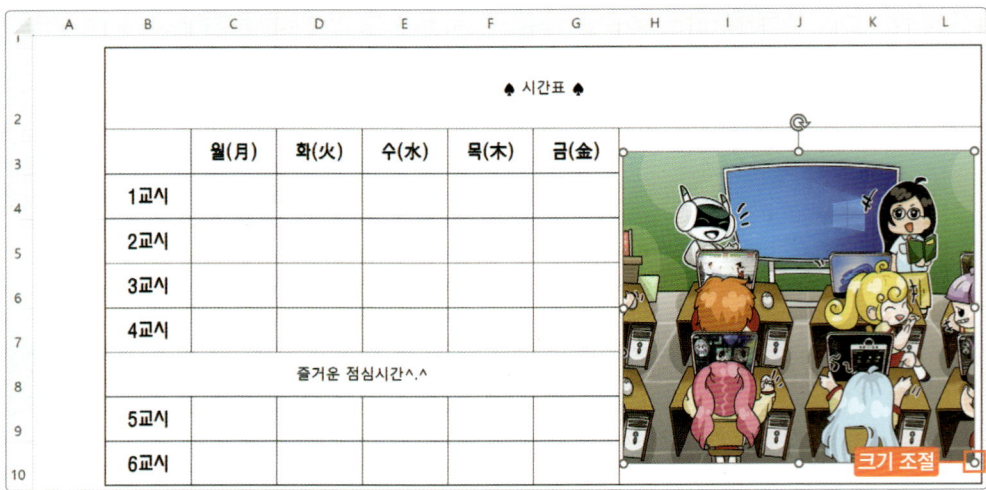

## 06 시트 탭 이름이 별로인데? 이름을 바꿀 수 없나?

1 워크시트 하단의 [Sheet1] 시트 탭 위에서 마우스 오른쪽 단추를 눌러 [이름 바꾸기]를 클릭합니다.

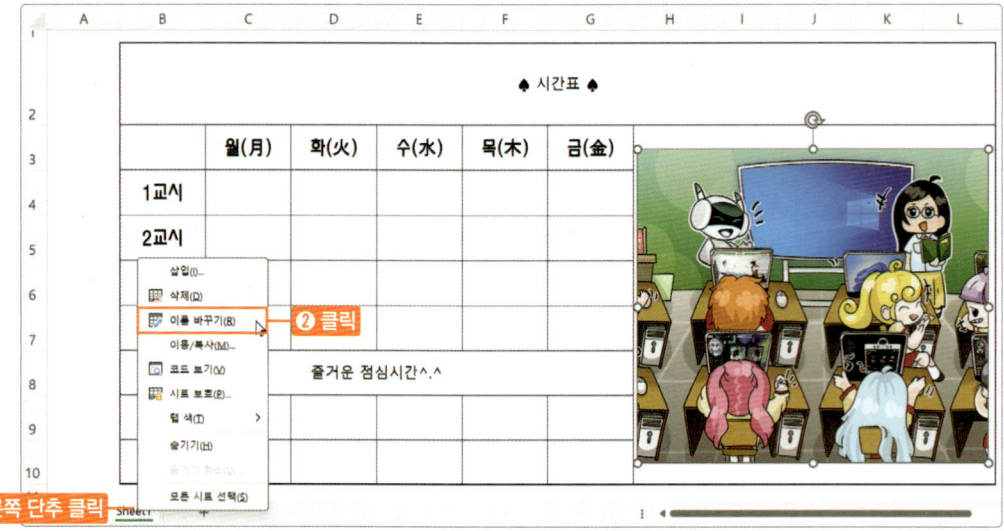

2 '시간표'를 입력한 후, Enter 키를 누릅니다.

3 [시간표] 시트 위에서 마우스 오른쪽 단추를 눌러 [탭 색]을 클릭한 후, 원하는 색상을 선택합니다.
➡ [마우스 오른쪽 단추 클릭]-[탭 색]-[색상 선택]

# CHAPTER 03 혼자서 뚝딱뚝딱

□ 지금하기  □ 나중에 하기

📁 불러올 파일 : 미션_01(또는 본문 이어서).xlsx    📁 완성된 파일 : 미션_01(완성).xlsx

1 나머지 셀들은 채우기 색과 글꼴 서식을 이용하여 예쁜 시간표를 완성해 봅니다.

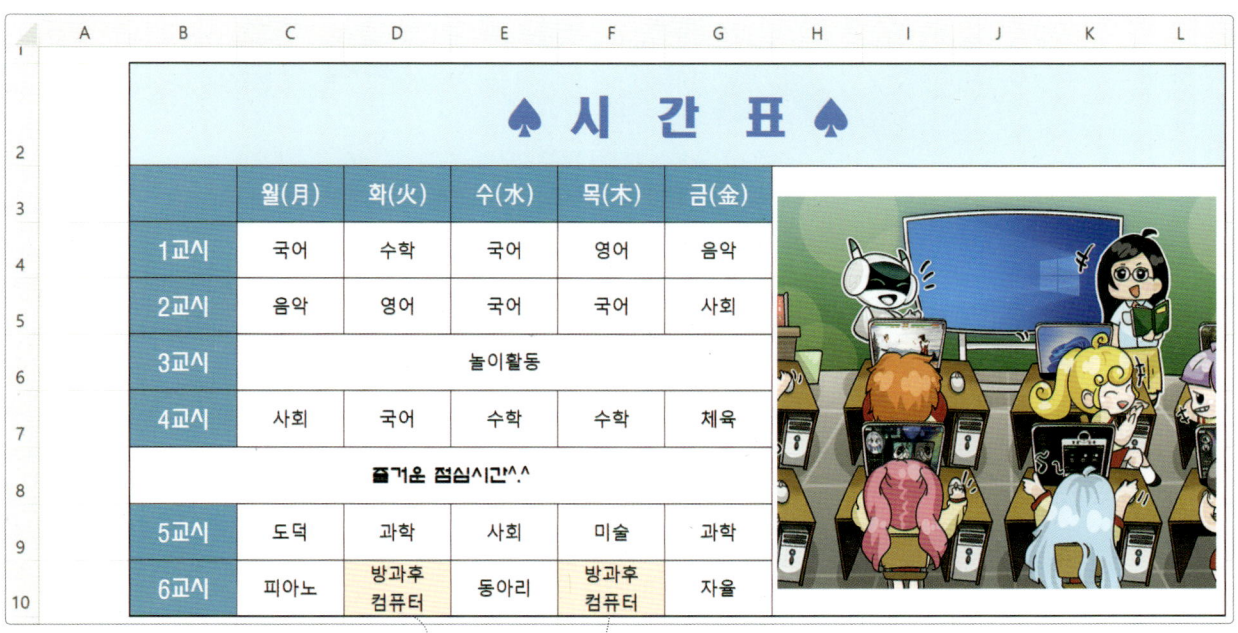

셀 안에서 다음 줄로 이동은 Alt + Enter

CHAPTER 03 우리반 시간표는 내가 만들어!  **027**

## CHAPTER 04 내가 직접 만드는 달력!

**학습목표**
- 자동 채우기 핸들을 이용하여 요일과 날짜를 입력해 봅니다.
- 셀에 메모를 입력해 봅니다

📁 불러올 파일 : 달력.xlsx  💾 완성된 파일 : 달력(완성).xlsx

**1** 내 생일을 적어보세요.

※ 회색 동그라미 안에 숫자를 써보세요.

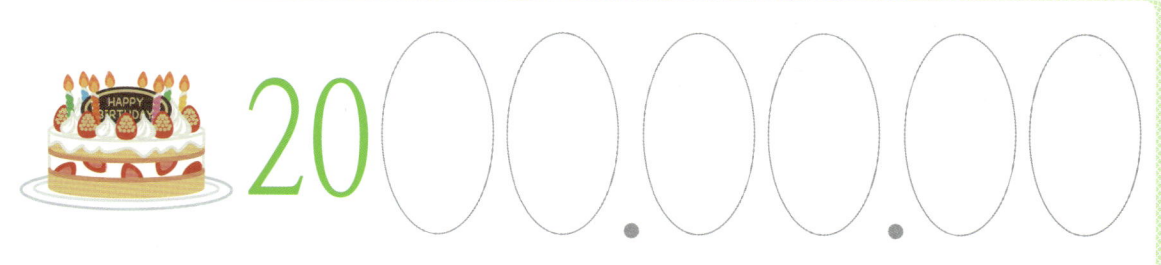

**2** 우리 가족 또는 친구 생일을 기억해요.

## 01 자동 채우기 핸들을 사용하면 자동으로 입력된다고!

**1** [Excel 2021]을 실행한 후, '달력.xlsx' 파일을 불러옵니다.
➡ [열기]-[찾아보기]-[불러올 파일]-[4장]-'포스터.xlsx'-<열기>

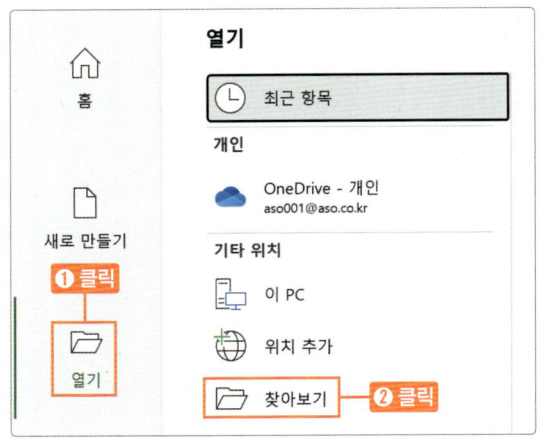
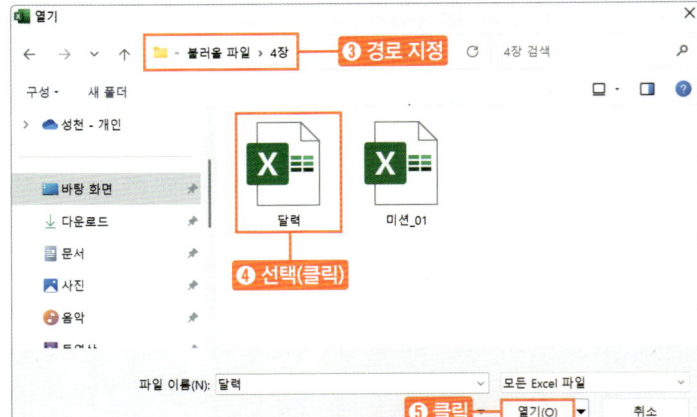

**2** 채우기 핸들 기능으로 한 번에 '요일'을 입력합니다.
➡ [B3 셀 클릭]-['일' 입력]-[B3~H3] 채우기 핸들(➕) 드래그

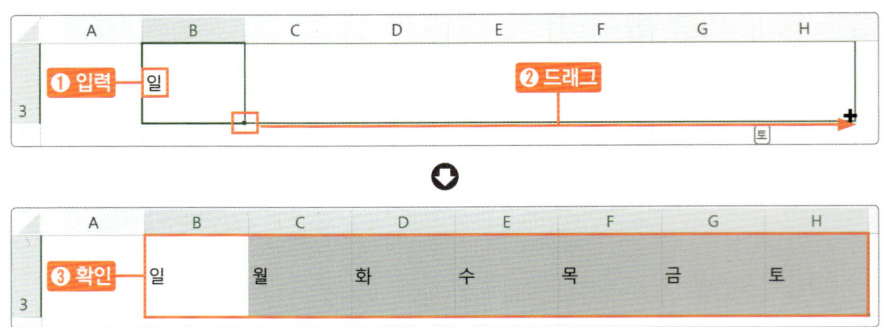

**3** 채우기 핸들 기능으로 한 번에 '날짜'를 입력합니다.
➡ [B4 셀을 클릭]-['1' 입력]-[B4~H4] Ctrl+채우기 핸들(➕) 드래그

Ctrl 키를 누른 채 채우기 핸들을 드래그하면 숫자가 1씩 증가하면서 입력됩니다.

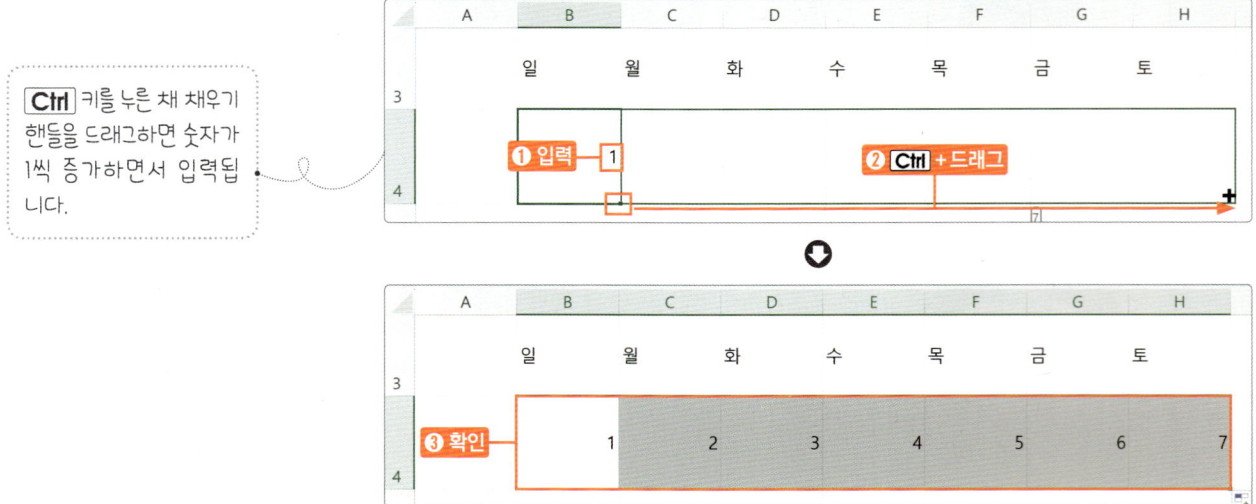

030 돌아온 꿈트리_엑셀 2021

4 같은 방법으로 나머지 8일 ~ 31일까지 자동 채우기 핸들을 이용하여 날짜를 입력합니다.

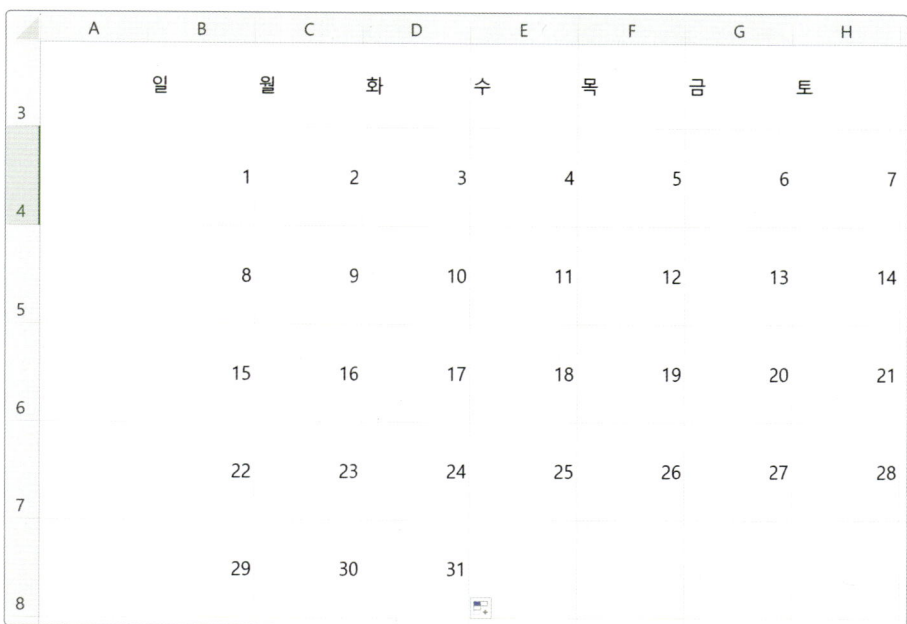

## 02 워드아트로 예쁜 글자를 만들어 봐!

1 워드아트를 삽입합니다.

엑셀에서 제공하는 예쁜 그림 글자들이에요!

➡ [삽입]-[텍스트] 그룹-[WordArt()]-[채우기 : 흰색, 윤곽선 : 바다색, 강조색 5, 그림자]

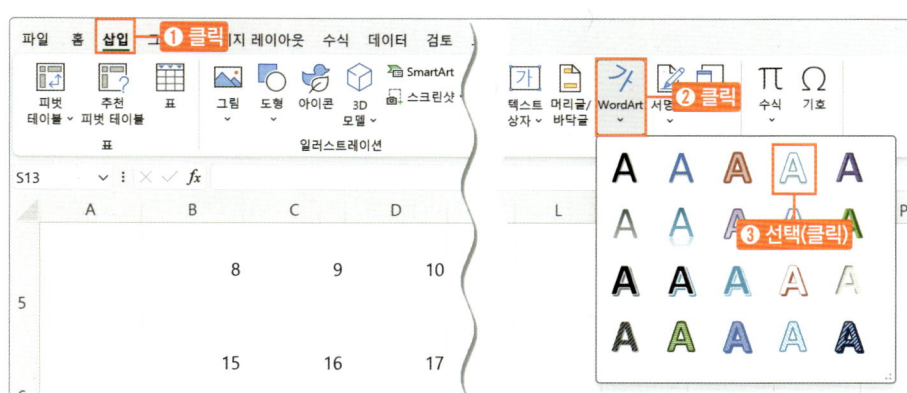

2 아래 그림과 같이 '필요한 내용을 적으십시오.'라는 문구가 표시되면 '5월'을 입력한 후, 테두리 선을 클릭하여 [B2] 셀로 이동합니다.

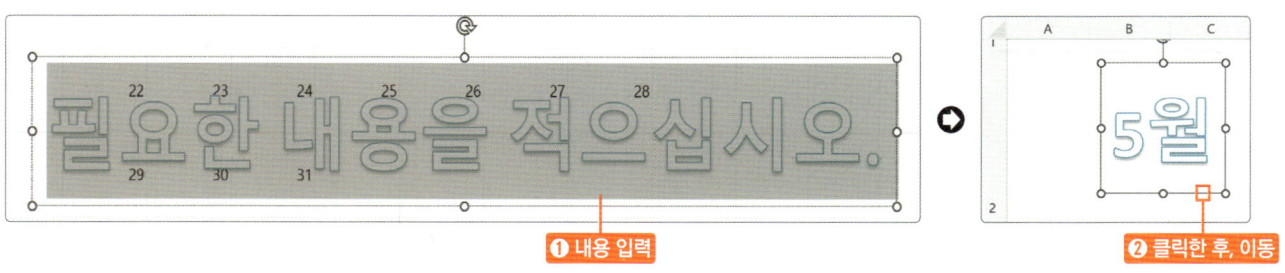

3 [홈] 탭-[글꼴] 그룹에서 원하는 글꼴 서식을 선택합니다.

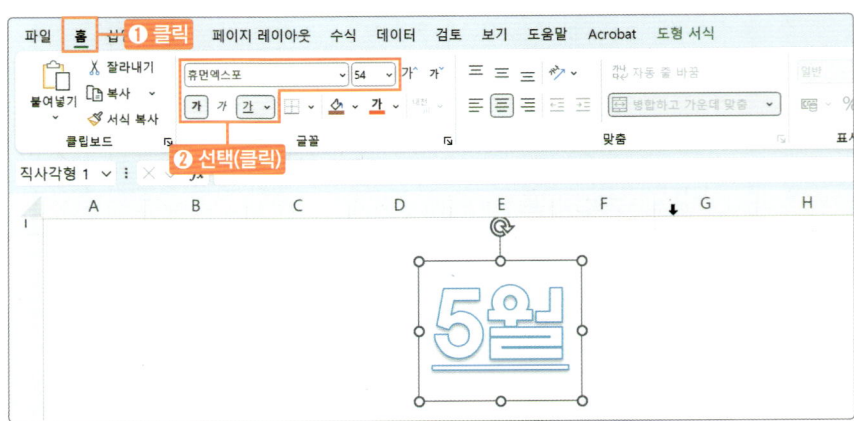

## 03 테두리 아래쪽에 선을 추가하면 확실히 구분할 수 있어!

1 [B4:H4] 영역을 드래그하여 범위를 지정한 후, Ctrl 키를 누른 채 [B5:H5], [B6:H6], [B7:H7], [B8:H8]을 차례대로 드래그합니다.

[B4:H8] 영역을 한 번에 범위를 지정을 하면 [B8:H8] 영역 아래에만 선이 표시됩니다.

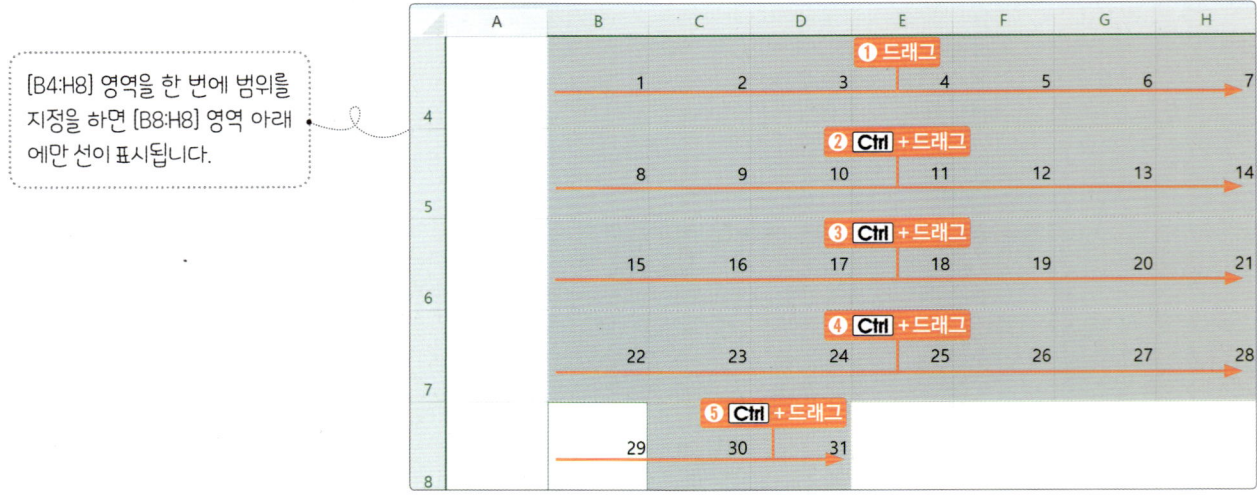

2 테두리 선의 색상을 변경하기 위해 선 색을 선택합니다.

➡ [홈]-[글꼴] 그룹-[테두리()]-[목록 단추( )]-[선 색( )]-[색 선택]

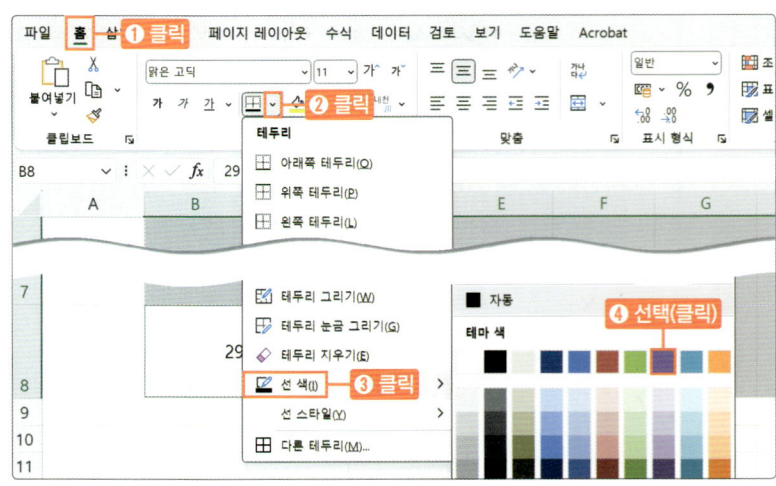

3. 마우스 커서가 펜 모양( )으로 바뀌면 변경할 선의 테두리를 선택합니다.
➡ [홈]-[글꼴] 그룹-[테두리( )]-[목록 단추( )]-[굵은 아래쪽 테두리( )]

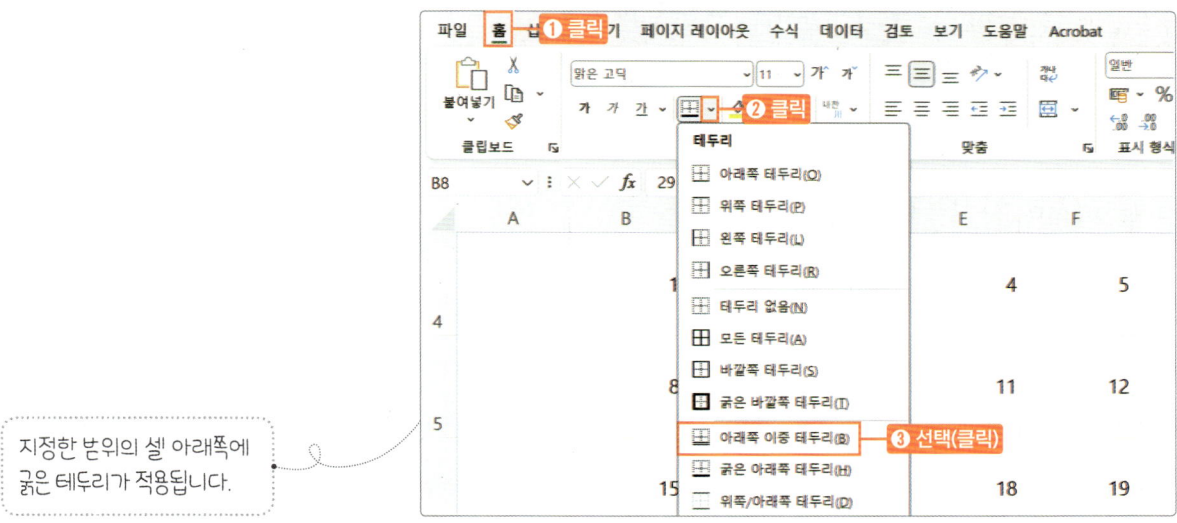

지정한 범위의 셀 아래쪽에 굵은 테두리가 적용됩니다.

# CHAPTER 04 혼자서 뚝딱 뚝딱

☐ 지금하기  ☐ 나중에 하기

📁 불러올 파일 : 미션_01.xlsx    💾 완성된 파일 : 미션_01(완성).xlsx

**1** '미션_01.xlsx' 파일을 열어 아래 그림을 참고하여 완성해 보세요.

**1** 글꼴(요일, 날짜) :
   [홈]-[글꼴] 탭-[자유롭게 변경]

**2** 요일을 가운데 맞춤으로 변경 :
   [홈]-[맞춤] 탭-[가운데 맞춤]

**3** 날짜를 위쪽 맞춤으로 변경 :
   [홈]-[맞춤] 탭-[윗쪽 맞춤]

**4** 메모 삽입 :
   셀 위에서 마우스 오른쪽 단추-[메모 삽입( )] 및 메모 표시

**5** 그림 삽입 :
   [삽입]-[일러스트레이션]-[그림]-[이 디바이스]-어린이1.png, 어린이2.png

**6** 시트 전체 눈금선 해제 :
   [보기]-[표시]-[눈금선] 체크 해제

CHAPTER 04 내가 직접 만드는 달력!

# CHAPTER 05 방과 후 수업 선호도 조사

**학습목표**
- 도형을 추가하여 제목을 입력해 봅니다.
- 표 서식을 지정한 후, 텍스트 정렬 및 자동 필터를 적용해 봅니다.

📂 불러올 파일 : 선호도.xlsx   📄 완성된 파일 : 선호도(완성).xlsx

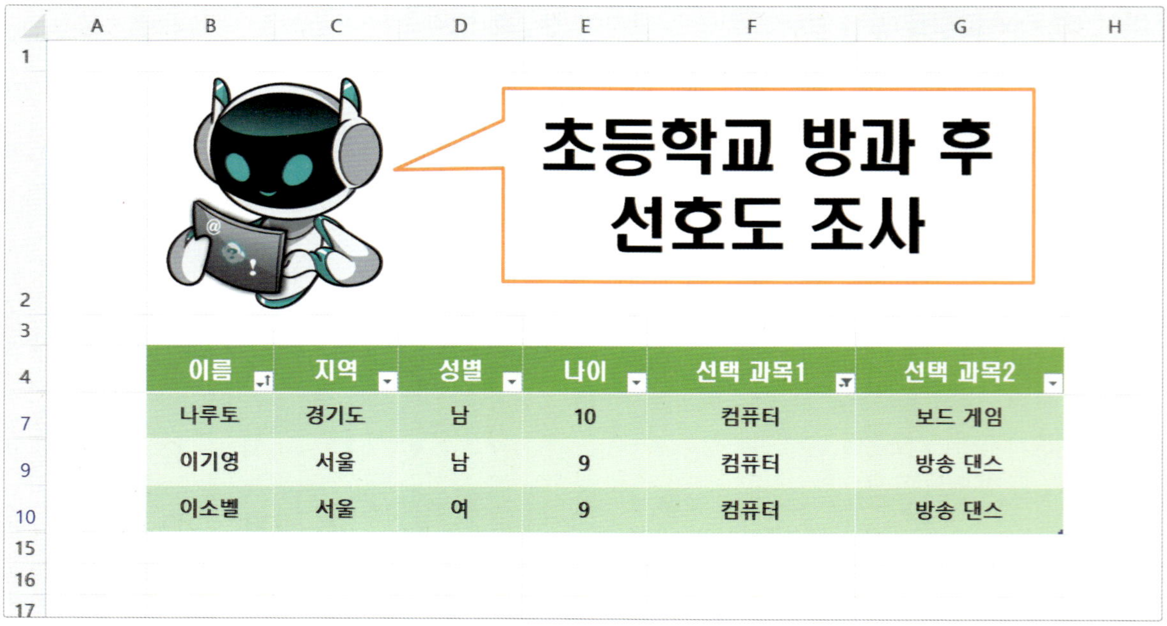

| 이름 | 지역 | 성별 | 나이 | 선택 과목1 | 선택 과목2 |
|---|---|---|---|---|---|
| 나루토 | 경기도 | 남 | 10 | 컴퓨터 | 보드 게임 |
| 이기영 | 서울 | 남 | 9 | 컴퓨터 | 방송 댄스 |
| 이소벨 | 서울 | 여 | 9 | 컴퓨터 | 방송 댄스 |

1 내가 좋아하는 관심 분야를 체크박스에 표시해 보세요.

※ 만약 관심분야 내용이 없다면 직접 글로 써보세요.

- ☐ 컴퓨터
- ☐ 댄스
- ☐ 드론
- ☐ 방송하기
- ☐ 동물
- ☐ 독서
- ☐ 음악
- ☐ 만화
- (직접 써보기 :                    )

2 다음 그림을 보고 그룹별로 번호를 표시하세요.

🟢 예 그림의 고양이를 모두 찾아서 동그라미 표시와 번호를 적습니다.

CHAPTER 05 방과 후 수업 선호도 조사

## 01 제목 옆에 그림부터 추가해 볼까?

**1** [Excel 2021]을 실행한 후, '선호도.xlsx' 파일을 불러옵니다.
➡ [열기]-[찾아보기]-[불러올 파일]-[5장]-'선호도.xlsx'-<열기>

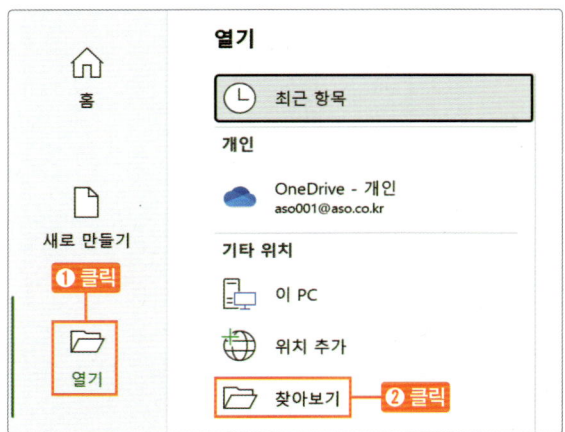
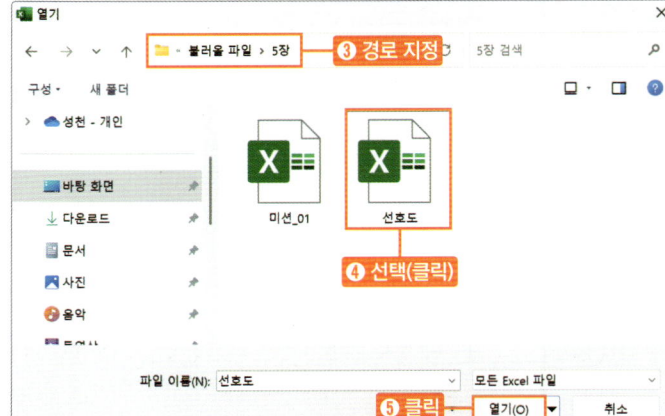

**2** [B2] 셀을 클릭한 후, 그림을 불러옵니다.
➡ [삽입]-[일러스트레이션] 그룹-[그림(　)]-　이 디바이스...(D)

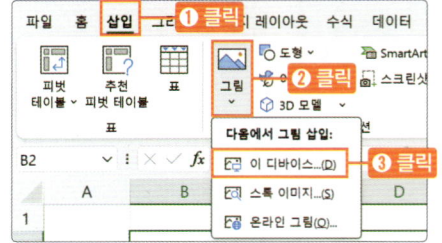

**3** 추가할 그림을 선택합니다.
➡ [그림 삽입] 대화상자-[불러올 파일]-[5장]-'키우스봇.png'-<삽입>

**4** 그림이 삽입되면 조절점(○)을 드래그하여 크기를 조절한 후, 그림과 같이 위치를 변경합니다.

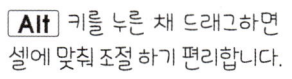 키를 누른 채 드래그하면 셀에 맞춰 조절 하기 편리합니다.

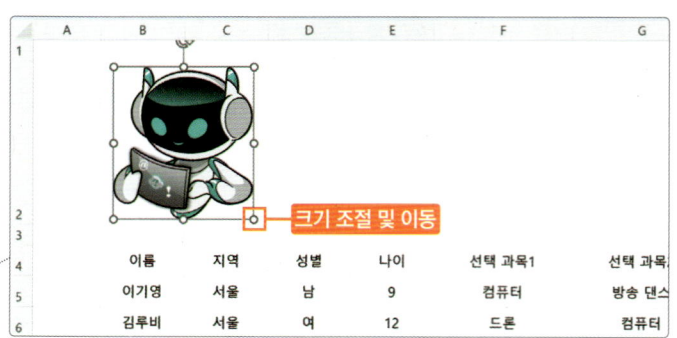

## 02 도형을 추가해서 제목을 만들어 볼까?

**1** 추가할 말풍선을 선택합니다.

➡ [삽입]-[일러스트레이션] 그룹-[도형]-[설명선]
   -[말풍선 : 사각형]

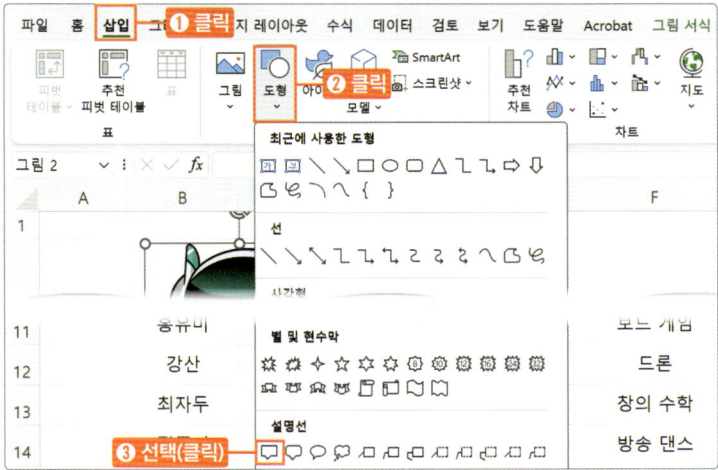

**2** 마우스 커서가 십자가 모양(+)으로 변경되면 그림과 같이 드래그하여 도형을 삽입합니다.

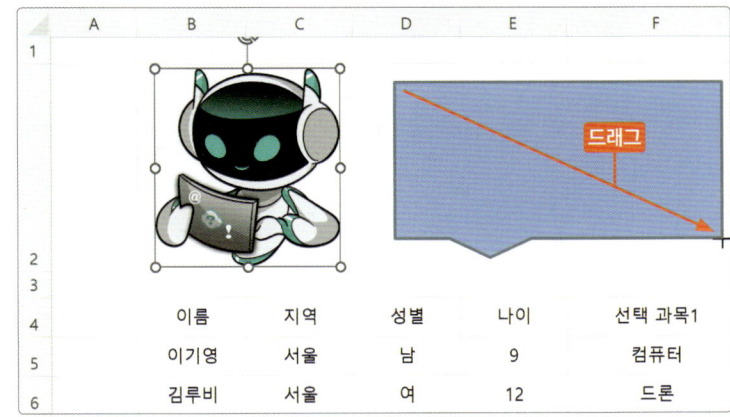

**3** 조절점(○)을 드래그하여 크기를 조절한 후, 그림과 같이 위치를 변경합니다. 이어서, 도형 아래쪽의 노란색 조절점(●)을 키우스봇 그림으로 드래그하여 모양을 변경합니다.

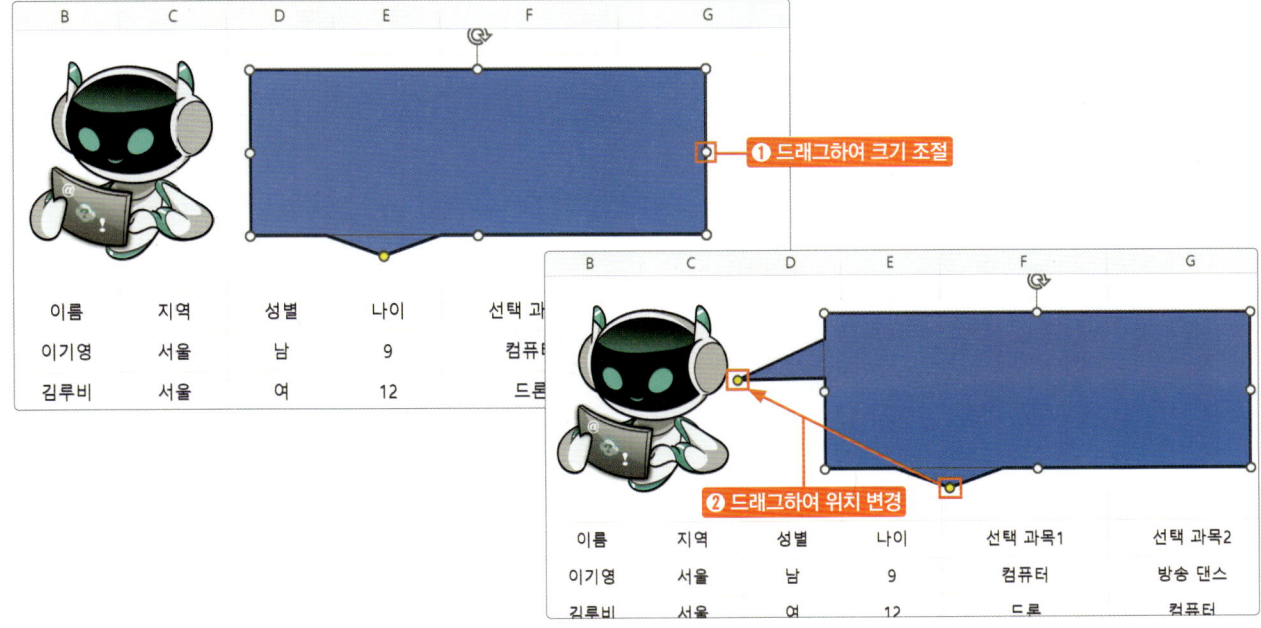

CHAPTER 05 방과 후 수업 선호도 조사

4 도형 스타일을 선택합니다.
➜ [제목 도형 선택]-[도형 서식]-[도형 스타일] 그룹- [자세히 단추(▽)]-[테마 스타일]-[색 윤곽선 – 주황, 강조 6]

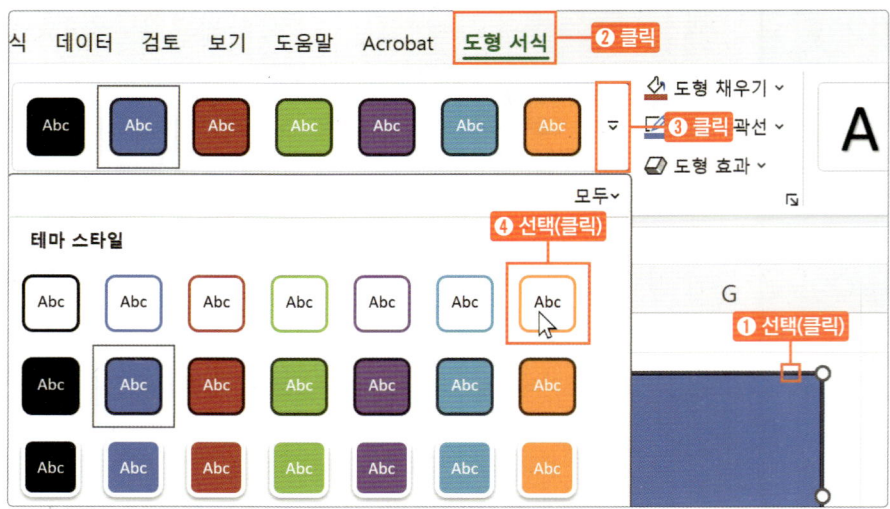

5 도형의 스타일이 변경되면 도형이 선택된 상태에서 '초등학교 방과 후 선호도 조사'를 입력합니다.

도형 안에 글자를 입력하고 다음 줄로 이동할 때는 Alt 키를 누르지 않고 Enter 키만 누르면 다음 줄로 이동합니다.

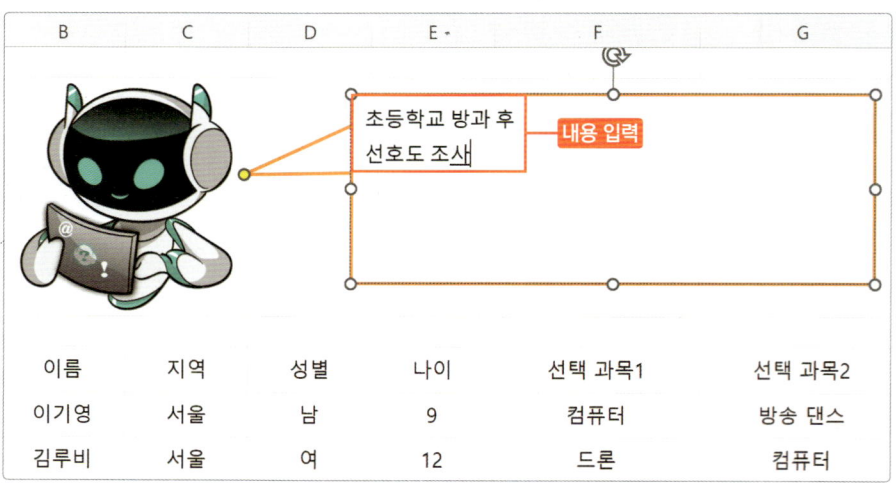

6 도형 테두리를 클릭한 후, 도형 안의 글자의 글꼴을 변경합니다.
➜ [홈]-[글꼴] 그룹-글꼴 서식 선택
➜ [홈]-[맞춤] 그룹-[가로]-[가운데 맞춤], [세로]-[가운데 맞춤]

글자 크기를 변경하였을 때 도형이 작으면 글자가 안보이는 경우가 있어요. 이때는 도형의 크기를 변경하면 글자가 보이게 된답니다.

## 03 표가 너무 단순해! 좀 예쁘게 만들어볼까!

**1** [B4:G14]를 드래그하여 범위를 지정한 후, 표 서식을 적용합니다.
➡ [범위 지정]-[홈]-[스타일] 그룹-[표 서식]-[중간]-[황록색, 표 스타일 보통 11]

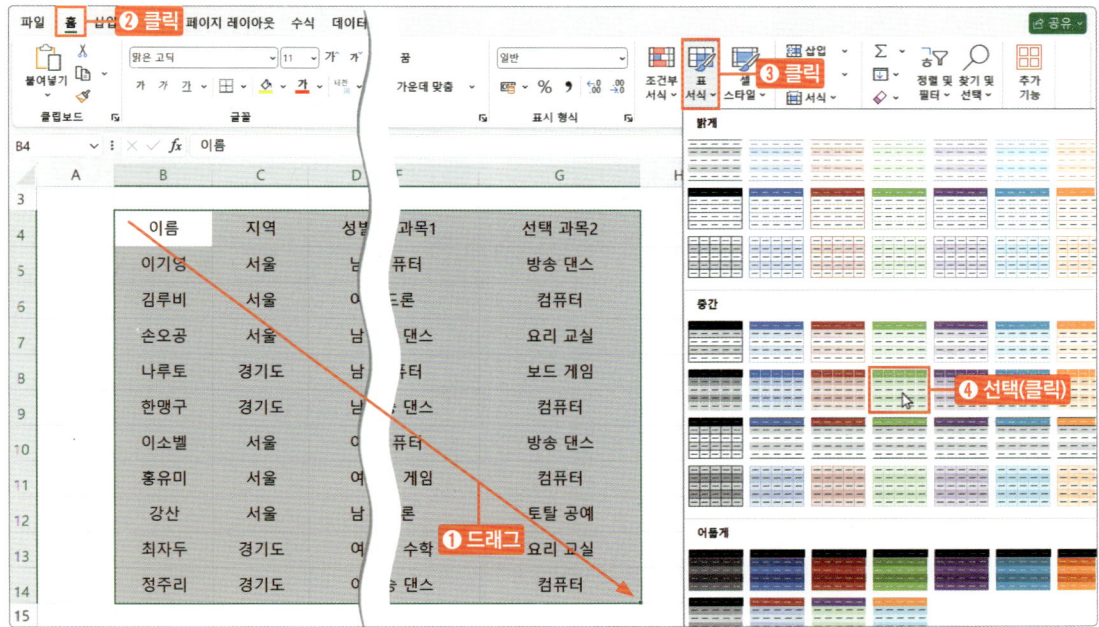

**2** [표 만들기] 대화상자가 나오면 <확인> 단추를 클릭합니다.

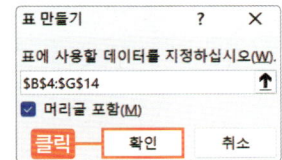

## 04 글자도 예쁘게 변경해 볼까!

**1** [B4:G4] 영역을 드래그하여 범위를 지정한 후, 글꼴을 변경합니다.
➡ [범위 지정]-[홈]-[글꼴] 그룹-원하는 글꼴 선택

## 05 순서대로 정렬한 후, 필요한 내용만 나와라! 얏~

**1** [B4] 셀의 이름을 '가나다'순으로 정렬합니다.
➡ 이름 셀의 [목록 단추(▼)]-[텍스트 오름차순 정렬(↓)]

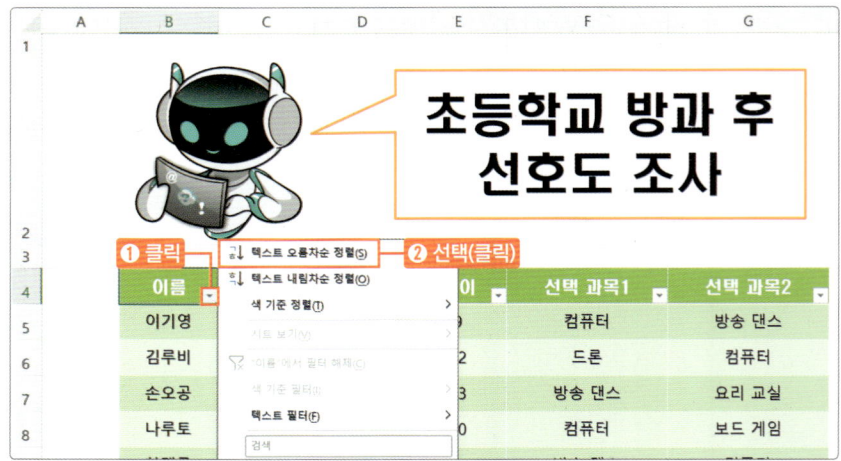

 **정렬**

정렬이란, 데이터를 순서대로 재배열하는 기능으로 '텍스트 오름차순'과 '텍스트 내림차순'으로 구분할 수 있습니다. 정렬은 [데이터] 탭-[정렬 및 필터] 그룹에서 지정할 수 있습니다.

❶ 텍스트 오름차순 정렬 : 작은 것부터 큰 순서대로 정렬
　예) 숫자(1 → 100), 한글(ㄱ → ㅎ), 영문(A → Z)

❷ 텍스트 내림차순 정렬 : 큰 것부터 작은 순서대로 정렬
　예) 숫자(100 → 1), 한글(ㅎ → ㄱ), 영문(Z → A)

**2** [F4] 셀의 필터 목록 단추(▼)를 클릭하여 '컴퓨터' 데이터만 보이도록 합니다.
➡ [목록 단추(▼)]-[모두 선택]의 체크를 해제-[컴퓨터]만 체크

자동 필터가 지정되면 필터 목록 단추가 '▼' 모양으로 변경됩니다.

# CHAPTER 05 혼자서 뚝딱뚝딱

☐ 지금하기  ☐ 나중에 하기

📂 불러올 파일 : 미션_01.xlsx   📄 완성된 파일 : 미션_01(완성).xlsx

**1** '미션_01.xlsx' 파일을 열어 아래 그림을 참고하여 완성해 보세요.

### 아소초등학교 운동기록평가

| 이름 | 반 | 줄넘기 | 50M달리기 | 공던지기 |
|---|---|---|---|---|
| 이예준 | 1반 | 81 | 10.2 | 12.5 |
| 한소연 | 2반 | 74 | 9.8 | 13.4 |
| 오태석 | 3반 | 86 | 10.3 | 10.3 |
| 지현우 | 1반 | 52 | 12.1 | 9.5 |
| 이슬기 | 1반 | 63 | 13.5 | 7.8 |
| 조서영 | 2반 | 77 | 14.2 | 13.2 |
| 최현욱 | 3반 | 89 | 12.8 | 14.1 |
| 한재원 | 1반 | 43 | 12.7 | 10.8 |
| 유선민 | 2반 | 55 | 11.5 | 8.8 |
| 공가경 | 3반 | 79 | 10.8 | 8.3 |
| 최지우 | 2반 | 92 | 10.7 | 9.4 |
| 강민준 | 3반 | 99 | 13.4 | 10.1 |
| 구원준 | 3반 | 102 | 12.5 | 10.8 |
| 김진호 | 2반 | 110 | 14.1 | 10.2 |

⬇

### 아소초등학교 운동기록평가

| 이름 ▼ | 반 ▼ | 줄넘기 ▼ | 50M달리기 ▼ | 공던지기 ▼ |
|---|---|---|---|---|
| 이예준 | 1반 | 81 | 10.2 | 12.5 |
| 지현우 | 1반 | 52 | 12.1 | 9.5 |
| 이슬기 | 1반 | 63 | 13.5 | 7.8 |
| 한재원 | 1반 | 43 | 12.7 | 10.8 |

**1반 운동기록평가**

**1** 자동 필터를 이용하여 '1반'의 데이터만 표시합니다.

**2** 도형을 만들어 글자입력 및 도형 스타일을 적용해 봅니다.

## CHAPTER 06
# 햄버거! 가장 많이 파는 곳은 어딜까?

**학습목표**
- 자동 합계 기능을 이용하여 합계, 평균, 최대값, 최소값을 계산해 봅니다.
- 표시 형식의 사용자 지정을 셀에 적용하고, 조건부 서식을 지정해 봅니다.

**배울 내용 미리보기!**  📂 불러올 파일 : 햄버거.xlsx   📗 완성된 파일 : 햄버거(완성).xlsx

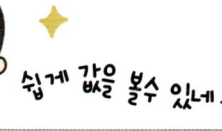

### 아쇼햄버거 판매현황

| 제품명 | 1호점 판매 수량 | 2호점 판매 수량 | 3호점 판매 수량 | 4호점 판매 수량 |
|---|---|---|---|---|
| 와규오리지널 | 25개 | 10개 | 13개 | 18개 |
| 콰트로치즈와퍼 | 20개 | 18개 | 22개 | 25개 |
| 햄치즈휠렛 | 28개 | 35개 | 27개 | 38개 |
| 핫크리스피 | 18개 | 22개 | 21개 | 27개 |
| 빅맥 | 29개 | 35개 | 30개 | 30개 |
| 디럭스슈림프 | 35개 | 17개 | 20개 | 25개 |
| 유러피안 | 18개 | 22개 | 15개 | 20개 |
| 판매된 햄버거의 합계 수량 | 173개 | 159개 | 148개 | 183개 |
| 판매된 햄버거의 평균 수량 | 25개 | 23개 | 21개 | 26개 |
| 판매된 햄버거의 최대 수량 | 35개 | 35개 | 30개 | 38개 |
| 판매된 햄버거의 최수 수량 | 18개 | 10개 | 13개 | 18개 |

 **창의력 쑥쑥**

연산자는 더하기(+), 빼기(-), 곱하기(*), 나누기(/)

■ 다음 계산 결과를 보고 박스에 들어가는 숫자 또는 컴퓨터에서 사용하는 연산자를 사용합니다.

12 ☐ 5 = 7     22 ☐ 2 = 11

11 ☐ 3 = 14    1☐ + 5 = 17

17 ☐ 2 = 34    ☐7 - 8 = 19

## 01 범위를 지정하면 자동으로 계산을 한다고?

**1** [파일 탐색기]를 실행한 후, '햄버거.xlsx' 파일을 '더블클릭'하여 엑셀 파일을 자동으로 실행 및 불러옵니다.
➡ [파일 탐색기]-[불러올 파일]-[6장]-'햄버거.xlsx'-[더블클릭]

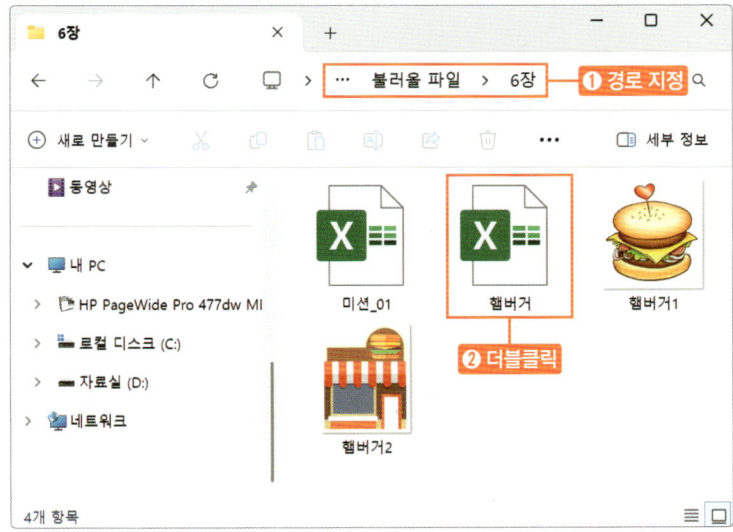

CHAPTER 06 햄버거! 가장 많이 파는 곳은 어딜까? **043**

**2** [C5:F11] 영역을 드래그하여 범위를 지정한 후, 합계를 구합니다.

➡ [범위 지정]-[수식]-[함수 라이브러리] 그룹-[자동 합계(∑)]의 목록 단추(⌄)-[합계]

> 지정한 범위를 모두 더하기(+) 하라는 기호에요. '시그마'라고 읽어요.

**3** 같은 방법으로 [평균], [최대값], [최소값]을 선택해서 자동으로 계산해 줍니다.

➡ [범위 지정]-[수식]-[함수 라이브러리] 그룹-[자동 합계(∑)]의 목록 단추(⌄)-[평균], [최대값], [최소값]

**평균, 최대값, 최소값**

- **평균** : 여러 값 중 중간 값
- **최대값** : 여러 값 중 가장 큰 값
- **최소값** : 여러 값 중 가장 작은 값

## 02 개수를 표현할 때는 '25' 보다는 '25개'가 좋은데…

**1** [C5:F15] 영역에 [셀 서식]을 지정합니다.

➡ [범위 지정]-[마우스 오른쪽 단추 클릭]-[셀 서식]

Ctrl + 1 키를 눌러도 [셀 서식] 대화상자를 불러올 수 있습니다.

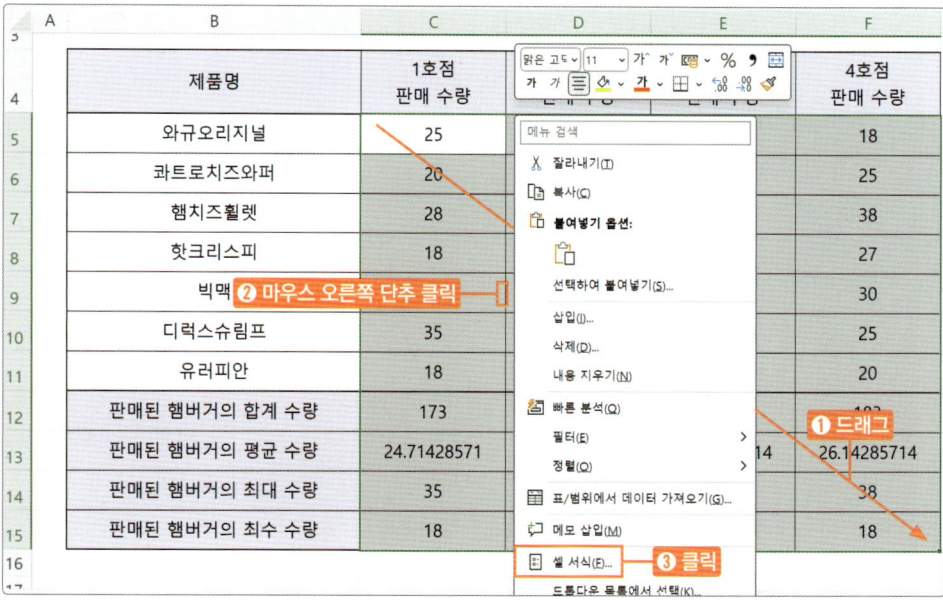

**2** [셀 서식] 대화상자가 나오면 숫자 뒤에 '개'를 추가하기 위해 아래와 같이 지정하고 <확인> 단추를 클릭합니다.

➡ [셀 서식] 대화상자-[표시 형식]-[사용자 지정]-[형식 : #,##0]선택
-[형식 칸 : #,##0 뒤에 '개' 입력]-<확인>

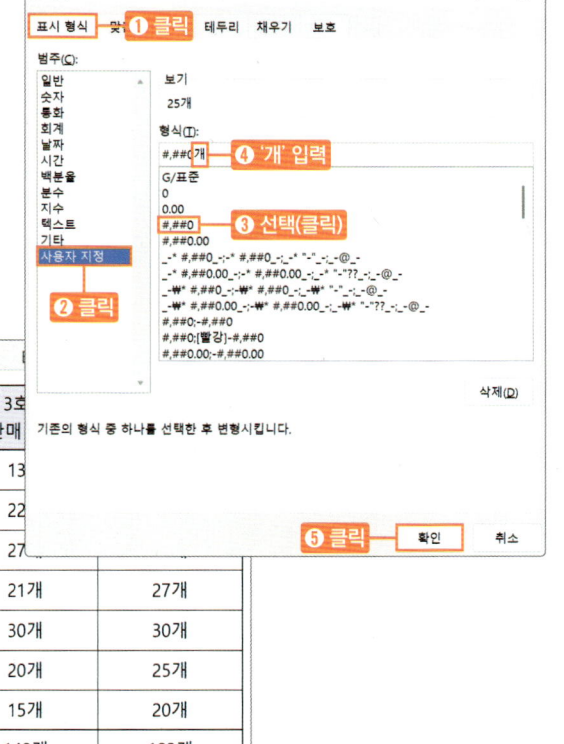

CHAPTER 06 햄버거! 가장 많이 파는 곳은 어딜까? **045**

## 03 필요한 내용에만 서식을 지정해 봐!

내가 정한 규칙에 맞는 셀에만 '채우기 색', '글꼴', '글꼴 색' 등을 지정할 수 있어요.

**1** [C5:F11] 영역을 드래그하여 범위를 지정한 후, 조건부 서식에 새 규칙을 지정합니다.

➡ [범위 지정]-[홈]-[스타일] 그룹-[조건부 서식(▦)]-[새 규칙]

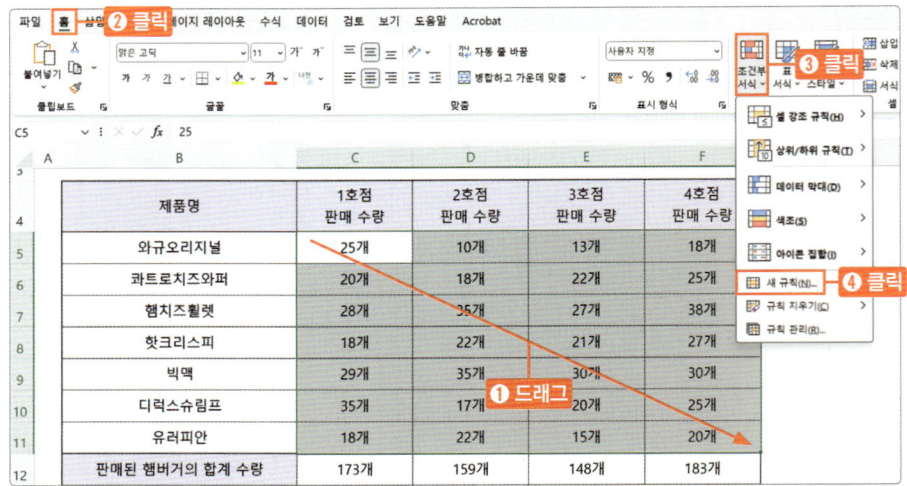

**2** 아래와 같이 새 서식 규칙을 지정하기 위해 조건을 입력합니다.

➡ [새 서식 규칙] 대화상자-[상위 또는 하위 값만 서식 지정]-[상위]-[입력 칸에 '5' 입력]-<서식>

[C5:F11] 영역 범위 중에서 판매 개수가 많은 5개의 값들만 서식을 지정하는 규칙입니다.

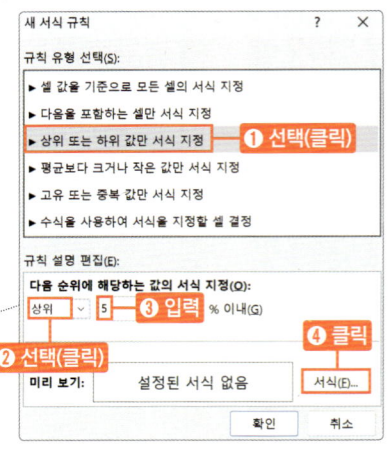

**3** 위에서 지정한 규칙에 서식을 지정합니다.

➡ [셀 서식] 대화상자-[채우기]-[배경색]-[원하는 색상 선택]-<확인>-<확인>

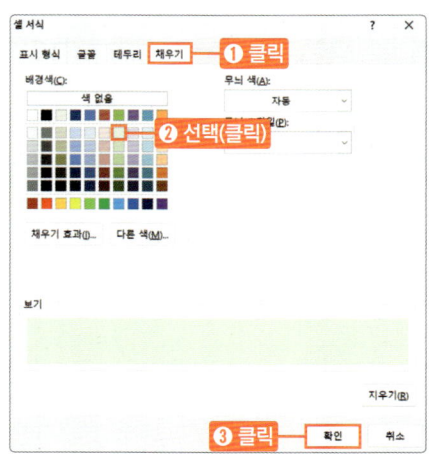

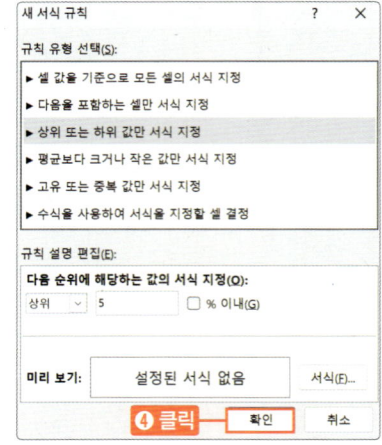

**4** 조건에 맞는 셀에 색상이 적용된 것을 확인합니다.

판매 개수가 많은 5개 값이 셀 서식이 적용되어야 하지만 같은 점수에 대해서는 1개의 값으로 적용이 됩니다.

□ 지금하기  □ 나중에 하기

📁 불러올 파일 : 미션_01.xlsx    📄 완성된 파일 : 미션_01(완성).xlsx

**1** '미션_01.xlsx' 파일을 열어 아래 그림을 참고하여 완성해 보세요.

| | A | B | C | D |
|---|---|---|---|---|
| 1 | | 컴퓨터반 운동기록평가 | | |
| 2 | | | | |
| 3 | 이름 | 줄넘기 | 50m 달리기 | 공 던지기 |
| 4 | 이예준 | 81 | 10.2 | 12.5 |
| 5 | 한소연 | 74 | 9.8 | 13.4 |
| 6 | 오태석 | 86 | 10.3 | 10.3 |
| 7 | 지현우 | 52 | 12.1 | 9.5 |
| 8 | 이슬기 | 63 | 13.5 | 7.8 |
| 9 | 조서영 | 77 | 14.2 | 13.2 |
| 10 | 최현욱 | 89 | 12.8 | 14.1 |
| 11 | 최대값 | | | |
| 12 | 최소값 | | | |

| | A | B | C | D |
|---|---|---|---|---|
| 1 | | 컴퓨터반 운동기록평가 | | |
| 2 | | | | |
| 3 | 이름 | 줄넘기 | 50m 달리기 | 공 던지기 |
| 4 | 이예준 | 81회 | 10.2 | 12.5 |
| 5 | 한소연 | 74회 | 9.8 | 13.4 |
| 6 | 오태석 | 86회 | 10.3 | 10.3 |
| 7 | 지현우 | 52회 | 12.1 | 9.5 |
| 8 | 이슬기 | 63회 | 13.5 | 7.8 |
| 9 | 조서영 | 77회 | 14.2 | 13.2 |
| 10 | 최현욱 | 89회 | 12.8 | 14.1 |
| 11 | 최대값 | 89회 | 14.2 | 14.1 |
| 12 | 최소값 | 52회 | 9.8 | 7.8 |

**1** 최대값, 최소값을 구하고 [C3] 셀은 글자를 2줄로 표시한 후, '행 높이'를 40으로 수정합니다.

**2** [B4:B12] 영역의 셀 서식을 "회"가 입력되도록 적용해 봅니다.

**3** [D4:D10] 영역의 조건부 서식을 이용하여 상위 세 개의 값에 셀 채우기 색을 변경합니다.

# CHAPTER 07 키가 얼마나 자랐을까요?

**학습목표**
- 데이터를 입력한 후, 차트를 삽입해 봅니다.
- 새로운 시트에 차트를 이동한 후, 차트의 서식을 변경해 봅니다.

**배울 내용 미리보기!**  📁 불러올 파일 : 나의 키.xlsx   📄 완성된 파일 : 나의 키(완성).xlsx

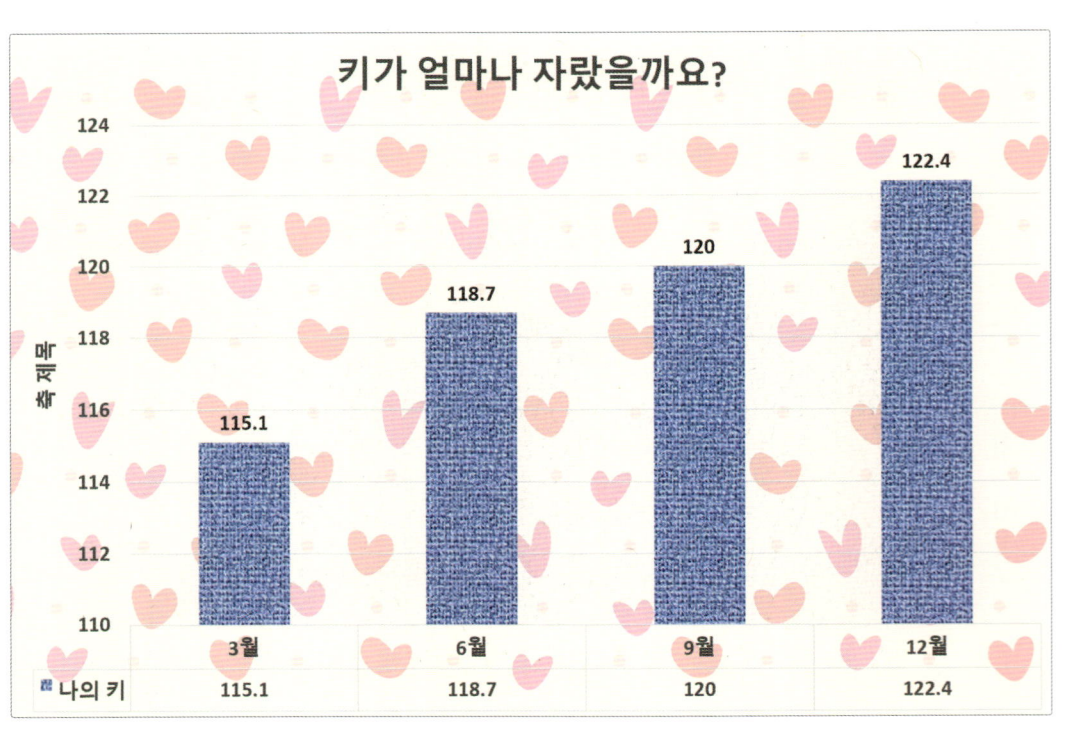

**1** 나의 키를 알아보아요.

※ 남학생은 남학생 그림에 표시하고 여학생은 여학생 그림에 표시하세요.

( cm)

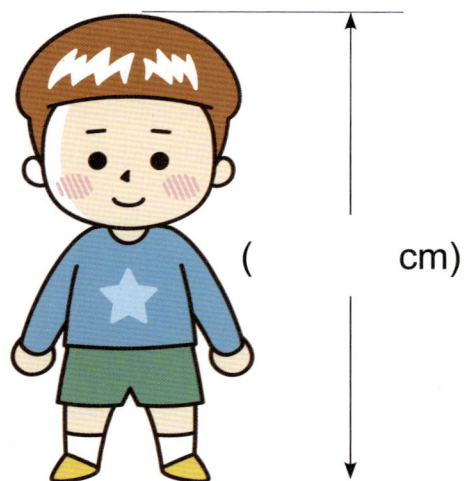
( cm)

**2** 그림을 보고 운동을 하기에 알맞은 장소를 연결하세요

## 01 데이터(내용)를 입력하라~

**1** [Excel 2021]을 실행하여 '나의키.xlsx' 파일을 불러옵니다. 이어서, [우리 반 평균키] 시트를 구경한 후, [Sheet1] 시트를 클릭하여 오른쪽 그림과 같이 데이터를 입력합니다.

> **힌트 — 차트의 필요성**
>
> 데이터로 작성한 표는 한 눈에 내용을 알아보기가 어렵죠! 차트를 작성하면 어떤 값이 크고 작은지 시각적으로 더 빠르고 쉽게 파악할 수 있습니다.

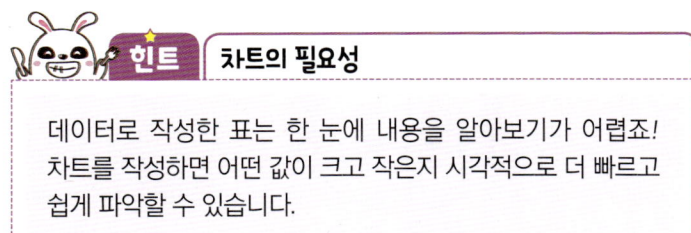

## 02 문자로 보는 것 보다는 그래프(차트) 보는게 훨 좋아~

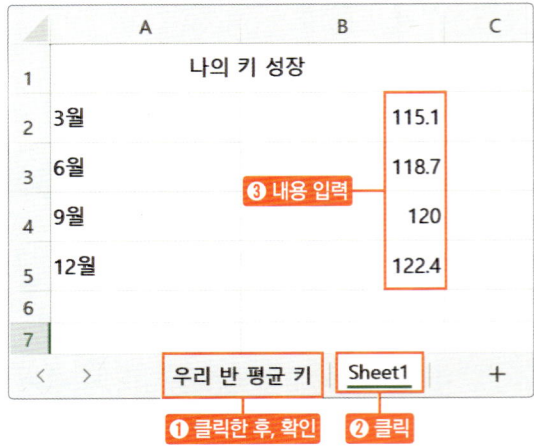

**1** [A1:B5] 영역을 드래그하여 범위를 지정합니다.

**2** 삽입할 차트를 선택합니다.

➤ [범위 지정]-[삽입]-[차트] 그룹-[세로 또는 가로 막대형 차트 삽입()]-[2차원 세로 막대형]-[묶은 세로 막대형]

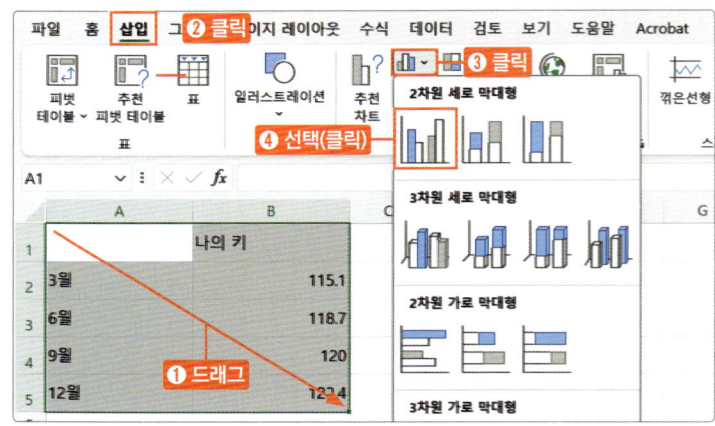

**3** 삽입된 차트 위에서 마우스 오른쪽 단추를 눌러 [차트 이동]을 클릭합니다.

➤ [차트 선택]-[마우스 오른쪽 단추]-[차트 이동]

> 마우스 오른쪽 단추 클릭은 차트 안쪽의 아무것도 없는 빈 공간 또는 차트 테두리 위에서 클릭합니다.

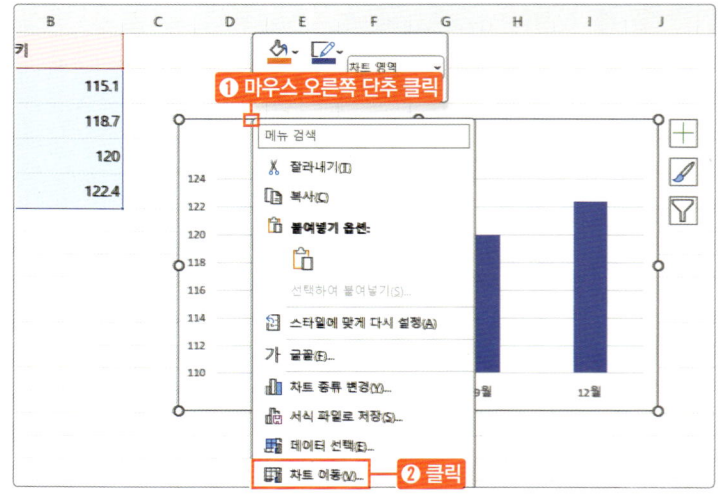

4 [차트 이동] 대화상자가 나오면 [새 시트]를 선택한 후, 입력 칸에 '나의 키 성장'을 입력합니다. 이어서, <확인> 단추를 클릭합니다.

➡ [차트 이동] 대화상자-[새 시트]-[입력]-<확인>

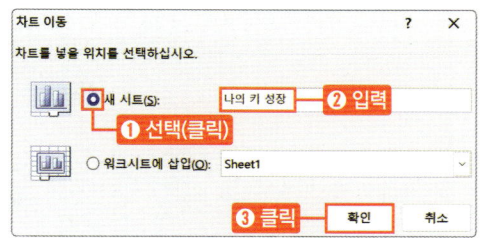

## 03 차트(그래프) 종류도 엄청 많고 예쁘게 바꿀수도 있어!

1 차트 종류를 변경해 봅니다.
➡ [차트 선택]-[차트 디자인]-[차트 레이아웃] 그룹-[빠른 레이아웃()]-[레이아웃 5]

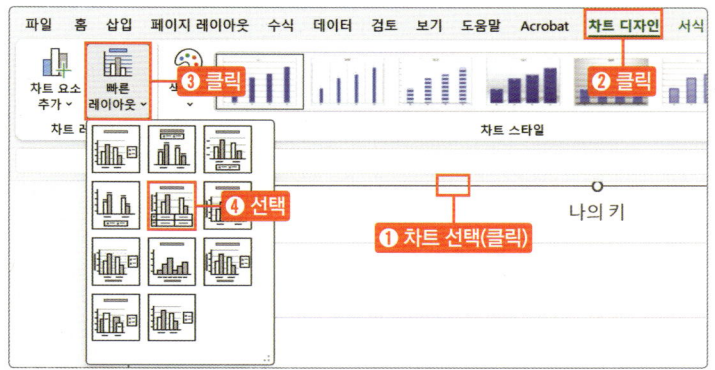

2 차트의 제목 '나의 키'를 '키가 얼마나 자랐을까요?'로 변경합니다.
➡ [범위 지정]-[입력]

3 차트의 서식을 지정하기 위해 '차트 영역 서식' 메뉴를 불러옵니다.
➡ [차트 선택]-[마우스 오른쪽 단추]-[차트 영역 서식]

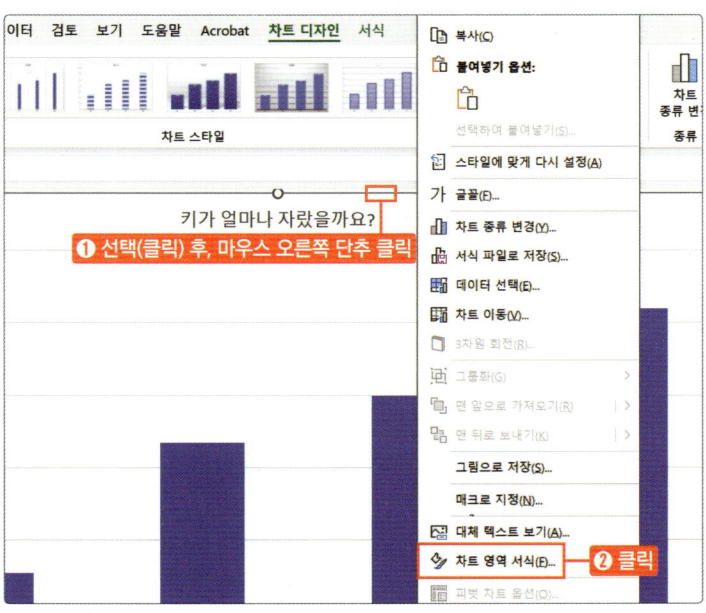

4 차트 영역 배경에 그림을 지정합니다.
➡ [차트 영역 서식]-[차트 옵션]-[채우기]
   -[그림 또는 질감 채우기]-<삽입>

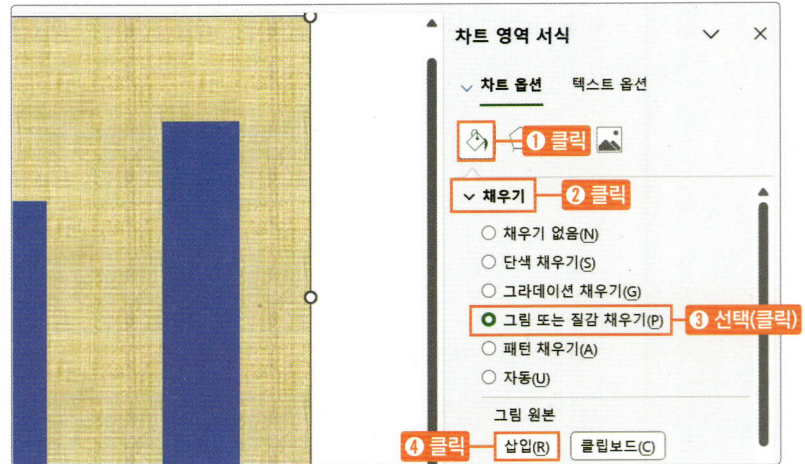

5 차트 영역에 그림 파일을 불러옵니다.
➡ [그림 삽입] 대화상자-[파일에서]-[불러올 파일]-[7장]-'패턴.png'-<삽입>

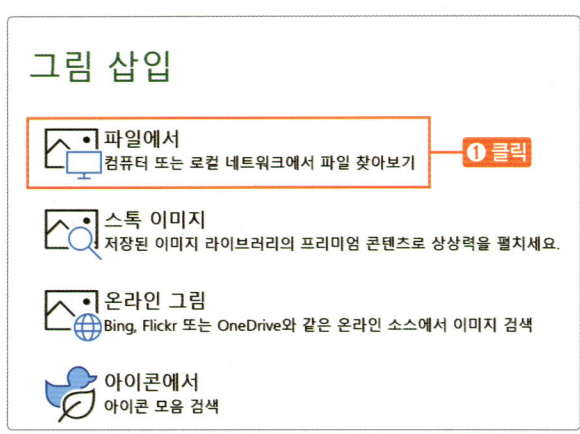

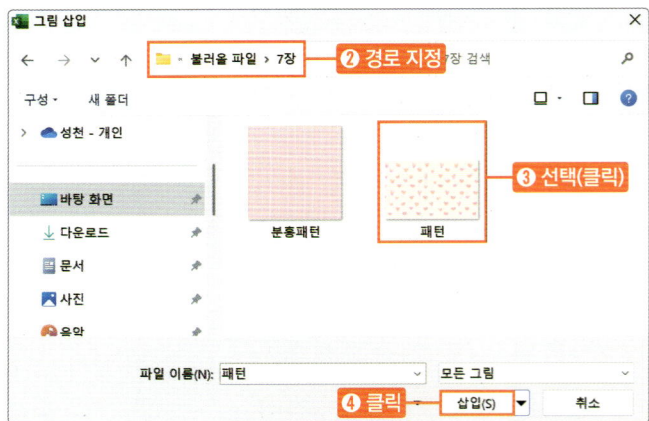

## 04 막대 그래프(데이터 계열)가 별로인데~ 바꿔볼까!

1 차트의 막대 그래프를 변경하기 위해 '데이터 계열 서식' 메뉴를 불러옵니다.
➡ [12월 차트 계열]-[마우스 오른쪽 단추 클릭]-[데이터 계열 서식]

계열을 한 번만 클릭하면
모든 계열이 선택됩니다.

**2** 데이터 계열(막대 그래프)에는 질감으로 서식을 지정합니다.

➡ [데이터 계열 서식]-[계열 옵션]-[채우기 및 선]-[채우기]-[그림 또는 질감 채우기]-[질감]-[데님]

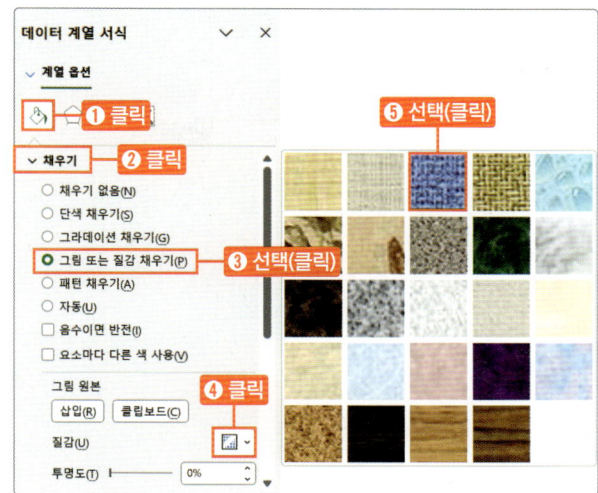

**3** 데이터 계열(막대 그래프) 위에 숫자가 나오도록 데이터 레이블을 추가합니다.

➡ [12월 차트 계열]-[마우스 오른쪽 단추 클릭] -[데이터 레이블 추가]

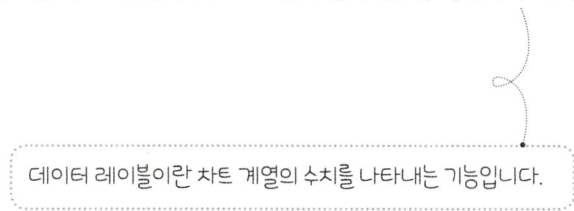

데이터 레이블이란 차트 계열의 수치를 나타내는 기능입니다.

**4** 각각의 데이터 레이블을 클릭한 후, 글꼴 서식을 적용하여 작품을 완성합니다.

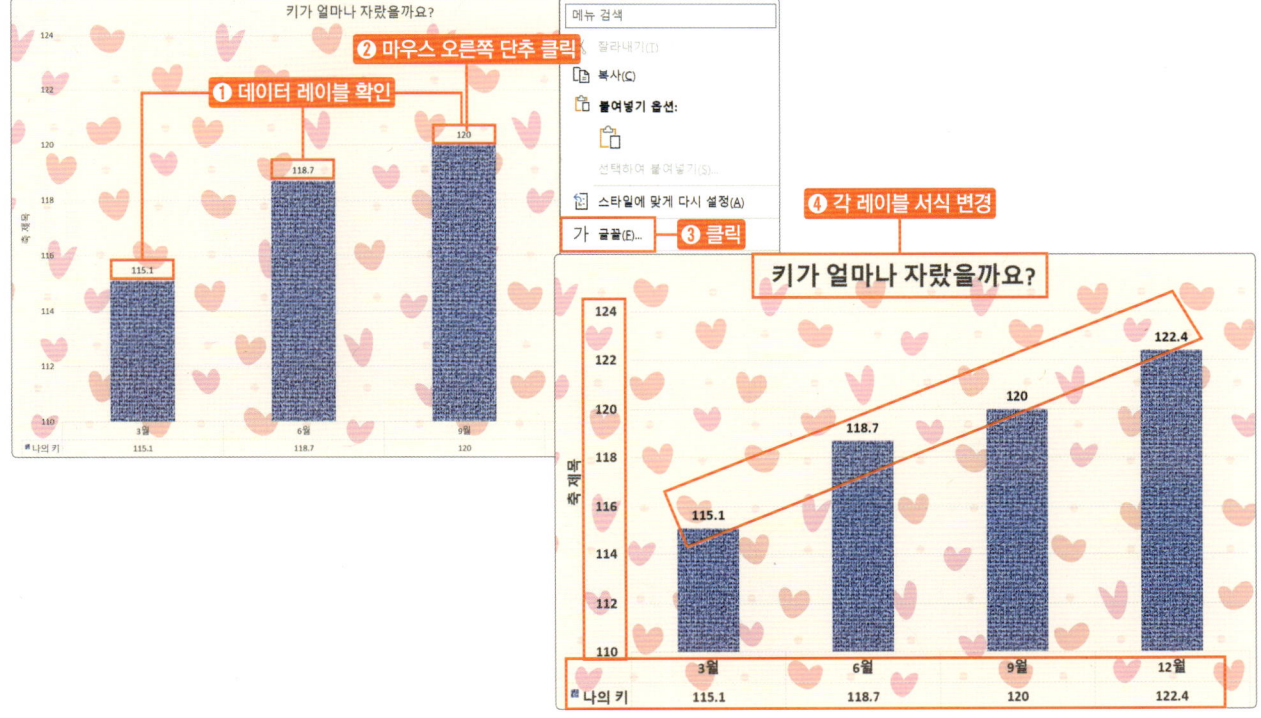

CHAPTER 07 키가 얼마나 자랐을까요? **053**

☐ 지금하기  ☐ 나중에 하기

📁 불러올 파일 : 미션_01.xlsx   📄 완성된 파일 : 미션_01(완성).xlsx

**1** '미션_01.xlsx' 파일을 열어 아래 그림을 참고하여 완성해 보세요.

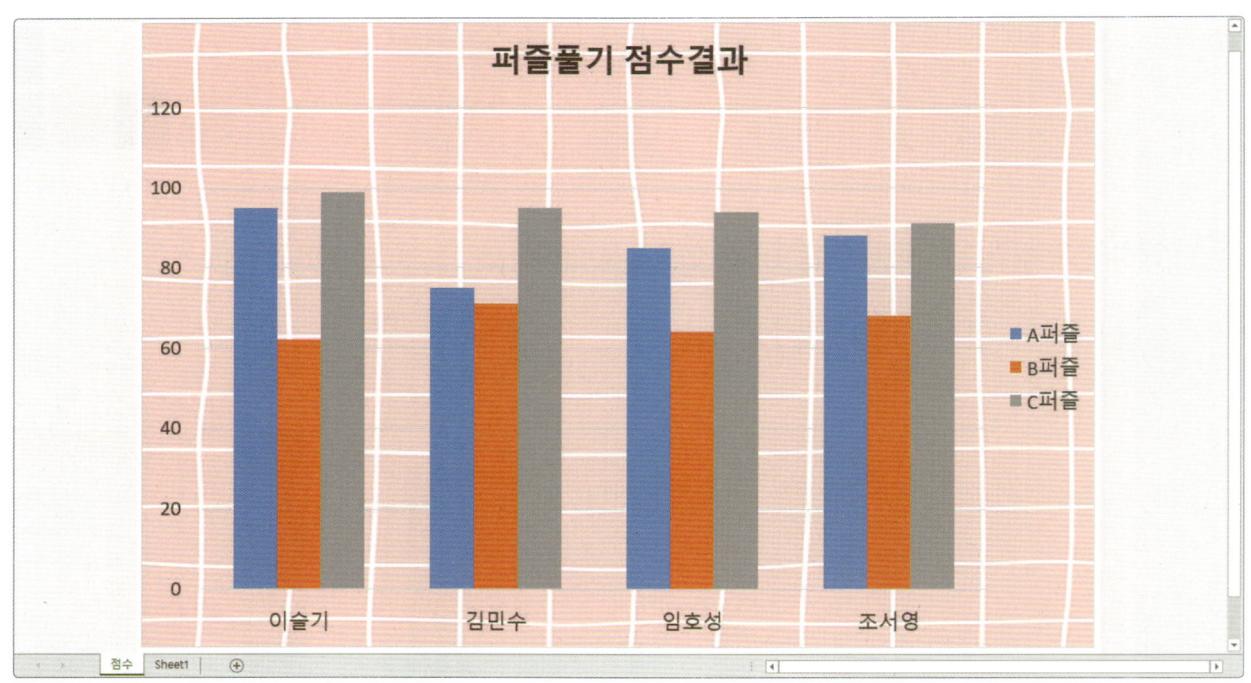

**1** 차트를 만들고 '레이아웃 1'로 적용합니다.

**2** 차트 영역의 채우기는 '분홍패턴.png'으로 적용합니다.
➡ [불러올 파일]-[7장]-'분홍패턴.png'

**3** 시트 이름을 '점수'로 지정합니다.

# CHAPTER 08 단원 종합 평가 문제

**오늘 배울 내용**
- 1장~7장에서 배운 내용을 평가해 봅니다.

**1** 다음 워크시트에서 선택된 셀의 주소는 무엇인가요?

❶ [B3]  ❷ [B3:D5]
❸ [B1:D2]  ❹ [C4]

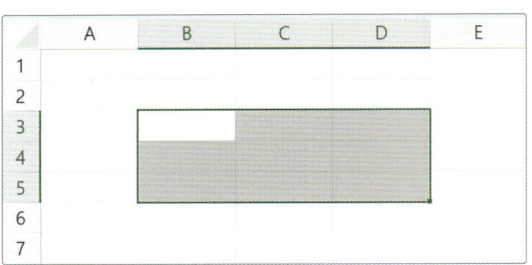

**2** 한자 또는 특수문자를 입력할 때 사용하는 키는 무엇인가요?

❶ Ctrl   ❷ 한/영   ❸ 한자   ❹ Shift

**3** [A1] 셀에 '월'을 입력한 후, 채우기 핸들을 [B1] 셀까지 드래그 할 경우 [B1] 셀에 표시되는 값은 무엇인가요?

❶ 월   ❷ 화
❸ 수   ❹ 목

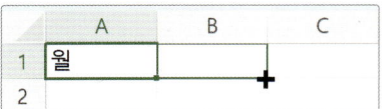

**4** [A1] 셀에 '1'을 입력한 후, Ctrl 키를 누른 채 채우기 핸들을 [B1] 셀까지 드래그 할 경우 [B1] 셀에 표시되는 값은 무엇인가요?

❶ 1   ❷ 2
❸ 3   ❹ 4

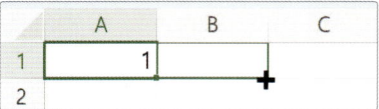

**5** 자동 합계를 실행할 때 사용하는 도구는 무엇인가요?

❶ ∑   ❷ 🪣   ❸ 📈   ❹ ≡

**6** 각각 떨어진 두 개 이상의 셀을 한 번에 선택하는 방법은 무엇인가요?

❶ Ctrl + 클릭    ❷ Alt + 클릭    ❸ Shift + 클릭    ❹ Enter + 클릭

**7** 셀 안에서 줄을 바꿀 때 누르는 키는 무엇인가요?

❶ Ctrl + 1    ❷ Alt + S    ❸ Ctrl + V    ❹ Alt + Enter

**8** 다음에서 사용되지 않은 기능은 무엇인가요?

❶ 메모 삽입
❷ 병합하고 가운데 맞춤
❸ 채우기 색
❹ 시트 이름 변경

**9** 아래 그림을 참고해서 나만의 작품을 완성해 보세요.

📂 불러올 파일 : 미션_01.xlsx
📄 완성된 파일 : 미션_01(완성).xlsx

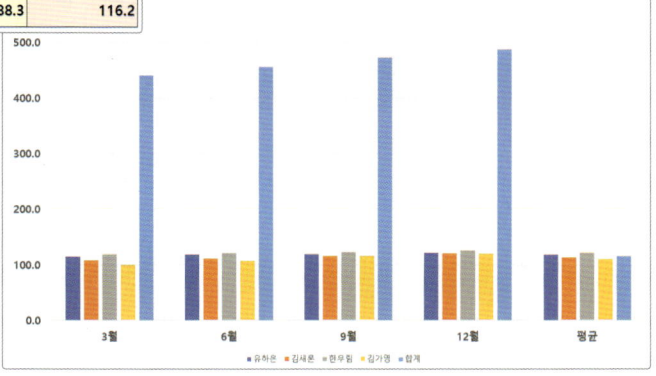

❶ 글꼴과 채우기 색을 자유롭게 변경합니다.
❷ '타자치는 키우스.png' 그림을 추가합니다.
❸ 평균과 합계를 계산합니다.
❹ 평균보다 큰 숫자에 조건부 서식을 지정합니다.
❺ 새로운 시트에 차트를 추가합니다.
❻ 기타 위 그림 참고해서 완성해 봅니다.

## CHAPTER 09 퍼즐과 캐릭터를 만들어 볼까!

**학습목표**
- 셀을 병합하여 제목을 입력하고 퍼즐도 맞춰봅니다.
- 도형을 이용하여 사과 캐릭터도 만들어 봅니다.

 배울 내용 미리보기!

📂 불러올 파일 : 캐릭터.xlsx   📗 완성된 파일 : 캐릭터(완성).xlsx

도형을 이동해보고 좌우로 바꿔보기도 해봐요.

와~~ 퍼즐 재미있어요.

도형으로 만화 만들기도 가능하겠는데?

▼ [사과] 시트

눈 내리는 밤

사과 같은 내 얼굴

▲ [눈사람] 시트

## 창의력 뿜뿜

■ 아래 그림은 오른쪽 이미지가 떨어졌어요. 이미지를 붙이기 위한 명령을 번호 순서대로 빈 칸에 적어보세요.

※ ① 시계 방향으로 90도 회전(오른쪽 회전)  ② 반시계 방향으로 90도 회전(왼쪽 회전)
　 ③ 좌우 반전(뒤집기)　　　　　　　　　　 ④ 시계 방향으로 180도 회전

정답 입력 [ ][ ][ ][ ][ ]

번호 순서는 모든 칸을 다 채울 필요 없어요.

## 01 나누어진 퍼즐을 이동해 완성해 보자!

**1** [파일 탐색기]를 실행한 후, '캐릭터.xlsx' 파일을 더블클릭하여 엑셀 파일을 자동으로 실행 및 불러옵니다.
➡ [파일 탐색기]-[불러올 파일]-[9장]-'캐릭터.xlsx'-[더블클릭]

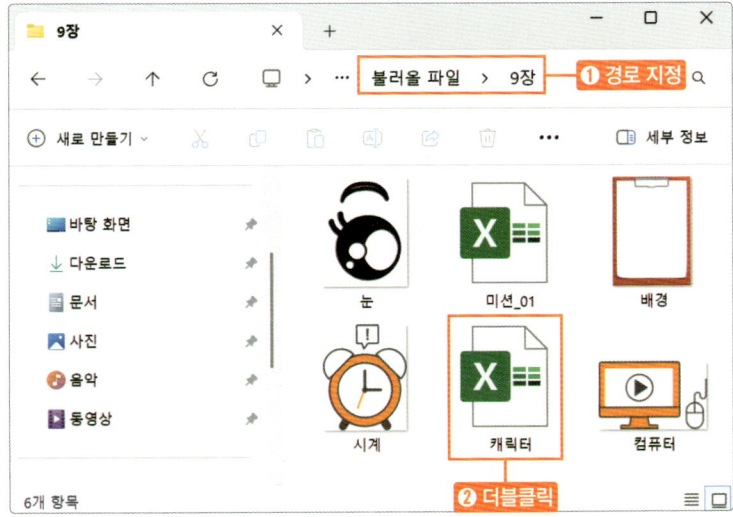

2 오른쪽 상단의 퍼즐 조각을 클릭하고 왼쪽 표 안에 드래그하여 배치합니다.

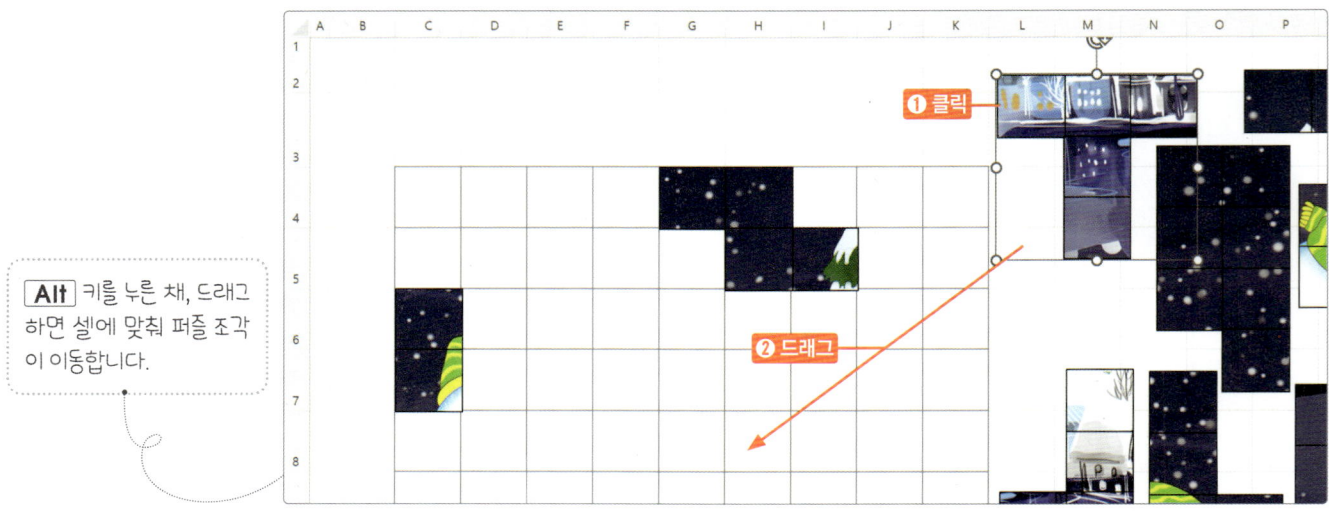

> Alt 키를 누른 채, 드래그하면 셀에 맞춰 퍼즐 조각이 이동합니다.

3 같은 방법으로 완성된 이미지를 참고하여 나머지 퍼즐을 완성합니다.

> 퍼즐 크기가 맞지 않으면 셀에 맞도록 조금 수정할 수 있어요. Alt 키를 같이 사용하면 크기를 셀에 맞도록 조절할 수 있어요.

## 02 퍼즐에 제목도 추가해 볼까!

1 [C3] 셀부터 [K3] 셀에 제목을 추가하기 위해 셀을 병합합니다.
➡ [범위 지정]-[홈]-[맞춤] 그룹-[병합하고 가운데 맞춤()]

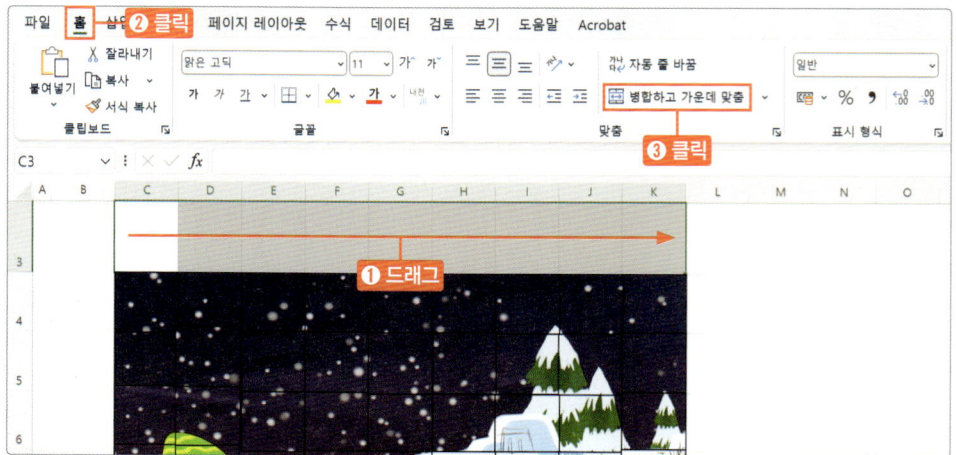

2  [C3] 셀에 '눈 내리는 밤'을 입력하고 글자를 드래그하여 블록으로 지정합니다.

3  블록을 지정한 글자에 글꼴 서식을 지정합니다.
➡ [홈]-[글꼴] 그룹-[휴면모음T], [36pt], [흰색]

4  필요한 셀에 채우기 색을 지정합니다.
➡ [범위 지정]-[홈]-[글꼴] 그룹-[채우기 색(🎨)]-[목록 단추(⌄)], [자유롭게 색 지정]

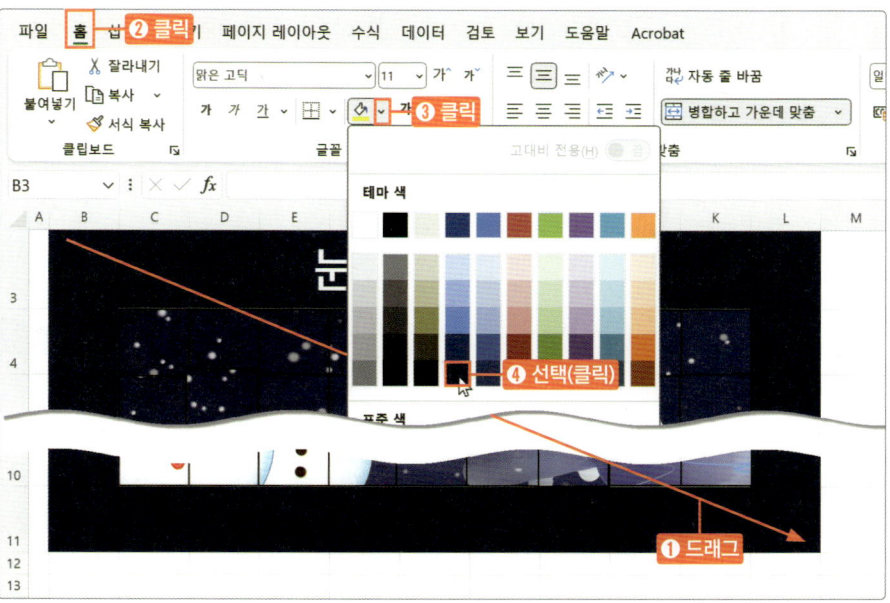

CHAPTER 09 퍼즐과 캐릭터를 만들어 볼까! **061**

## 03 사과 캐릭터에 제목을 만들어 보자!

**1** 워크시트 하단의 [사과] 탭을 선택합니다.

**2** [B2] 셀부터 [C31] 셀에 제목을 입력하기 위해 셀을 병합합니다.
➡ [범위 지정]-[홈]-[맞춤] 그룹-[병합하고 가운데 맞춤(圉)]

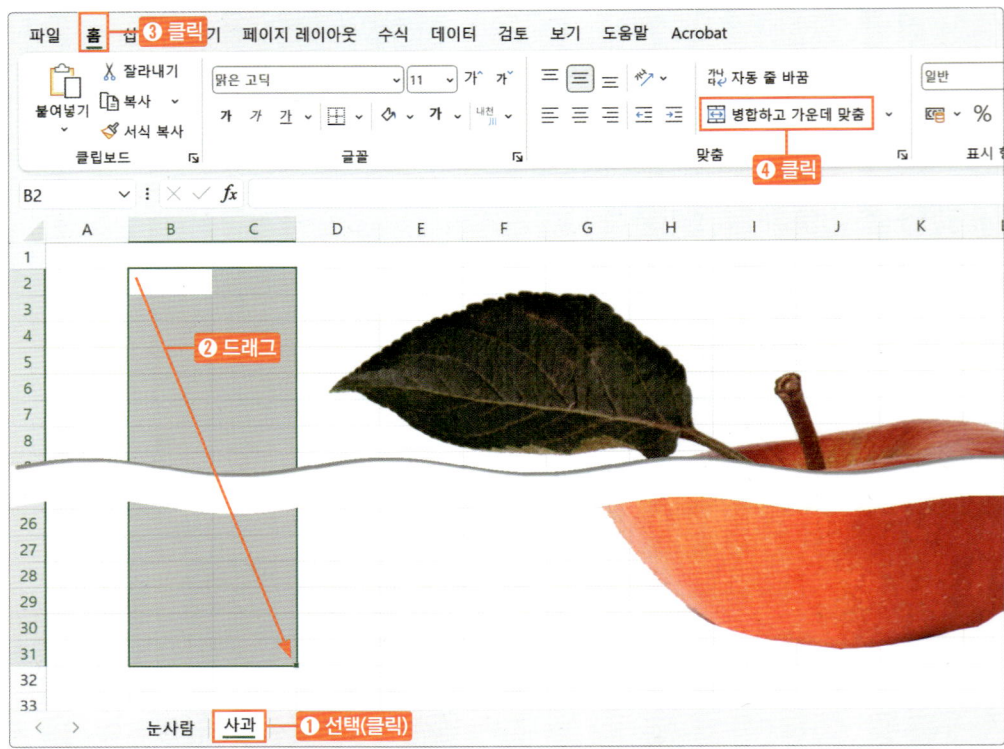

**3** 세로 글자를 입력하기 위해 [세로 쓰기]를 클릭합니다.
➡ [홈]-[맞춤] 그룹-[방향(⤢)]-[세로 쓰기]

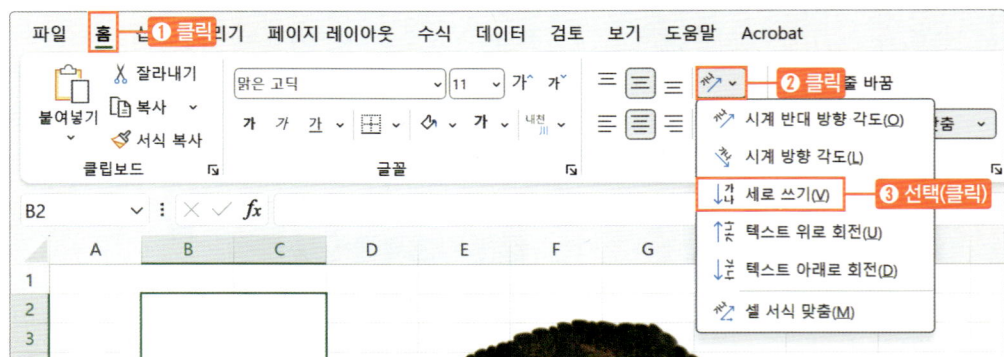

4  [B2] 셀에 제목을 입력한 후, 원하는 글꼴 서식으로 변경합니다.

➡ [입력]-[범위 지정]-[홈]-[글꼴] 그룹-[휴먼매직체], [28pt]

5  [B2] 셀의 '채우기 색'과 '테두리'를 지정합니다.

➡ [B2] 셀 선택-[홈]-[글꼴] 그룹-[채우기 색(🎨)]-[목록 단추(▼)], ['자유롭게']
➡ [B2] 셀 선택-[홈]-[글꼴] 그룹-[테두리(⊞)]-[목록 단추(▼)], [굵은 바깥쪽 테두리(🔲)]

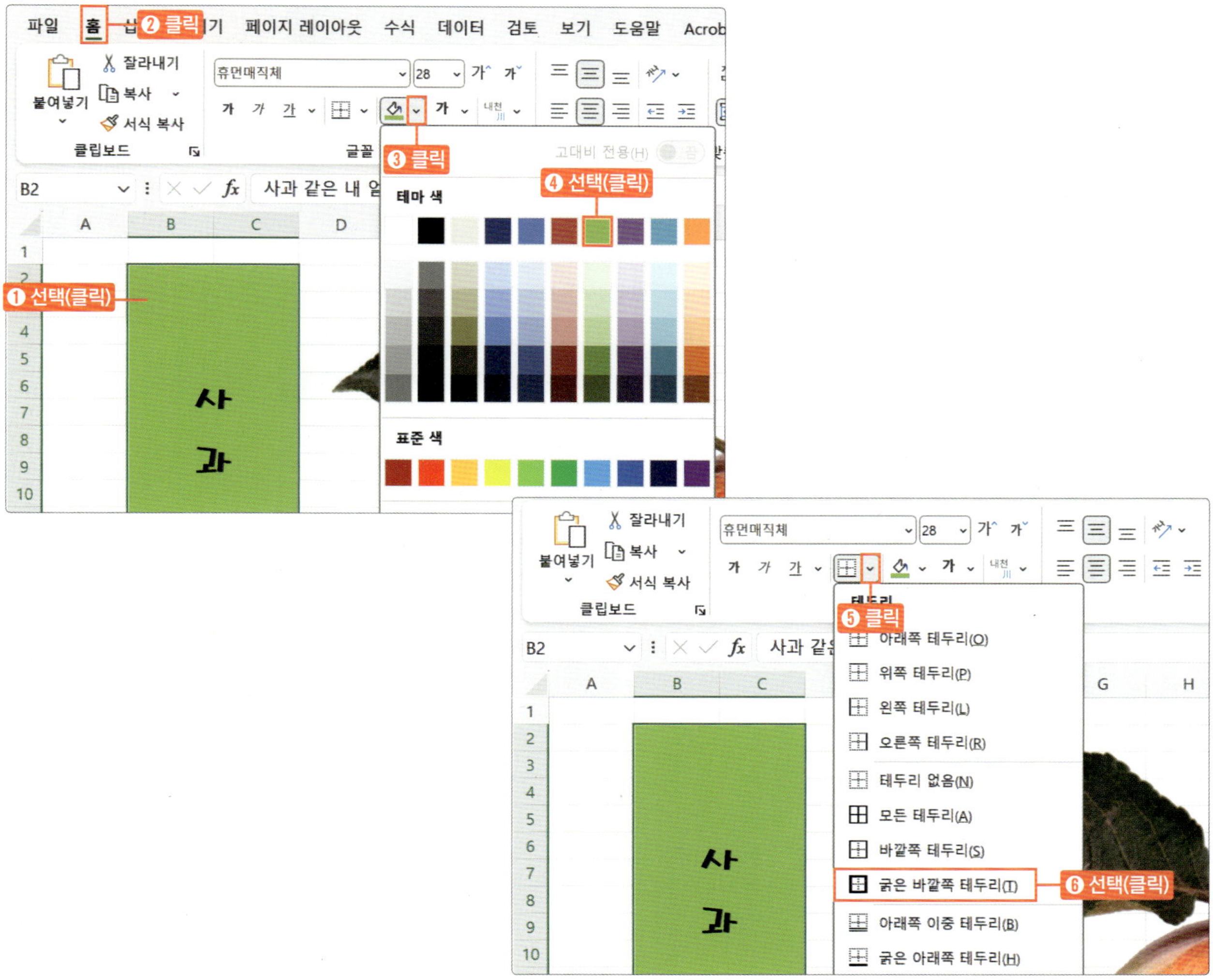

CHAPTER 09 퍼즐과 캐릭터를 만들어 볼까! **063**

## 04 사과에 눈과 귀를 그려볼까!

1. 시트에 '눈' 그림을 추가합니다.
   ➡ [삽입]-[일러스트레이션] 그룹-[그림( )]-[이 디바이스( 이 디바이스...(D) )]-[그림 삽입] 대화상자-[불러올 파일]-[9장]-'눈.png'-<삽입>

2. 왼쪽 눈 이미지를 사과에 알맞게 배치를 한 후, Ctrl 키를 누르면서 오른쪽으로 드래그하여 오른쪽 눈을 복사합니다.

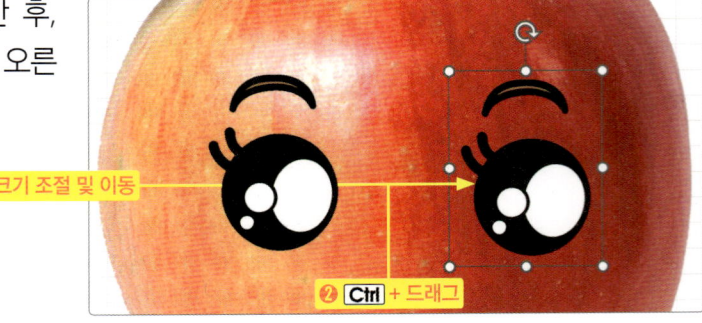

3. 복사된 오른쪽 '눈' 이미지의 눈동자 위치를 변경해 봅니다.
   ➡ [그림 서식] 탭-[정렬] 그룹-[회전( 회전 )]-[좌우 대칭]

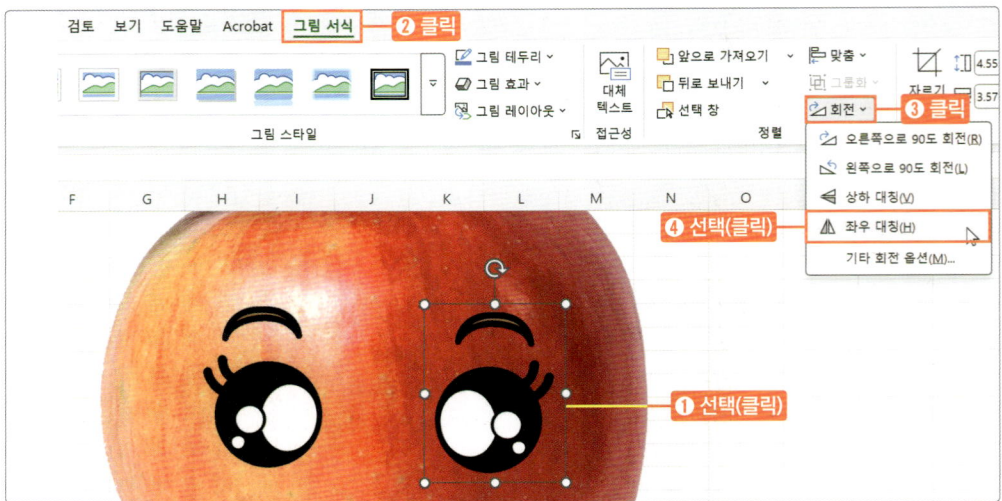

4. 사과 그림에 '입'을 그리기 위해 '달' 도형을 추가합니다.
   ➡ [삽입]-[일러스트레이션] 그룹-[도형( )]- [기본 도형]-[달( )]

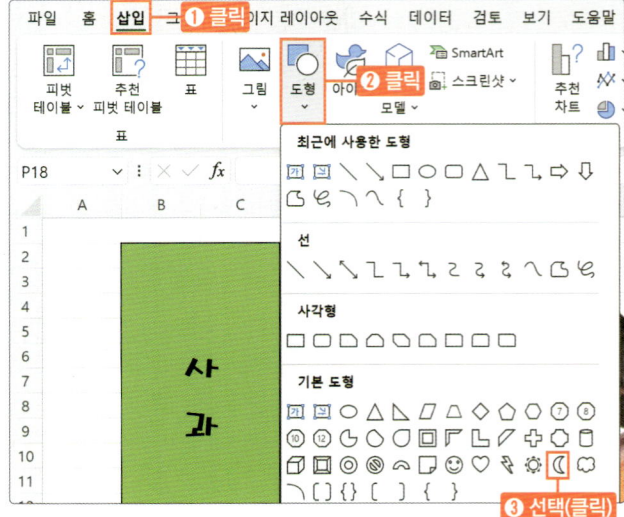

5 달 모양 도형으로 사과 '입 모양'을 추가합니다.
➡ [달 모양 도형 배치]-[크기로 조절]-[회전 모양( )) 드래그]

Shift 키를 누른 채 회전 모양을 드래그하면 회전 작업이 편리합니다.

6 조절점( )]을 위 아래로 드래그하여 '입' 모양의 두께를 조절한 후, 입' 색깔도 변경합니다.
➡ [도형 서식]-[도형 스타일] 그룹-[도형 채우기]-'원하는 색'

CHAPTER 09 퍼즐과 캐릭터를 만들어 볼까! **065**

**7** '입' 모양에 입체 효과를 추가합니다.
➡ [도형 서식]-[도형 스타일] 그룹-[도형 효과]-[입체 효과]-'각지게'

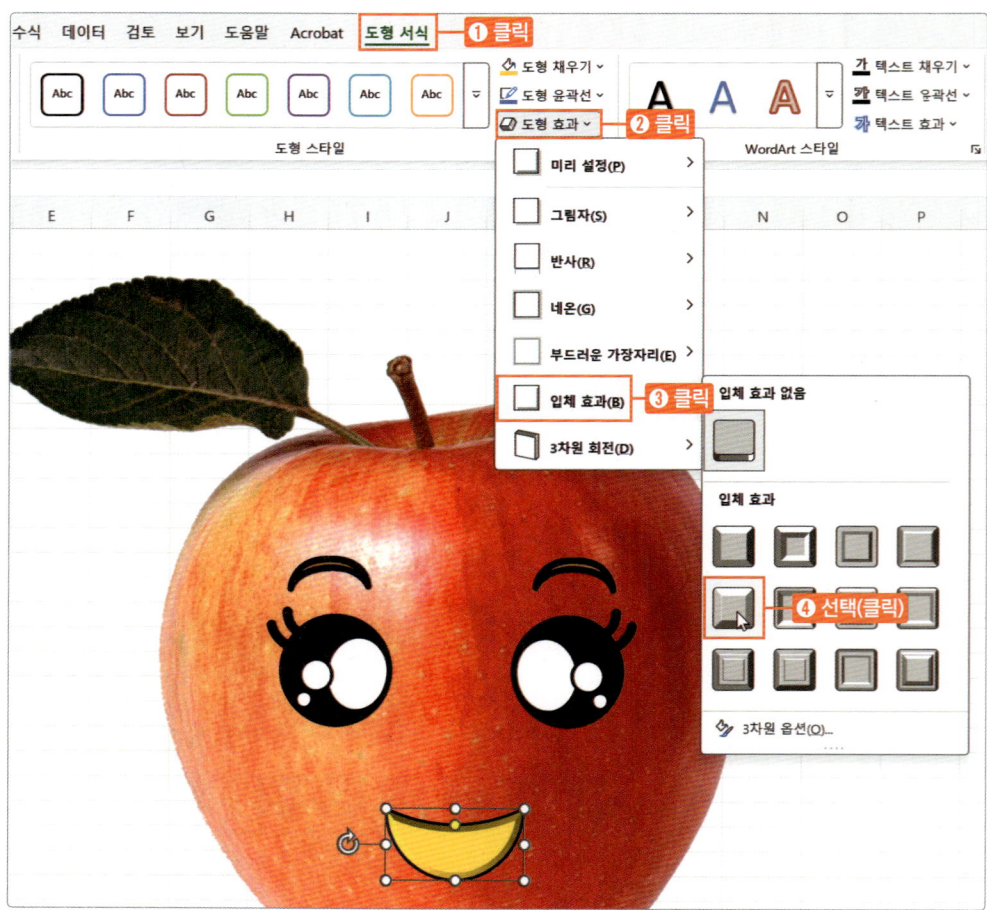

## CHAPTER 09

 혼자서 뚝딱 뚝딱

☐ 지금하기  ☐ 나중에 하기

📁 불러올 파일 : 미션_01(또는 본문에 이어서).xlsx    📊 완성된 파일 : 미션_01(완성).xlsx

**1** 여러 가지 도형을 활용하여 작품을 완성해 봅니다.

**1** [불러올 파일]-[9장]-말풍선.png

**2** [불러올 파일]-[9장]-하트1.png

**3** [불러올 파일]-[9장]-하트2.png

**4** 기타 필요한 그림

CHAPTER 09 퍼즐과 캐릭터를 만들어 볼까! **067**

# CHAPTER 10
# 컴퓨터 관련 단어를 찾아라~

**학습목표**
- 행과 열의 간격을 조절한 후, 테두리를 지정하여 단어 표를 완성해 봅니다.
- 그림을 추가한 후, 셀에 색을 채워 찾은 단어를 표시해 봅니다.

 📁 불러올 파일 : 단어.xlsx   📊 완성된 파일 : 단어(완성).xlsx

 단어표에서 컴퓨터 관련 단어를 찾아봐요.

 어디 어디 글자가 있나 볼까?

 후후 난 벌써 다 찾았지롱~

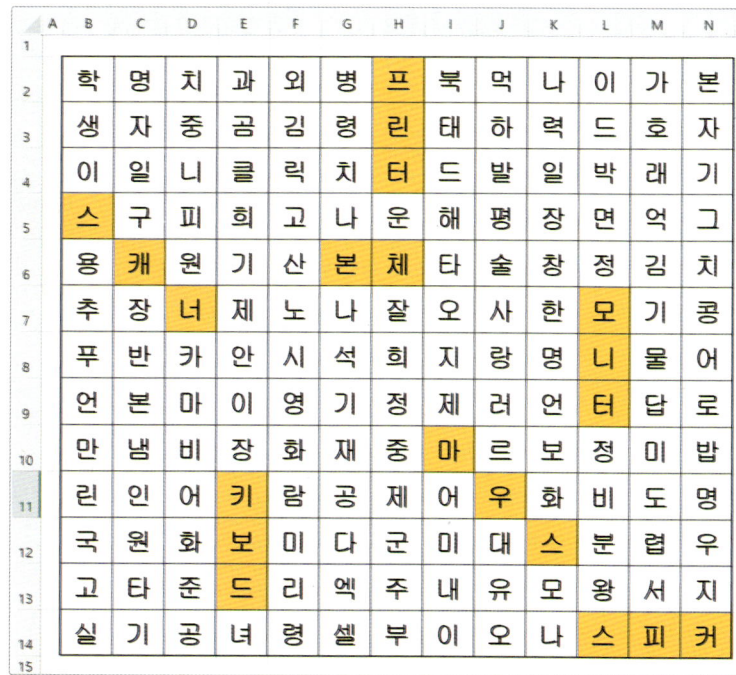

**찾을 단어**
- 본체
- 모니터
- 키보드
- 마우스
- 프린터
- 스캐너
- 스피커

■ 아래 그림과 자음을 보고 정답을 빈 칸에 입력해 봅니다.

ㅁㅋㄹ    ㅂㅇㅃ    ㅎㅂㄱ

## 01 입력된 '단어표'를 예쁘게 만들어 보자!

**1** [Excel 2021] 프로그램을 실행한 후, '단어.xlsx' 엑셀 파일을 불러옵니다.
➡ [열기]-[찾아보기]-[불러올 파일]-[10장]-'단어.xlsx'-<열기>

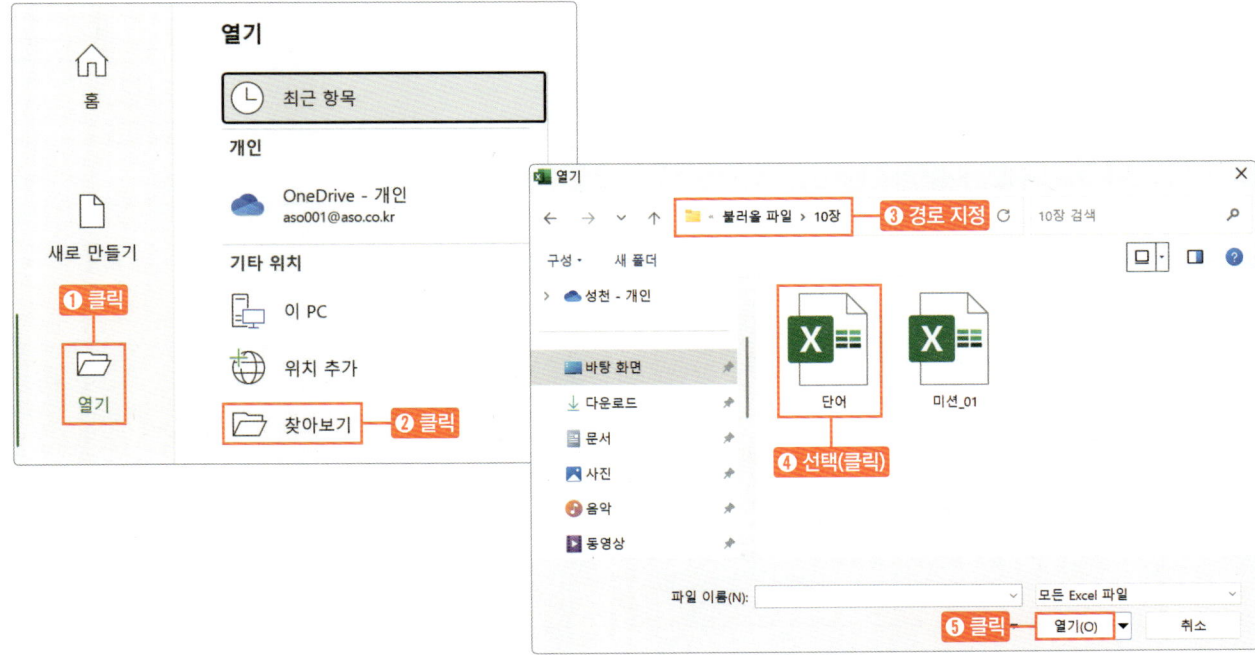

CHAPTER 10 컴퓨터 관련 단어를 찾아라~ **069**

2  행 높이를 조절하기 위해 '행 높이' 메뉴를 실행합니다.
➡ [머리글 범위 지정]-[마우스 오른쪽 단추]-[행 높이]

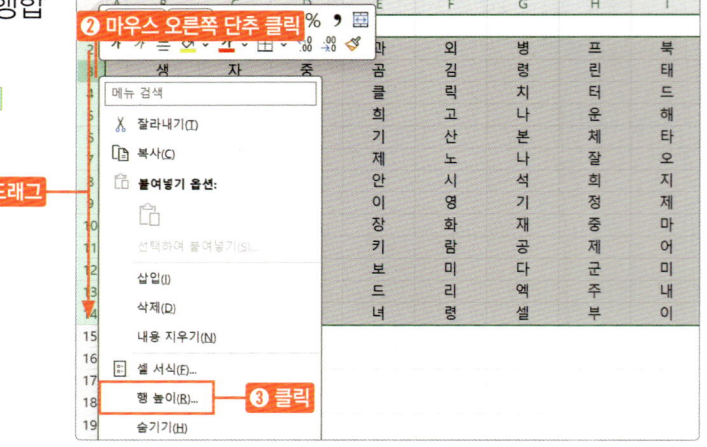

3  [행 높이] 대화상자의 입력 칸에 '35'를 입력한 후, <확인> 단추를 클릭합니다.

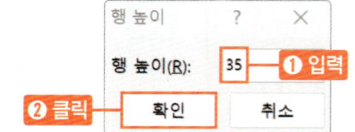

4  열 너비를 조절하기 위해 '열 너비' 메뉴를 실행합니다.
➡ [머리글 범위 지정]-[마우스 오른쪽 단추]-[열 너비]

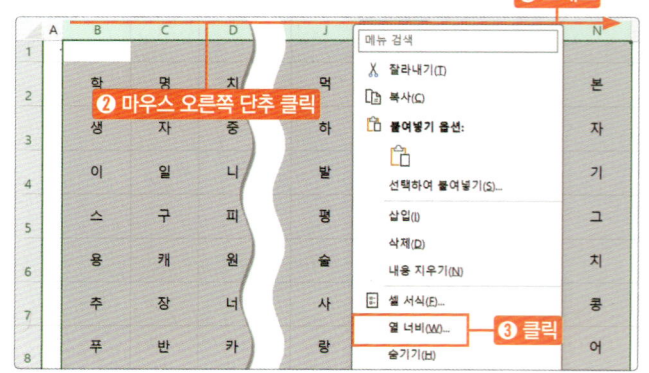

5  [열 너비] 대화상자의 입력 칸에 '6'을 입력한 후, <확인> 단추를 클릭합니다.

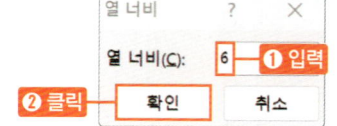

6  [B2:N14] 영역을 드래그하여 범위를 지정한 후, '테두리'를 지정합니다.
➡ [범위 지정]-[홈]-[글꼴] 그룹-[테두리(⊞▾)]
-[목록 단추(▾)], [모든 테두리(⊞)], [굵은 바깥쪽 테두리(▣)]

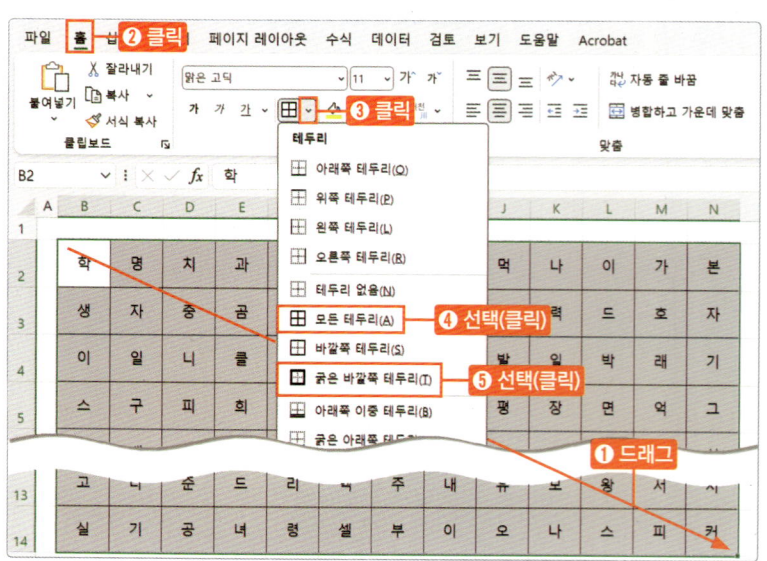

**7** 블록으로 지정된 셀에 글꼴을 변경합니다.

➡ [홈]-[글꼴] 그룹-[굴림], [20pt]

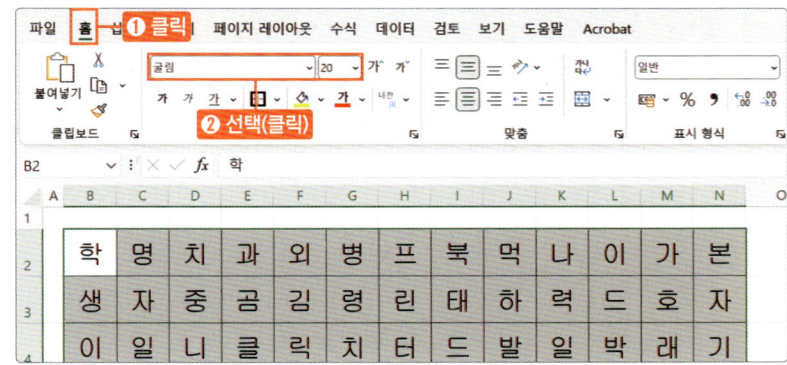

## 02 '제목'과 '찾을 단어'를 추가할 셀 부터 만들어 볼까!

**1** [P3] 셀부터 [R3] 셀을 [병합하고 가운데 맞춤()]을 합니다.

➡ [범위 지정]-[홈]-[맞춤] 그룹-[병합하고 가운데 맞춤()]

**2** [P5] 셀부터 [R13] 셀을 [병합하고 가운데 맞춤()]을 합니다.

➡ [범위 지정]-[홈]-[맞춤] 그룹-[병합하고 가운데 맞춤()]

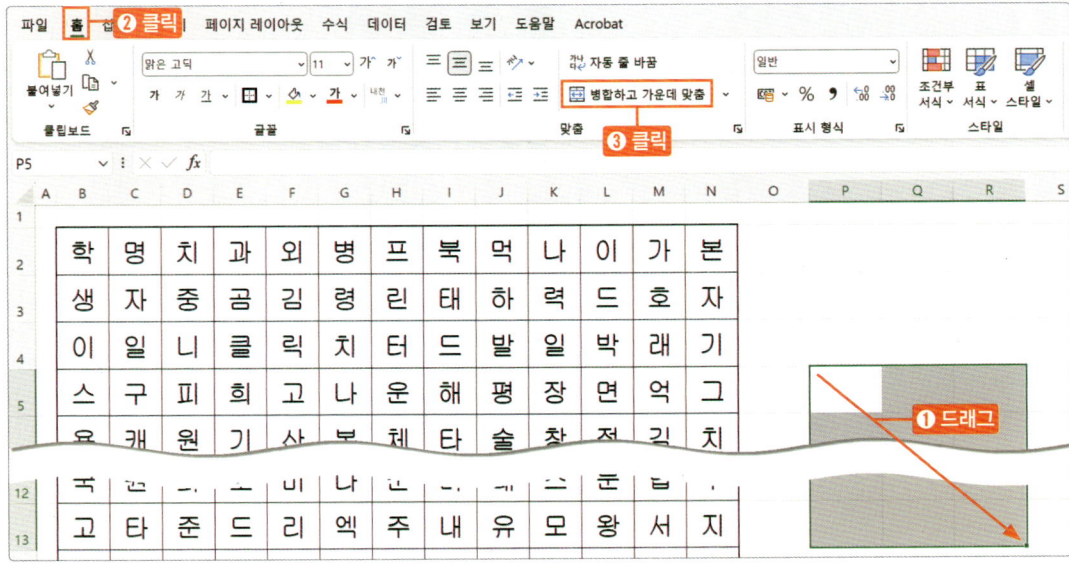

CHAPTER 10 컴퓨터 관련 단어를 찾아라~ **071**

## 03 이제 '제목'과 '찾을 단어'를 예쁘게 꾸며보자!

**1** [P3]을 클릭하고 '찾을 단어'를 입력한 후, Enter 키를 누릅니다.

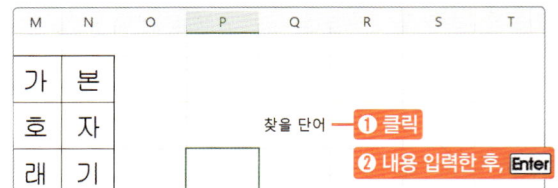

**2** [P5] 셀을 클릭하고 오른쪽 그림처럼 데이터를 입력합니다.

> 줄 바꿀 때는 Alt + Enter 키를 누르면 됩니다.

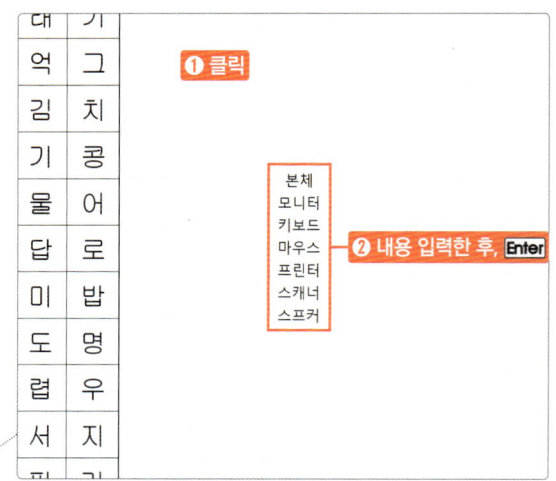

**3** [P3] 셀을 클릭한 후, Ctrl 키를 누른 채 [P5] 셀을 클릭합니다.

> Ctrl 키를 누른 채 원하는 셀을 선택하면 여러 개의 셀을 동시에 선택할 수 있습니다.

**4** 선택된 셀에 글꼴과 배경색을 변경합니다.
➤ [셀 선택]-[홈]-[글꼴] 그룹-[휴먼매직체], [26pt], [배경색]-'자유롭게'

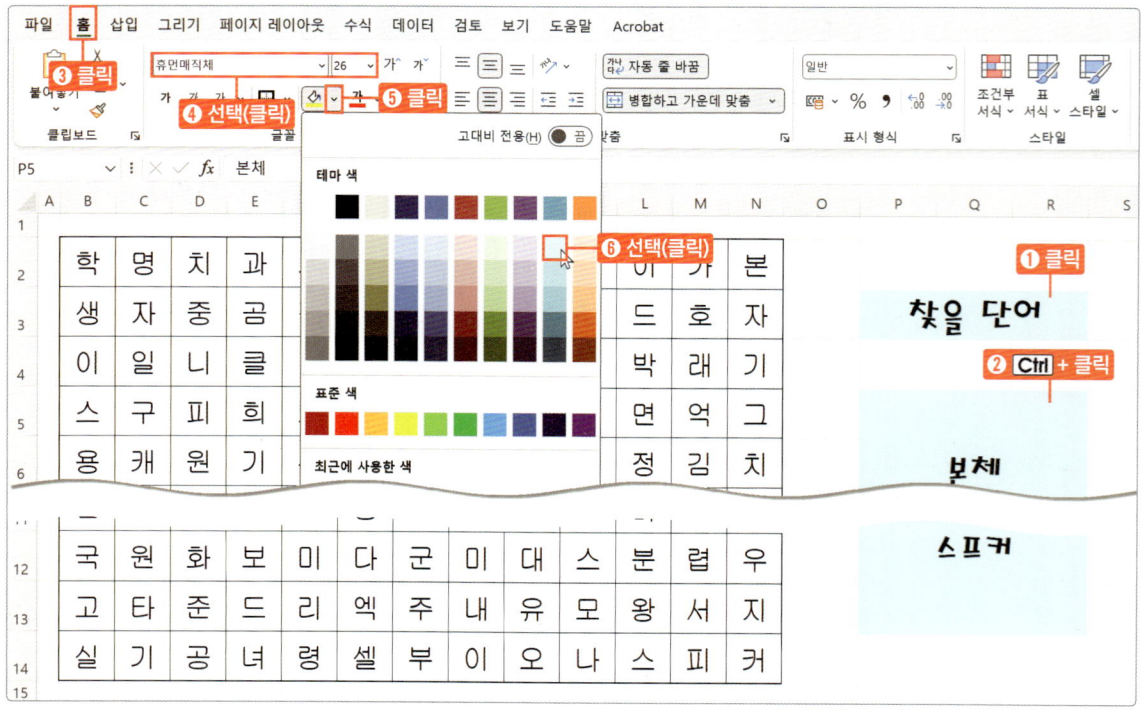

072 돌아온 꿈트리_엑셀 2021

# CHAPTER 10

혼자서 뚝딱 뚝딱

☐ 지금하기  ☐ 나중에 하기

📁 **불러올 파일** : 미션_01(또는 본문에 이어서).xlsx   📄 **완성된 파일** : 미션_01(완성).xlsx

**1** 주어진 이미지를 삽입하고 옆에 적혀 있는 단어를 찾아서 셀에 색을 칠해 작품을 완성합니다.

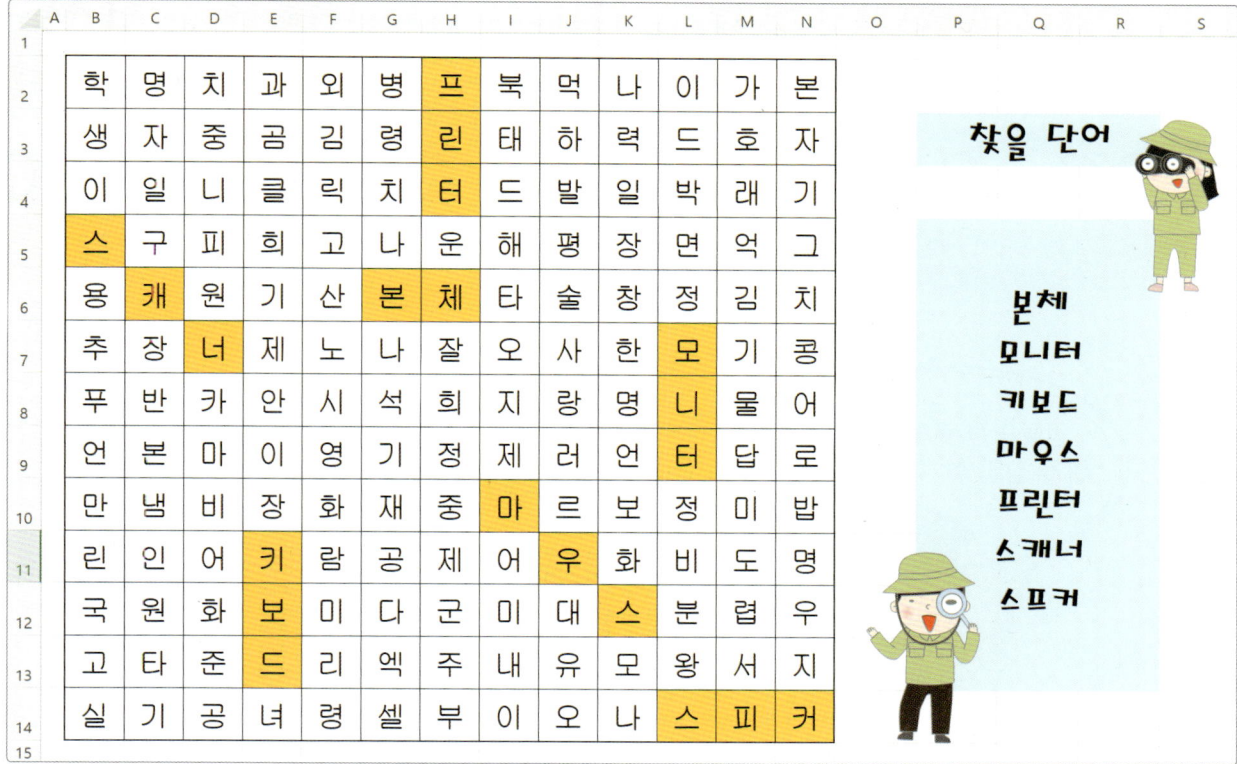

**1** '캐릭터1.png', '캐릭터2.png' 그림을 삽입합니다.

**2** 단어를 찾아 원하는 채우기 색을 추가합니다.

## CHAPTER 11 - 봄과 여름에 피는 꽃

**학습목표**
- 행과 열을 삽입한 후, 셀 서식을 적용하여 표를 만들어 봅니다.
- 그림과 한자를 추가해 봅니다.

### 배울 내용 미리보기!

📂 불러올 파일 : 꽃.xlsx   📄 완성된 파일 : 꽃(완성).xlsx

만들어진 표에 행과 열을 삽입 할 수 있어요.

부족한 행을 삽입하니 편리한데?

헉! 난 다 지우고 다시 할려고 했는데...

| 꽃 이름 | 개화 시기 | 인기 순위 | 꽃 말 |
|---|---|---|---|
| 개나리 | 3月 | 1 | 희망 |
| 튤립 | 4月 | 4 | 고백 |
| 장미 | 5月 | 2 | 사랑 |
| 수국 | 6月 | 5 | 진심 |
| 무궁화 | 7月 | 3 | 아름다움 |
| 샤프란 | 8月 | 6 | 즐거움 |

### 창의력 풀러는

■ 아래 이미지를 보고 이미지의 흐린 부분을 직접 그려보세요.

## 01 추가할 내용이 있는데 '행'과 '열'이 부족해~

**1** [Excel 2021] 프로그램을 실행한 후, '꽃.xlsx' 엑셀 파일을 불러옵니다.
➡ [열기]-[찾아보기]-[불러올 파일]-[11장]-'꽃.xlsx'-<열기>

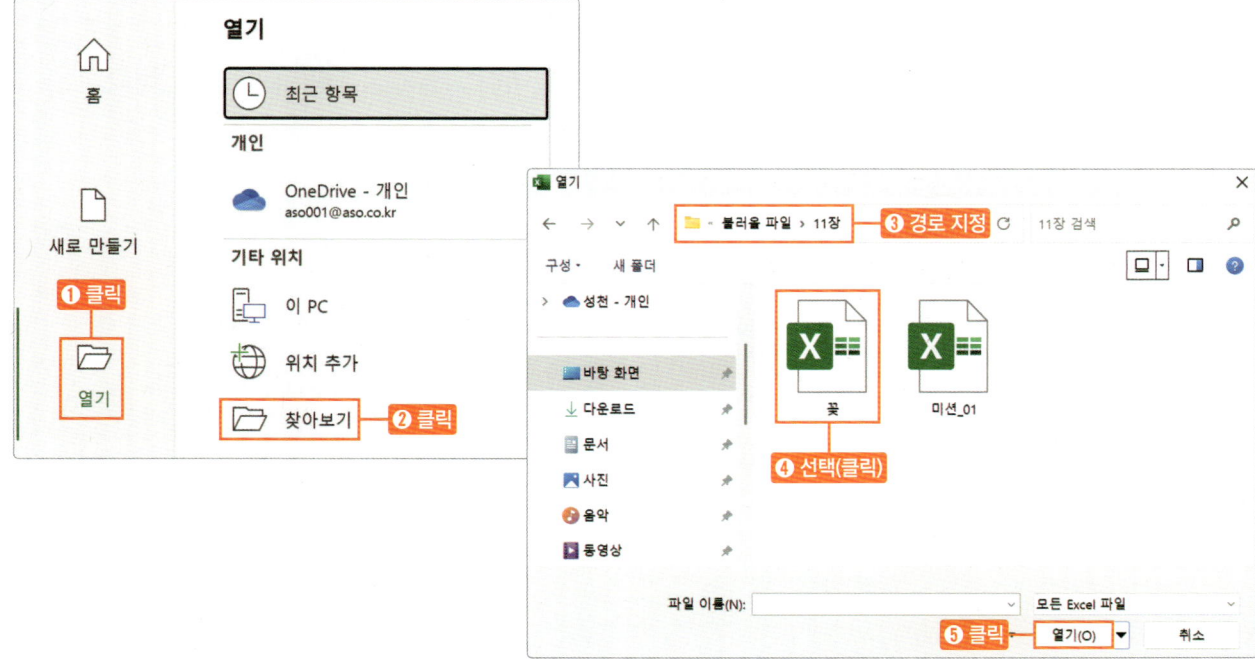

CHAPTER 11 봄과 여름에 피는 꽃 **075**

**2** 추가할 행의 아래쪽 행 머리글을 드래그합니다.
➡ [머리글 범위 지정]-[마우스 오른쪽 단추 클릭]-[삽입]

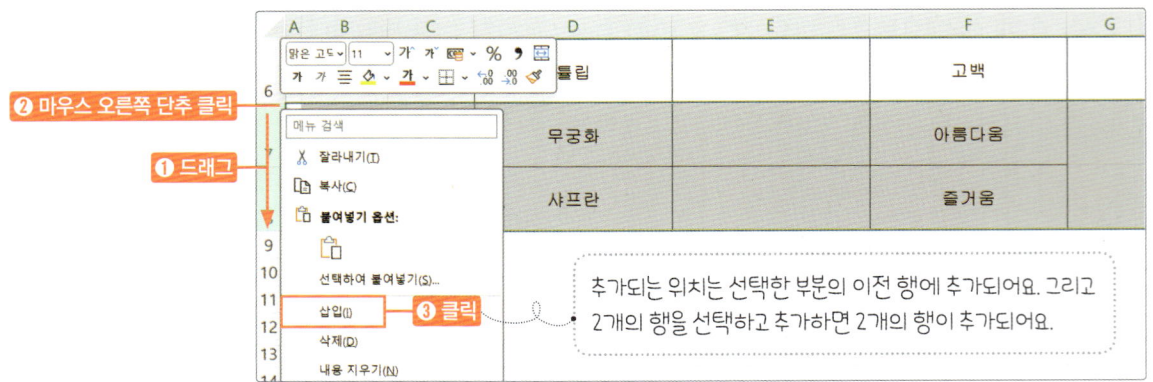

**3** 새롭게 삽입된 행에 글자를 입력합니다.
➡ [D7] 셀에 '장미', [D8] 셀에 '수국', [F7] 셀에 '사랑', [F8] 셀에 '진심'

**4** 같은 방법으로 [E]와 [F] 열 사이에 열을 하나 추가하여 아래 그림처럼 데이터를 입력합니다.

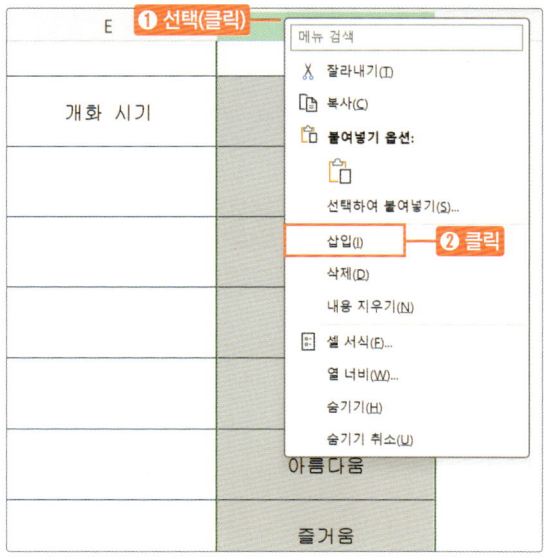

## 02 제목을 넣기엔 셀이 너무 좁은데 넓게 변경해 볼까!

1 [2] 행 머리글 위에서 마우스 오른쪽 단추를 눌러 [행 높이]를 클릭합니다.

2 [행 높이] 대화상자의 입력 칸에 '80'을 입력한 후, <확인> 단추를 클릭합니다.

## 03 이제 제목이 들어갈 도형을 추가해 볼까!

1 도형을 추가하고 [D2:G2] 영역에 정확히 크기를 조절합니다.
➡ [삽입]-[일러스트레이션] 그룹-[도형( )]-[기본 도형]-[사각형 : 빗면( )]

> 도형의 크기를 조절하거나 위치를 변경할 때 Alt 키를 누른 채 드래그하면 셀에 맞춰 조절하기 편리합니다.

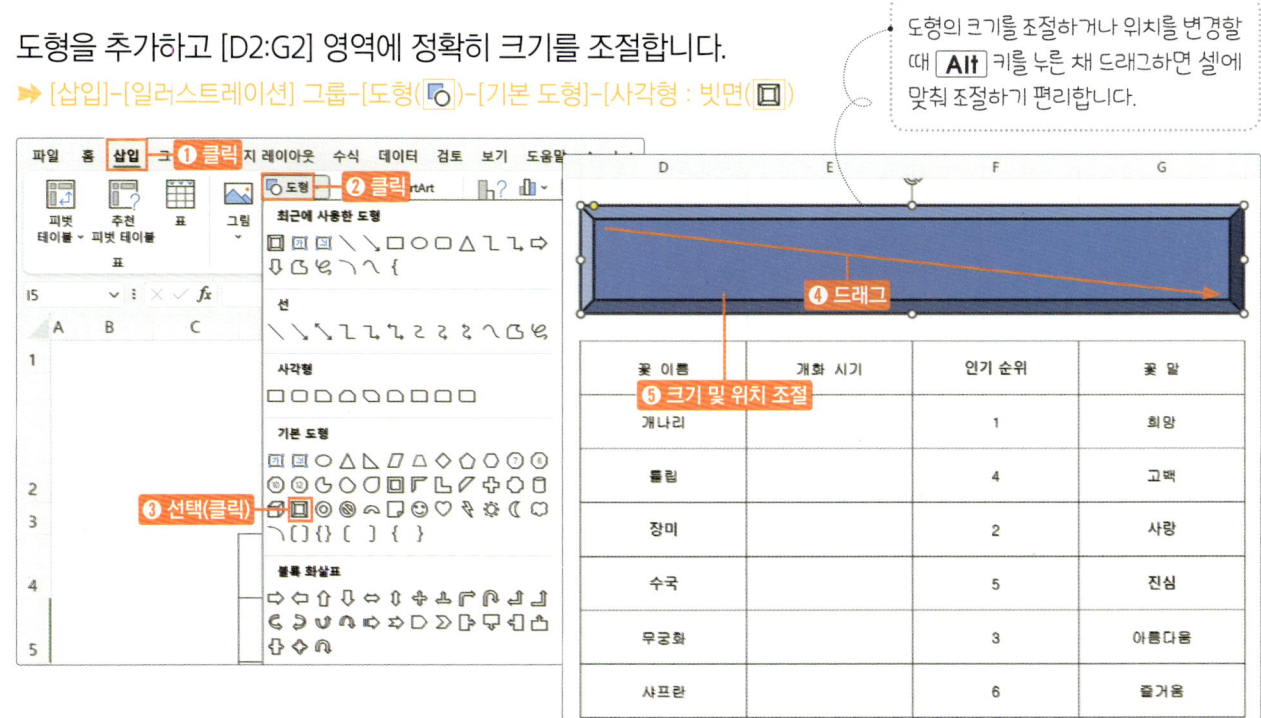

CHAPTER 11 봄과 여름에 피는 꽃 **077**

2 도형을 클릭한 후, 도형에 글자를 입력합니다.
➡ 글자 입력 : '봄과 여름에 피는 꽃'
➡ [도형의 테두리 클릭]-[홈]-[글꼴] 그룹-[휴먼모음T], [36pt]

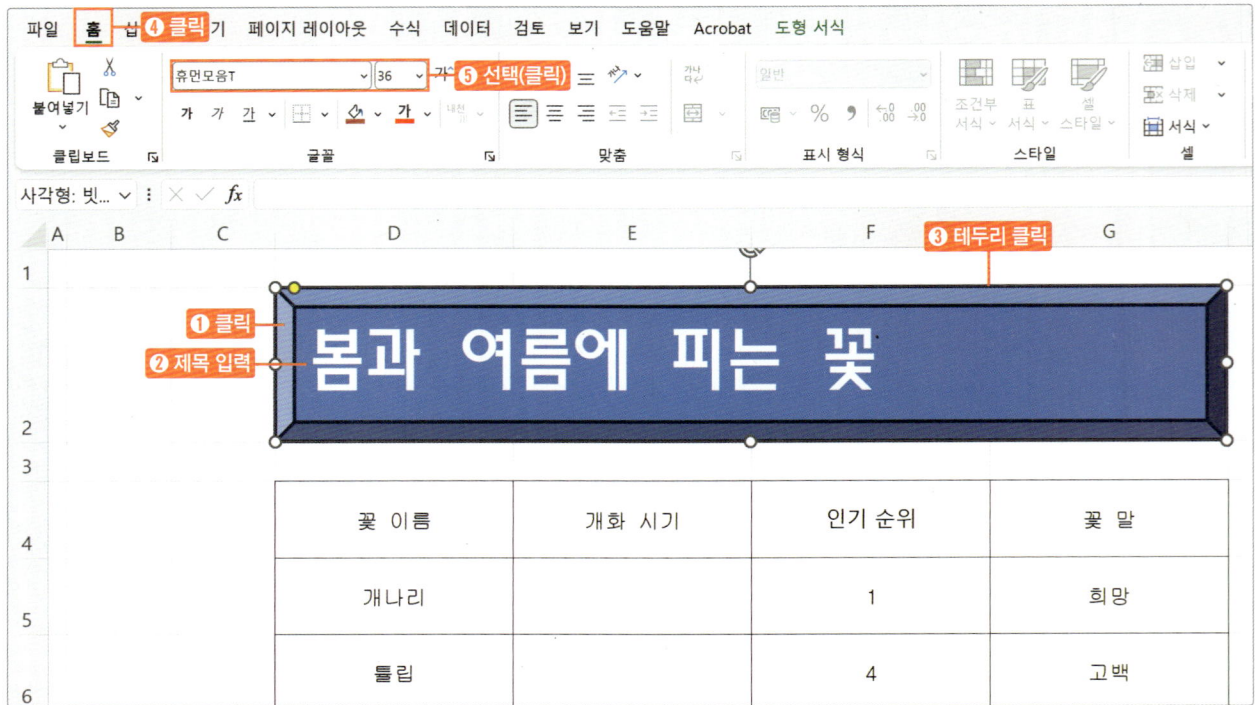

3 도형에 입력한 글자를 도형의 가운데로 정렬합니다.
➡ [홈]-[맞춤] 그룹-[가로]-[가운데 맞춤], [세로]-[가운데 맞춤]

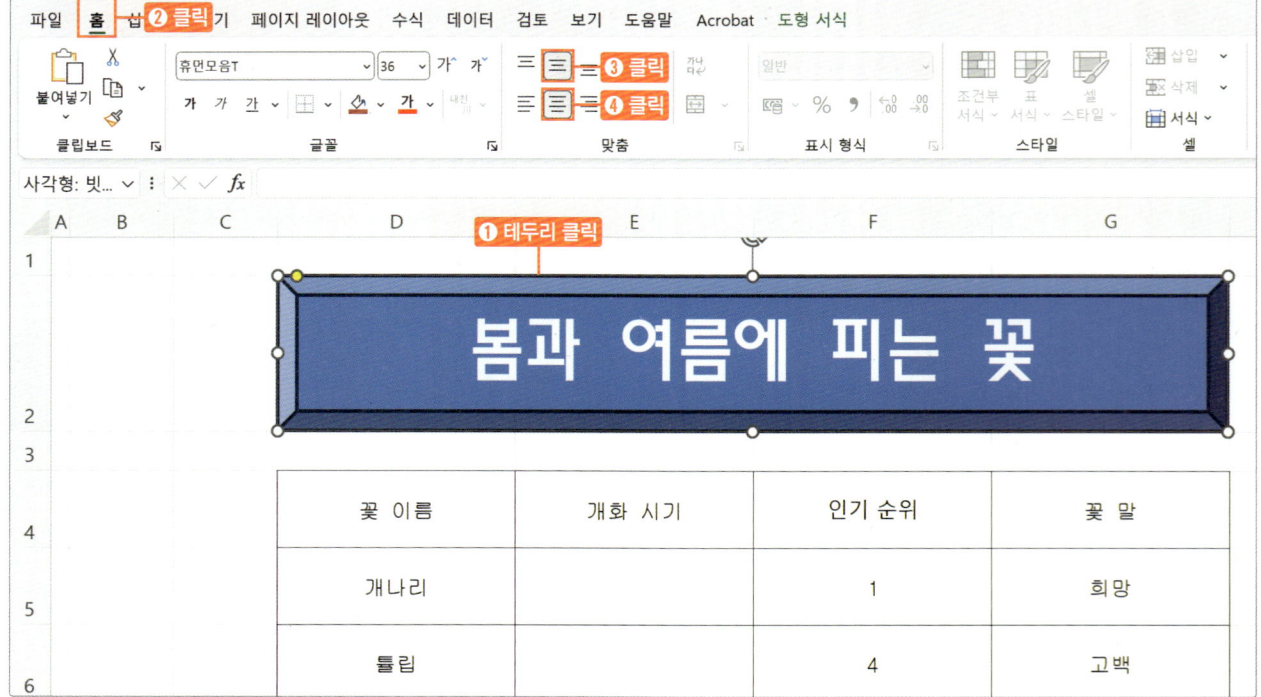

## 04 글자도 예쁘게 바꾸고 내용도 추가해 보자!

**1** [D4:G10] 영역의 글자에 글꼴 서식을 지정합니다.

➡ [범위 지정]-[홈]-[글꼴] 그룹-[휴먼엑스포], [14pt]

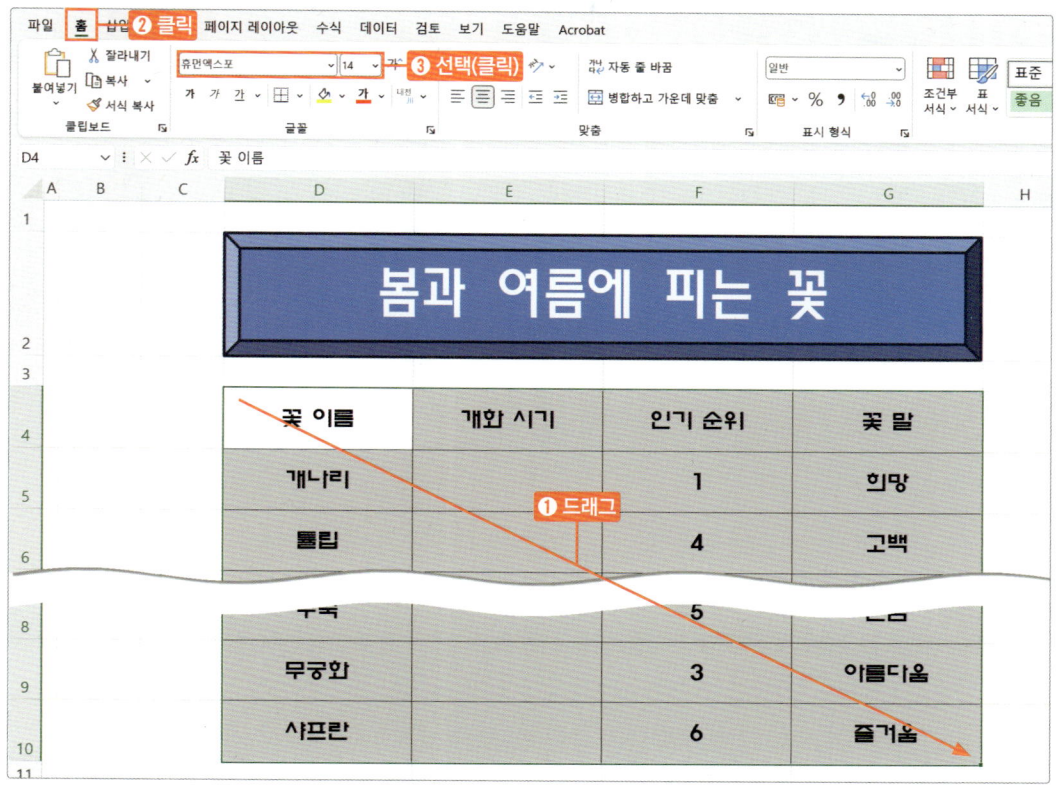

**2** [D4:G4] 영역의 글자에 글꼴 서식을 지정합니다.

➡ [범위 지정]-[홈]-[글꼴] 그룹-[굵게], [기울임꼴]

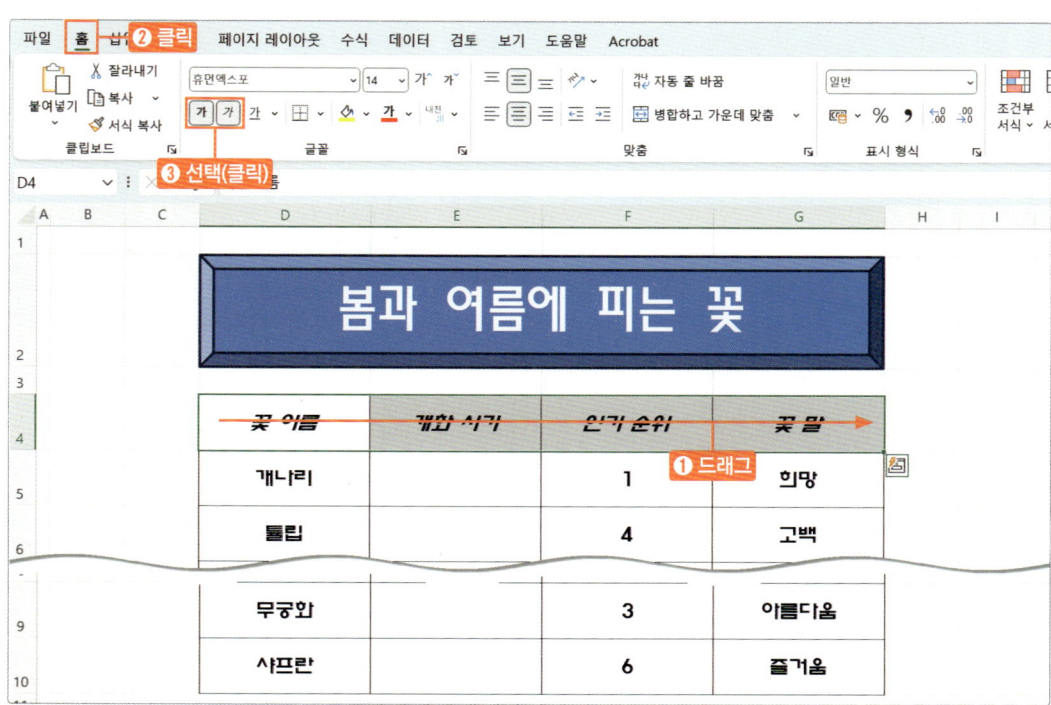

CHAPTER 11 봄과 여름에 피는 꽃 **079**

**3** 채우기 핸들 기능으로 한 번에 '월'을 입력합니다.
➡ [E5 셀 클릭]-['3월' 입력]-[E5~E10] 채우기 핸들( ) 드래그

## 05 오름차순과 내림차순? 어떤 순서를 말하는 걸까?

**1** '인기 순위'의 데이터를 오름차순으로 정렬합니다.
➡ [F4] 셀 클릭-[데이터]-[정렬 및 필터] 그룹-[텍스트 오름차순 정렬(  )]

> 인기 순위는 작은 숫자에서 높은 숫자 순서로 정렬이 되어야 합니다. 그러므로 1이 가장 위쪽으로 정렬되고 6은 가장 아래쪽으로 정렬이 됩니다.

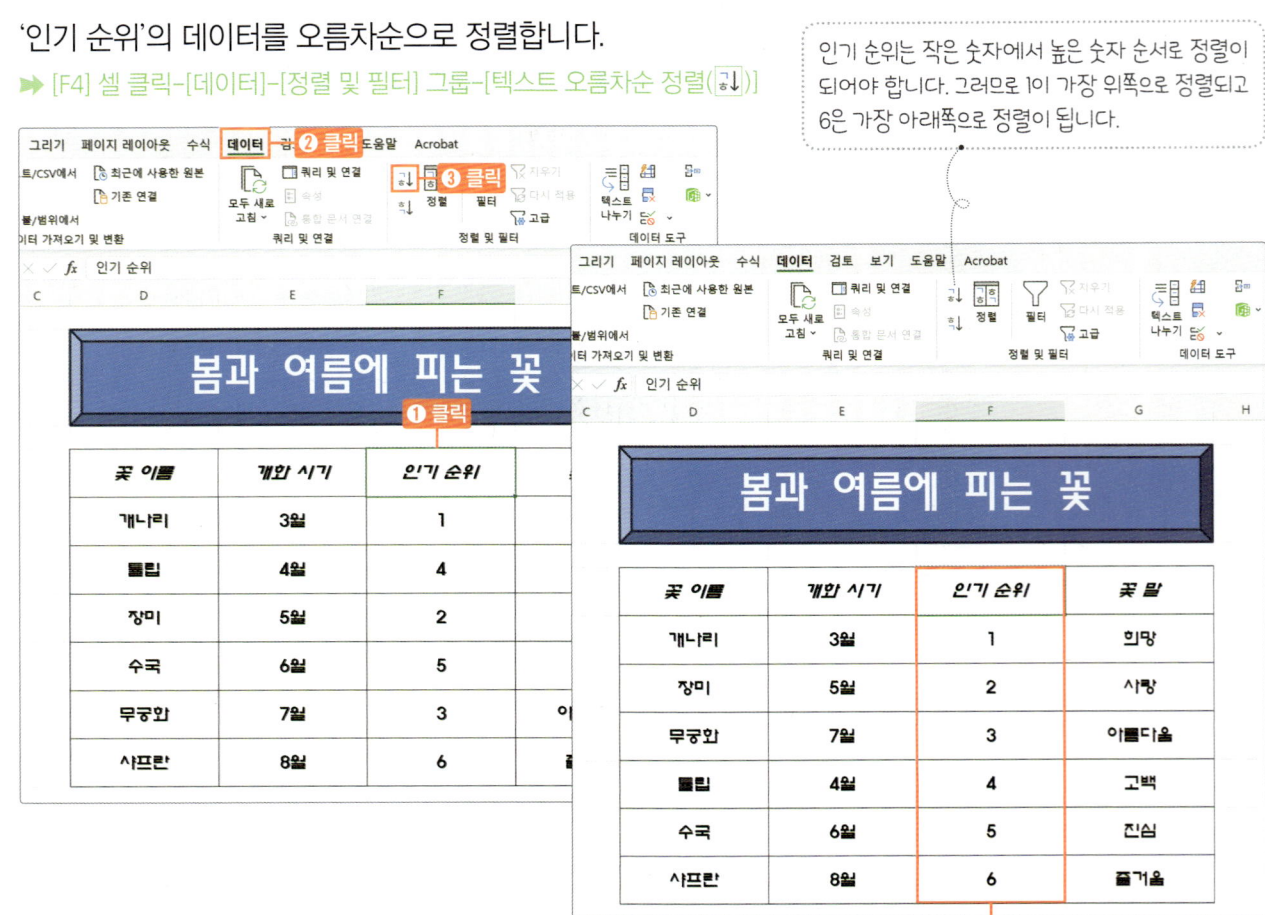

2  '꽃 이름'을 내림차순으로 정렬합니다.

➡ [D4] 셀 클릭-[데이터]-[정렬 및 필터] 그룹-[텍스트 내림차순 정렬(힉↓)]

> 한글 '가나다' 순은 '오름차순', '다나가'순은 '내림차순'입니다. 꽃 이름을 내림차순으로 정렬하기 위해선 [텍스트 내림차순 정렬(힉↓)]을 선택합니다.

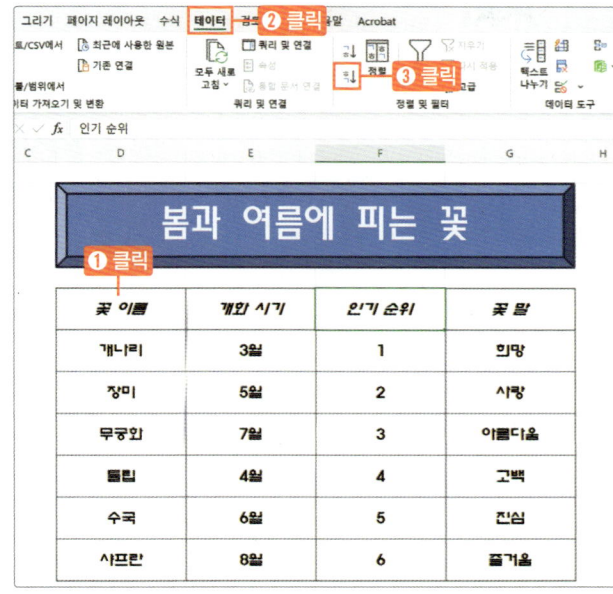
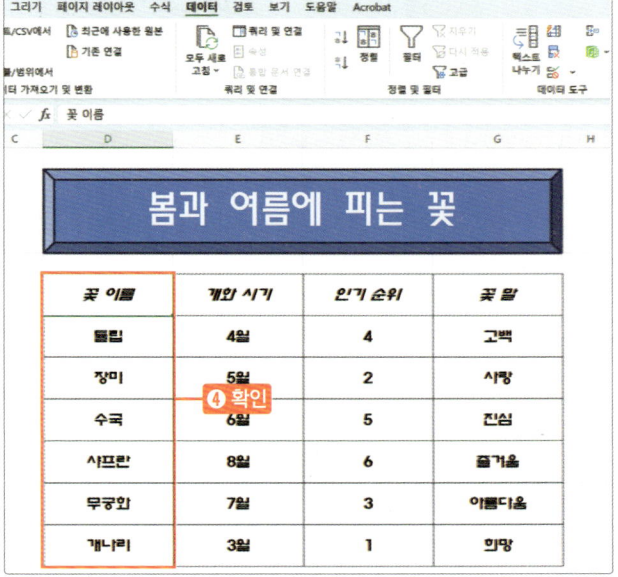

# CHAPTER 11 혼자서 뚝딱뚝딱

📂 불러올 파일 : 미션_01(또는 본문에 이어서).xlsx   📄 완성된 파일 : 미션_01(완성).xlsx

① 주어진 이미지를 삽입하고 아래 그림과 같이 작품을 완성합니다.

1 '꽃1.png', '꽃2.png' 그림을 삽입합니다.

2 채우기 색을 추가합니다.

3 [개화 시기]의 '월'을 한자로 변경합니다.

4 '개화 시기'를 '오름차순'으로 정렬합니다.

# CHAPTER 12 동물의 특징 알아보기

**학습목표**
- 잘라내기와 메모 삽입 기능을 이용하여 동물의 특징을 알아봅니다.
- 시트에 배경 이미지를 삽입하고 그림을 넣어 작품을 완성해 봅니다.

 배울 내용 미리보기!

📁 불러올 파일 : 동물.xlsx   📄 완성된 파일 : 동물(완성).xlsx

■ 아이가 공원에서 강아지들과 산책하다가 강아지를 잃어버렸어요. 4마리의 강아지들의 모습을 확인하고 공원 안에 있는 강아지에 동그라미를 표시해서 찾아봅니다.

## 01 텍스트(글자 내용)를 잘라내어 다른 곳에 붙여보자!

**1** [Excel 2021] 프로그램을 실행한 후, '동물.xlsx' 엑셀 파일을 불러옵니다.
➡ [열기]-[찾아보기]-[불러올 파일]-[12장]-'동물.xlsx'-<열기>

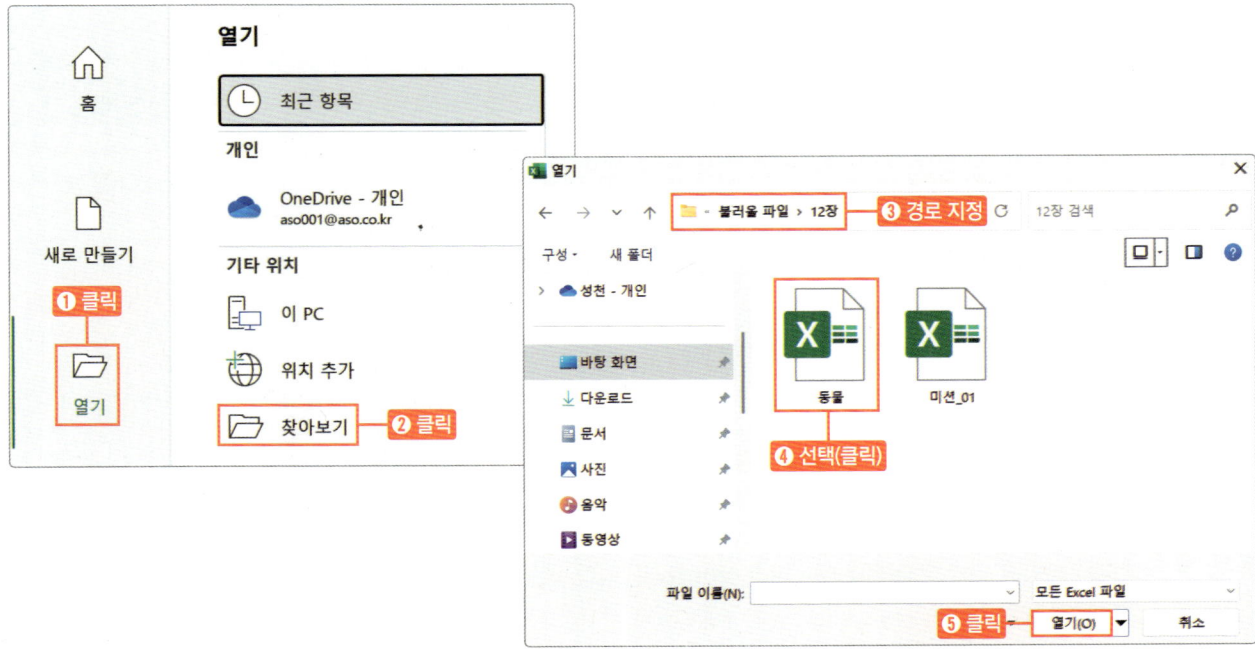

CHAPTER 12 동물의 특징 알아보기 **083**

2 [A2] 셀에 있는 내용을 메모에 추가하기 위해 '잘라내기'를 합니다.

➡ [A2] 셀 클릭-F2-[범위 지정]-[마우스 오른쪽 단추 클릭]-[잘라내기]-Enter

셀 안에 있는 내용을 수정할 수 있어요.

단축키 : Ctrl + X

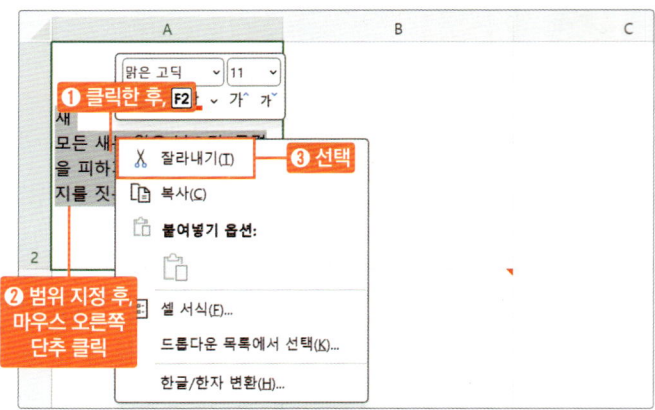

 잘라내기

'잘라내기' 기능을 이용하면 삭제가 아닌 임시 저장 공간에 잠시 보관되며, '붙여넣기' 기능과 함께 사용합니다.
(단축 키 : Ctrl + X )

## 02 잘라낸 텍스트(글자 내용)를 메모지에 붙여넣기 해 볼까!

1 [A2] 셀에 메모를 삽입합니다.

➡ [A2] 셀-[마우스 오른쪽 단추]-[메모 삽입]-[메모 안 내용 삭제]-[마우스 오른쪽 단추]-[붙여넣기]

단축키 : Ctrl + V

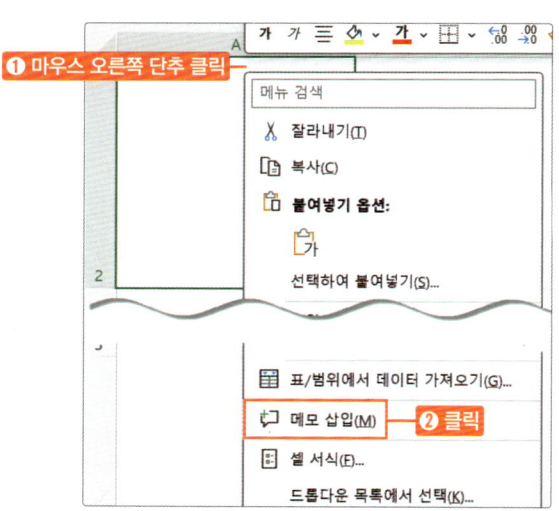 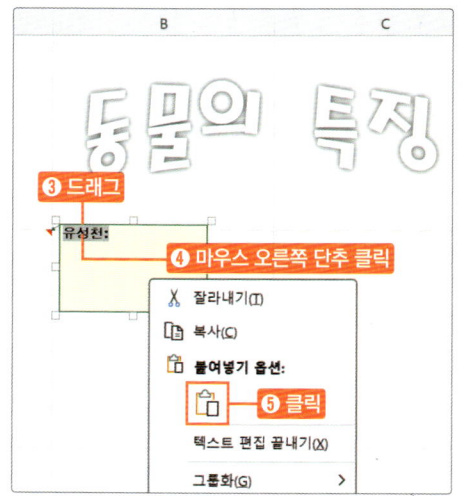 

2 같은 방법으로 [D2] 셀과 [E3] 셀의 내용을 잘라내기 한 후, 메모를 삽입합니다.

단축키 : Ctrl + V

 메모 삽입

메모가 삽입된 셀의 오른쪽 위에는 빨간 점이 표시됩니다. 메모가 삽입된 셀에 마우스 포인터가 올라가면 메모가 표시됩니다.

## 03 페이지(시트)에 배경으로 사용될 그림을 넣어 볼까!

**1** 페이지 배경에 사용될 그림을 불러옵니다.
➡ [페이지 레이아웃]-[페이지 설정] 그룹-[배경(🖼)]-[그림 삽입]-[파일에서]

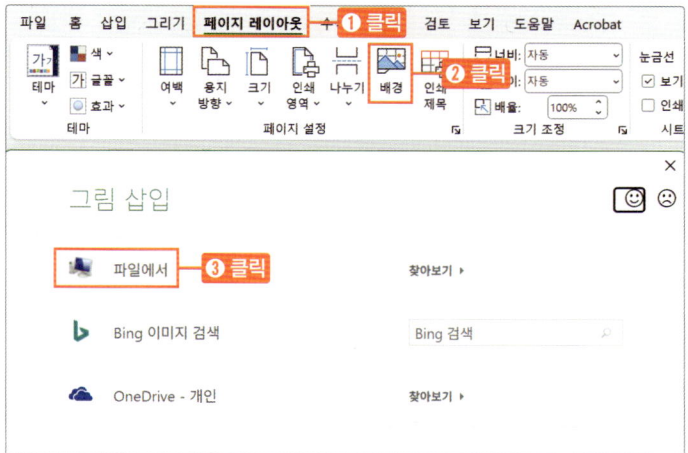

➡ [시트 배경] 대화상자-[불러올 파일]-[12장]-'배경.png'-<삽입>

> 모니터 해상도가 4K인 경우 '배경(3840 2160).png' 파일을 사용합니다.

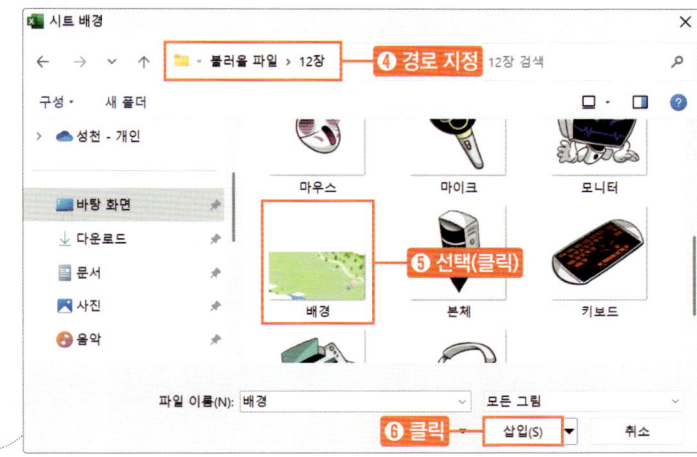

## 04 메모 내용 숨길까 말까?

**1** 추가한 메모를 숨기기 또는 항상 표시할지를 지정합니다.
➡ [B3] 셀 마우스 오른쪽 단추-[메모 표시/숨기기]

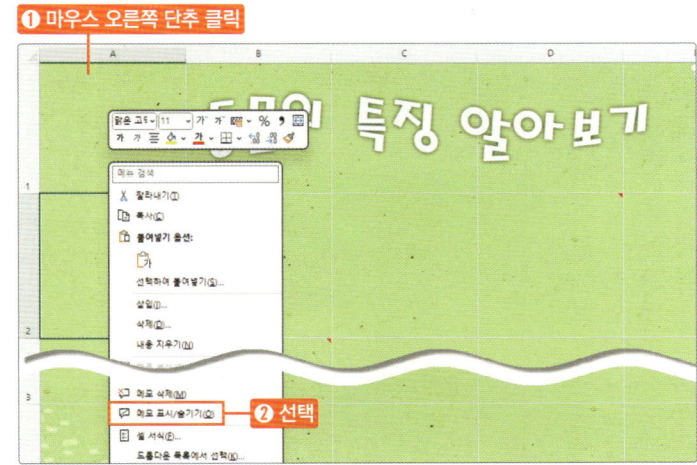

**2** 같은 방법으로 메모를 삽입한 셀에는 [메모 표시/숨기기]를 선택하여 메모가 모두 보이도록 합니다.

## 05 이제 메모 옆에 동물 그림을 추가해 볼까?

**1** 동물 그림을 불러와 크기와 위치를 조절합니다.
➡ [A2] 셀 클릭-[삽입]-[일러스트레이션] 그룹-[그림( )]-[이 디바이스]
➡ [그림 삽입] 대화상자-[불러올 파일]-[12장]-'동물1.png'-<삽입>

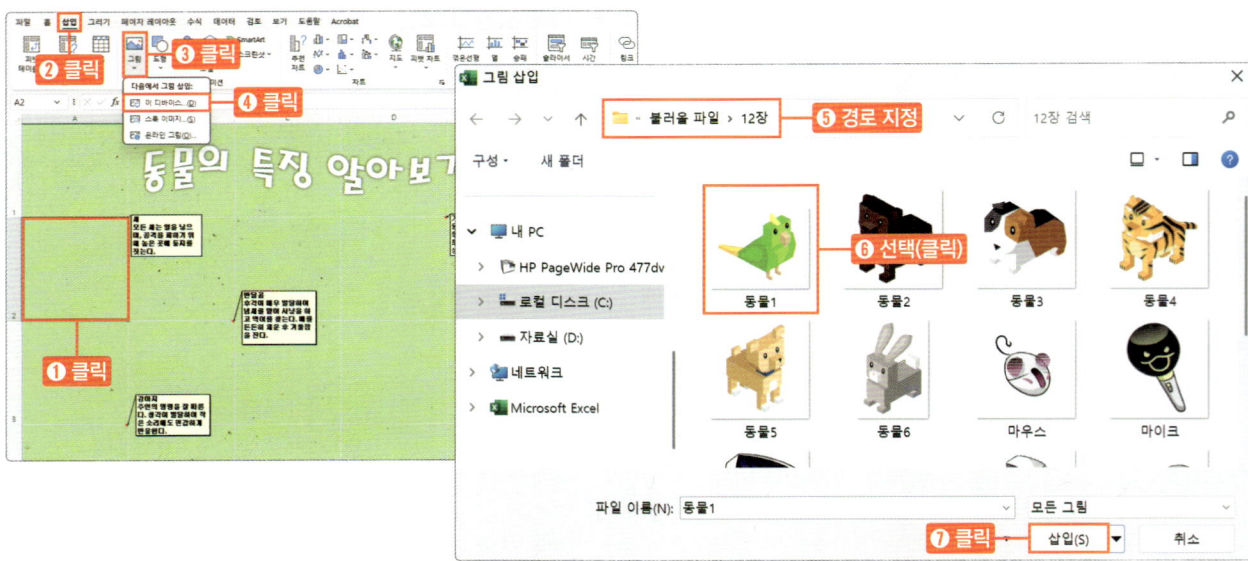

**2** 그림이 삽입이 되면 [A2] 셀에 맞게 크기 및 위치를 조절합니다.

**3** 다음과 같이 완성된 내용을 보고 해당 셀에 이미지들을 삽입하고 작품을 완성해 봅니다.

**CHAPTER 12**

☐ 지금하기 ☐ 나중에 하기

📁 불러올 파일 : 미션_01.xlsx    📄 완성된 파일 : 미션_01(완성).xlsx

**1** '미션_01.xlsx' 파일을 열어 아래 그림을 참고하여 완성해 보세요.

1️⃣ 셀에 있는 설명을 잘라내기를 하고 메모를 삽입합니다.

2️⃣ 그림을 삽입하고 크기를 조절하여 배치합니다.

## CHAPTER 13 재미있는 퀴즈 맞추기

**학습목표**
- 입력된 데이터를 추가하는 방법을 알아봅니다.
- 행 숨기기 기능을 이용하여 퀴즈를 완성해 봅니다.

 배울 내용 미리보기!

📁 불러올 파일 : 퀴즈.xlsx   📊 완성된 파일 : 퀴즈(완성).xlsx

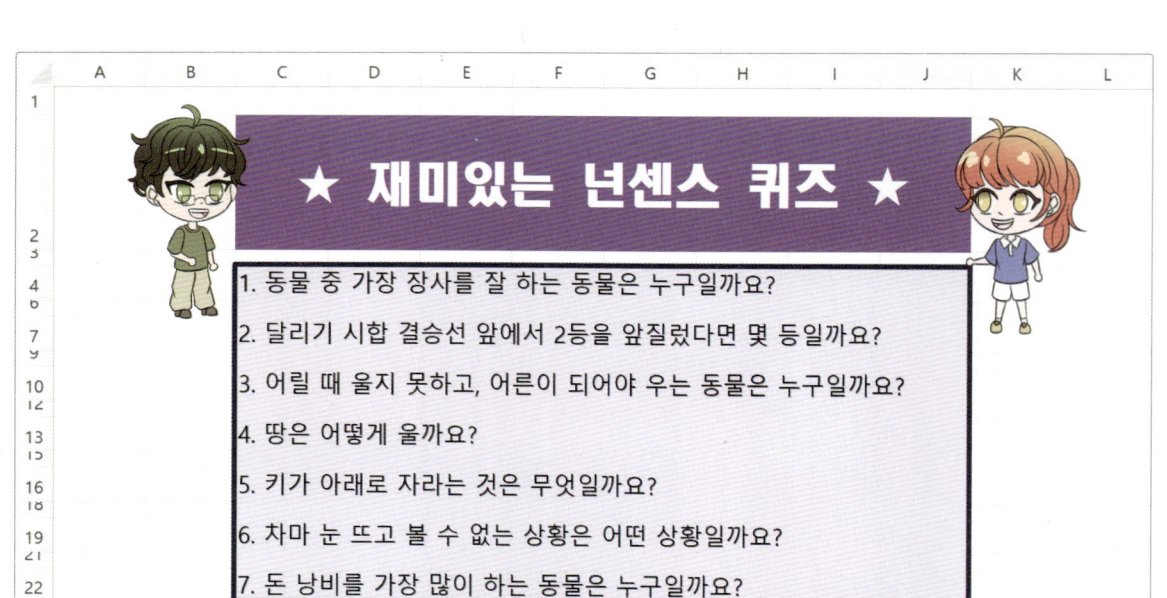

 창의력 쑥쑥

■ 아래 재밌는 퀴즈를 맞혀 보세요.

① 돼지가 방귀를 뀌면?

② 사과를 한입 베어 먹으면?

③ 차를 발로 차면?

④ 피자가 웃으면?

⑤ 소는 아빠를 좋아할까? 엄마를 좋아할까?

CHAPTER 13 재미있는 퀴즈 맞추기 **089**

**01 수식 입력줄에서 글자를 입력해도 되나?**

**1** [Excel 2021] 프로그램을 실행한 후, '그림 퍼즐.xlsx' 엑셀 파일을 불러옵니다.
➡ [열기]-[찾아보기]-[불러올 파일]-[13장]-'퀴즈.xlsx'-<열기>

 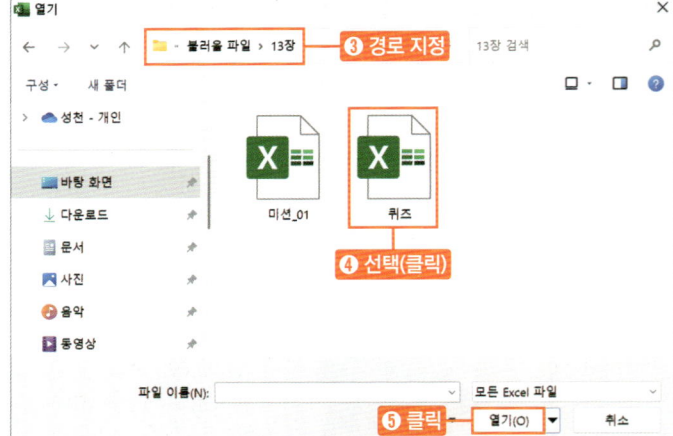

**2** [C5] 셀을 클릭한 후, 수식 입력줄의 뒤쪽을 클릭합니다. 이어서, '판다'를 입력하고 Enter 키를 누릅니다

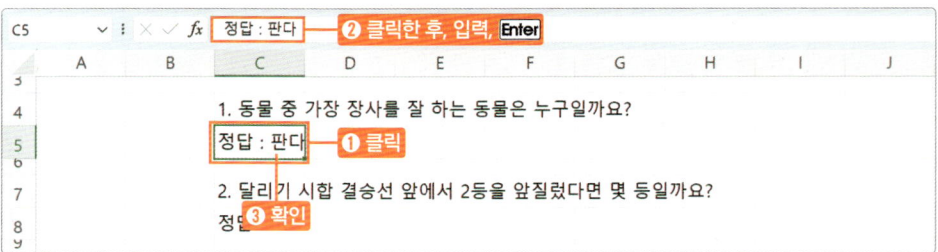

**3** 같은 방법으로 아래와 같이 입력합니다.
➡ [C8] 셀 : 2등
➡ [C11] 셀 : 개구리
➡ [C14] 셀 : 흙흙흙
➡ [C17] 셀 : 고드름
➡ [C20] 셀 : 꿈속 상황
➡ [C23] 셀 : 사자

1. 동물 중 가장 장사를 잘 하는 동물은 누구일까요?
정답 : 판다

2. 달리기 시합 결승선 앞에서 2등을 앞질렀다면 몇 등일까요?
정답 : 2등

3. 어릴 때 울지 못하고, 어른이 되어야 우는 동물은 누구일까요?
정답 : 개구리

4. 땅은 어떻게 울까요?
정답 : 흙흙흙

5. 키가 아래로 자라는 것은 무엇일까요?
정답 : 고드름

6. 차마 눈 뜨고 볼 수 없는 상황은 어떤 상황일까요?
정답 : 꿈속 상황

7. 돈 낭비를 가장 많이 하는 동물은 누구일까요?
정답 : 사자

## 02 내용이 있는 셀을 좀 더 예쁘게 꾸며볼까!

**1** [C4] 셀부터 [J23] 셀까지 채우기 색을 지정합니다.

➤ [범위 지정]-[홈]-[채우기 색( )]-[목록 단추( )]-[색 선택]

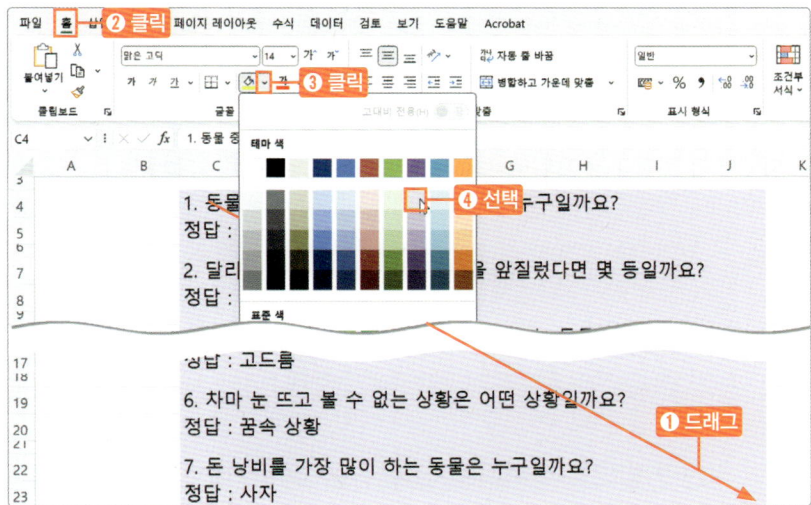

**2** 퀴즈 내용에 맞게 도형으로 퀴즈 문제 윤곽선을 추가해 봅니다.

➤ [삽입]-[도형( )]-[사각형]-[직사각형( )]-[드래그하여 도형 삽입]

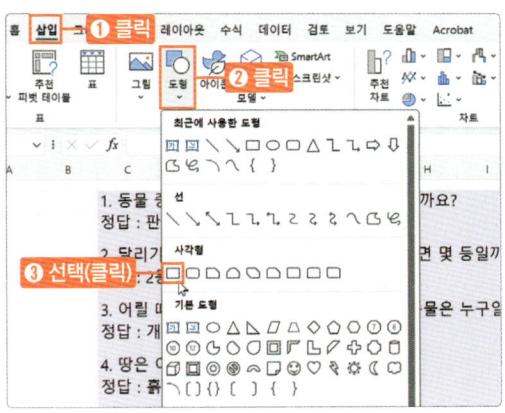 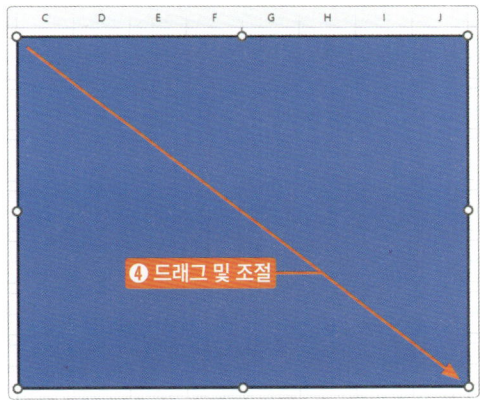

**3** 도형이 선택된 상태에서 [채우기 없음]과 [두께]를 지정합니다.

➤ [도형 서식]-[도형 채우기]-[채우기 없음]
➤ [도형 서식]-[도형 윤곽선]-[두께]-[3pt]

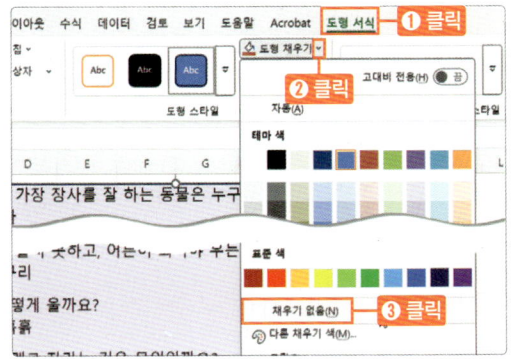 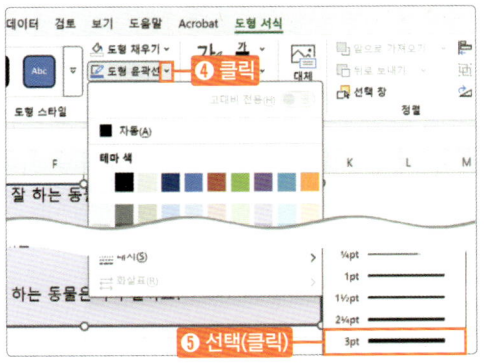

4 정답을 숨기기 위해 정답이 있는 셀에 '숨기기'를 지정합니다.
➡ [5행 머리글 마우스 오른쪽 단추 클릭]-[숨기기]

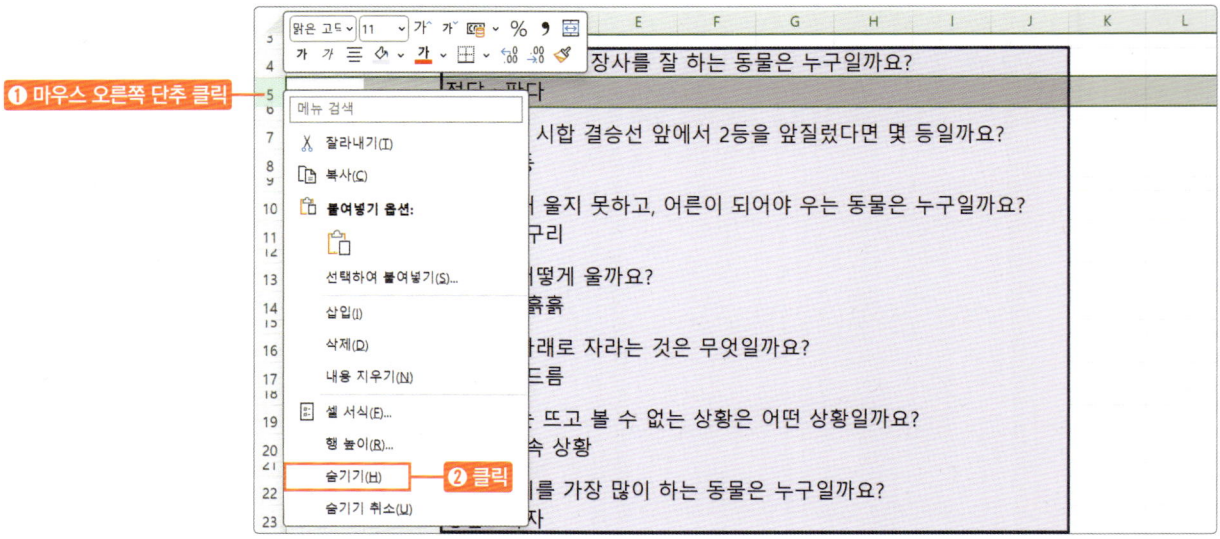

5 같은 방법으로 나머지 행(8행, 11행, 14행, 17행, 20행, 23행)을 숨기기 합니다.

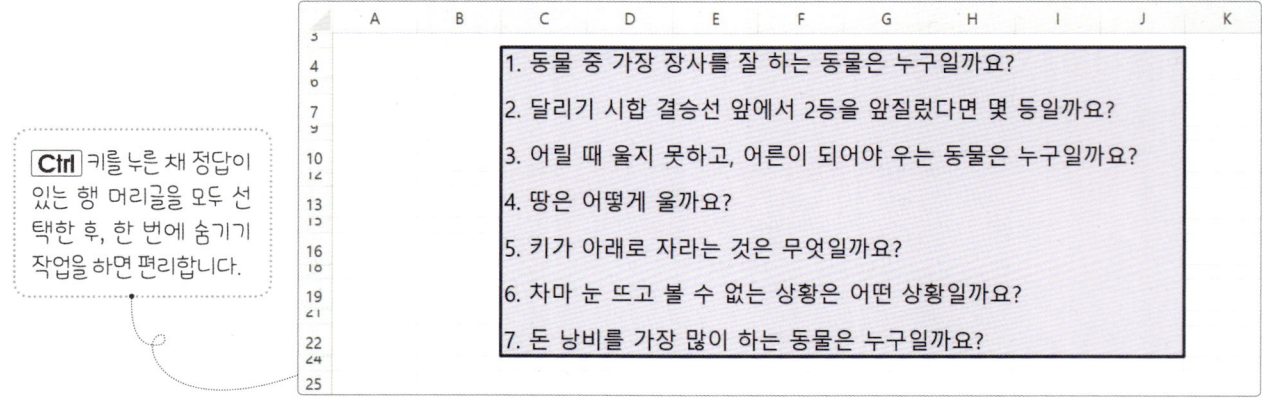

Ctrl 키를 누른 채 정답이 있는 행 머리글을 모두 선택한 후, 한 번에 숨기기 작업을 하면 편리합니다.

 **정답 확인**

숨기기한 행을 다시 보기 위해서는 4행~25행 머리글을 드래그하여 선택한 후, 머리글 위에서 마우스 오른쪽 단추를 눌러 [숨기기 취소]를 클릭합니다.

# CHAPTER 13

## 혼자서 뚝 딱 뚝 딱

☐ 지금하기  ☐ 나중에 하기

📁 불러올 파일 : 미션_01( 본문에 이어서).xlsx   📄 완성된 파일 : 미션_01(완성).xlsx

**1** 제목 및 이미지 삽입을 원하는 모양으로 추가해서 작품을 완성해 봅니다.

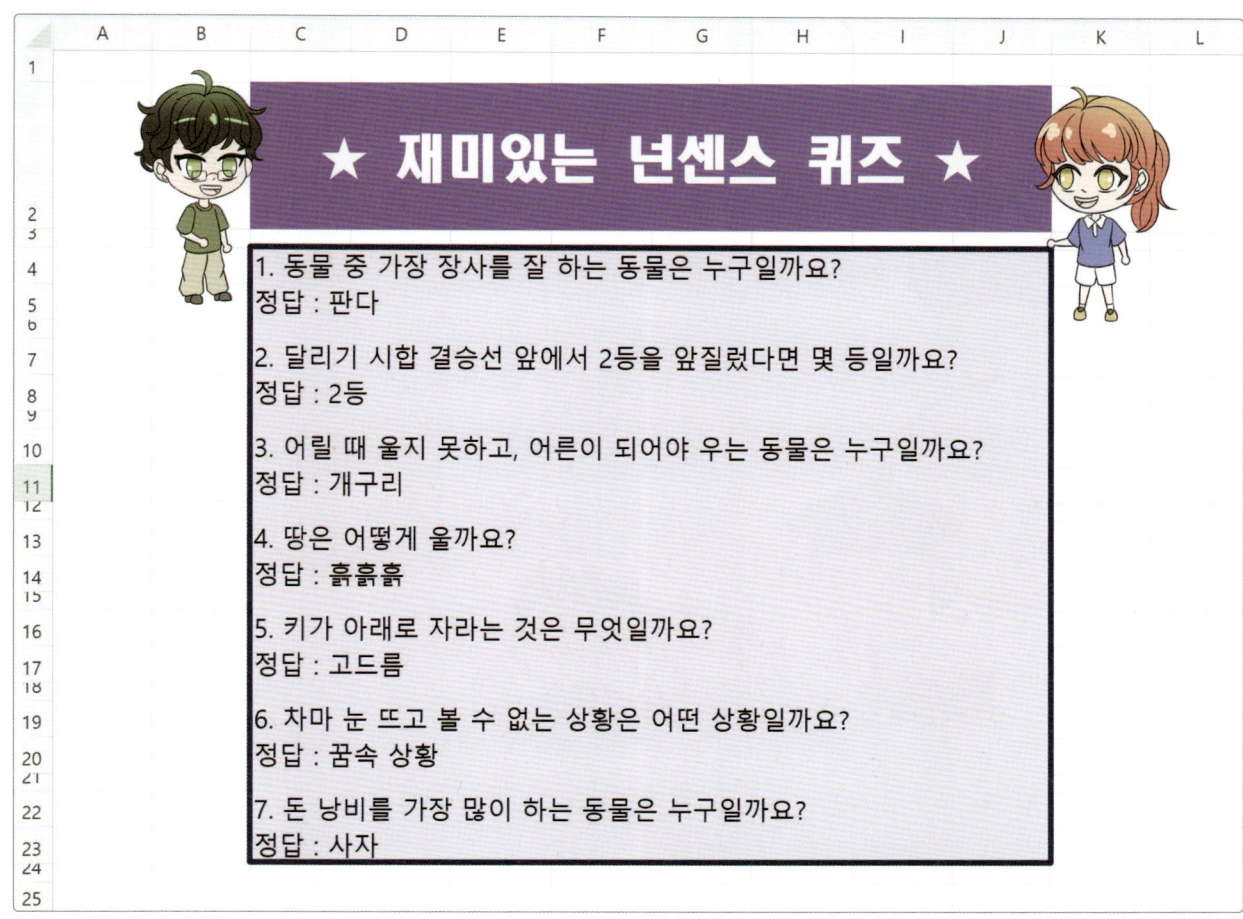

**1** 그림 추가 : [불러올 파일]-[13장]-친구1.png, 친구2.png

**2** 제목 글꼴 : 자유롭게 지정

**3** 정답 : 정답 셀 보이도록 (숨기기 취소)

## CHAPTER 14 저녁 메뉴 사다리 타기

**학습목표**
- 틀 고정 기능을 이용하여 사다리 게임을 알아봅니다.
- 사다리 모양을 선으로 그려봅니다.

 📂 불러올 파일 : 사다리 게임.xlsx  📄 완성된 파일 : 사다리 게임(완성).xlsx

틀 고정은 원하는 셀을 고정할 수 있어요.

오! 선을 고정하면 화면을 이동해도 움직이지 않네요.

좋은 기능이네? 다른 사다리 타기도 만들어 봐야지

■ 뽑기 게임을 만듭니다. 왼쪽에 있는 숫자와 오른쪽 당첨 결과를 선으로 연결합니다.
(뽑기 게임은 다른 사람과 할 수 있는 게임입니다. 다른 사람과 게임할 땐 손으로 선을 가리고 번호를 고르게 합니다.)

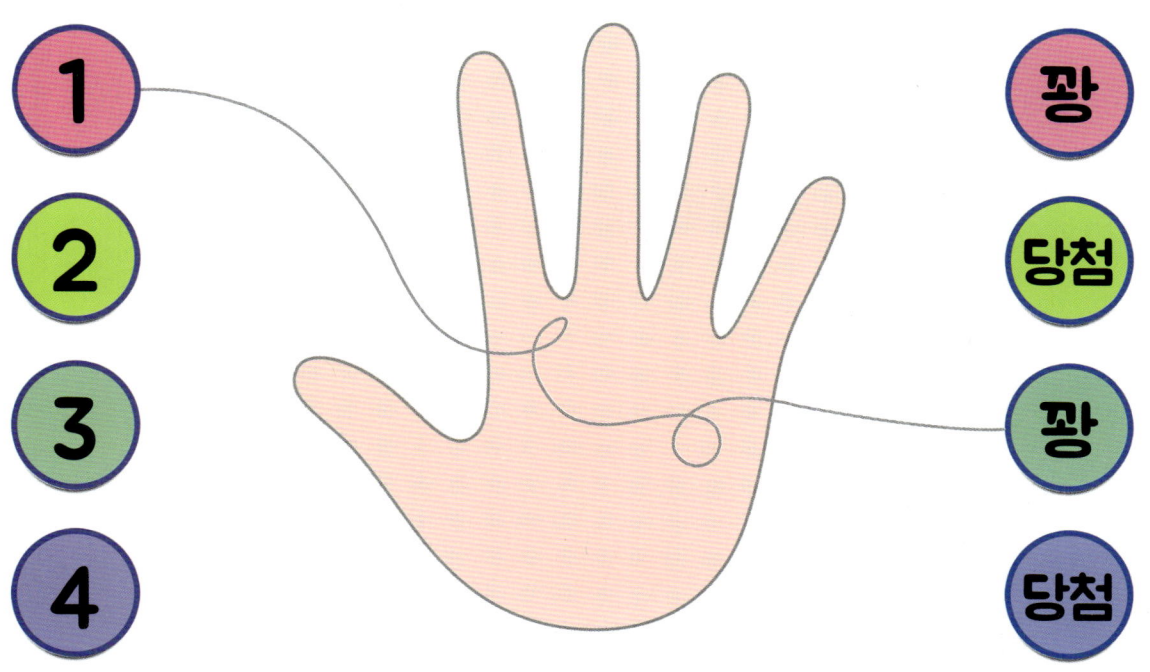

## 01 각각의 셀에 다른 색으로 채우면 예쁘지 않을까?

**1** [Excel 2021] 프로그램을 실행한 후, '사다리 게임.xlsx' 엑셀 파일을 불러옵니다.
➡ [열기]-[찾아보기]-[불러올 파일]-[14장]-'사다리 게임.xlsx'-<열기>

 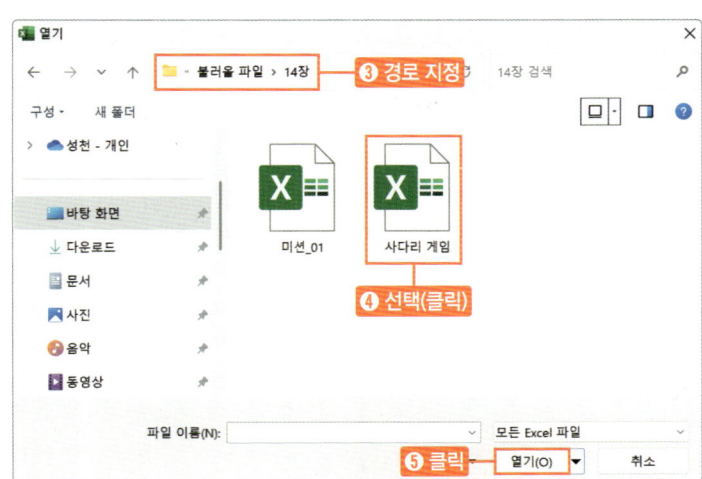

CHAPTER 14 저녁 메뉴 사다리 타기

2️⃣ [B4] 셀에 원하는 채우기 색상을 지정합니다. 같은 방법으로 [C4]~[H4] 셀에도 원하는 색상으로 채우기 색을 지정합니다.

➡ [B4 셀 클릭]-[홈]-[채우기 색( 🎨 )]-[목록 단추( ˅ )]-[색 선택]

3️⃣ [B4:H4] 영역에 테두리를 지정합니다.

➡ [범위 지정]-[홈]-[글꼴] 그룹-[테두리( ⊞ ˅ )]-[목록 단추( ˅ )]-[모든 테두리( ⊞ )]

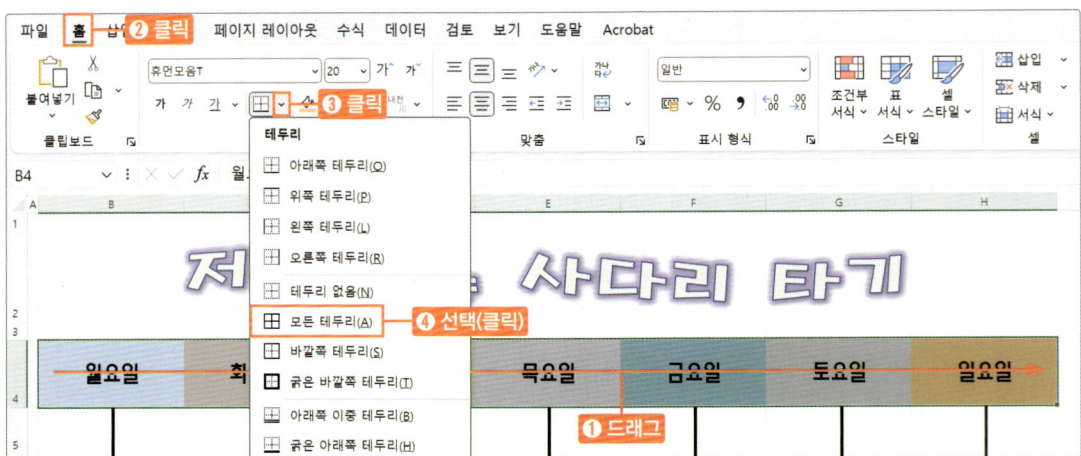

## 02 도형에 있는 '선'으로 사다리 타기를 만들어 보자!

1️⃣ 사다리 타기 '선'을 추가하기 위해 도형에서 '선'을 선택합니다.

➡ [삽입]-[일러스트레이션] 그룹-[도형( 🔷 )]-[선]-[선( ╲ )]

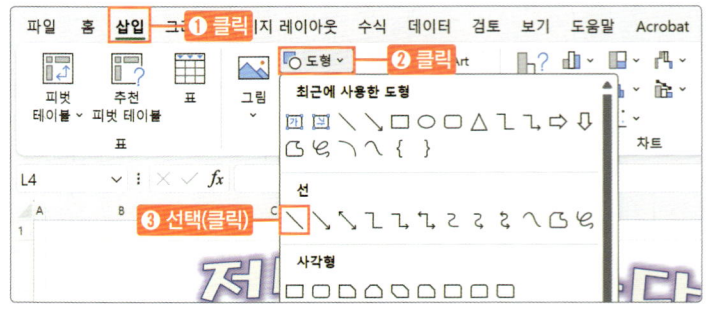

096 돌아온 꿈트리_엑셀 2021

**2** 선과 선에 Shift 키를 누른 채 드래그하여 선을 그립니다.

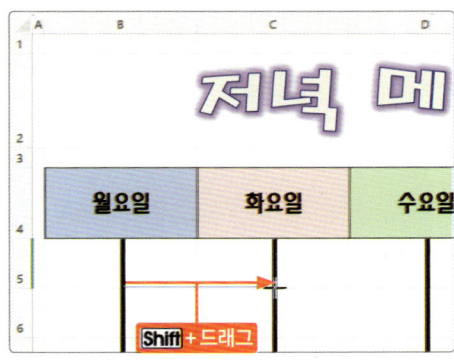

> Shift 키를 누른 채 드래그하면 직선을 쉽게 그릴 수 있어요!

**3** 그려진 선을 선택한 상태에서 선의 윤곽선과 두께를 지정합니다.
- [도형 윤곽선]-[검정, 텍스트1]
- [도형 윤곽선]-[두께]-[3pt]

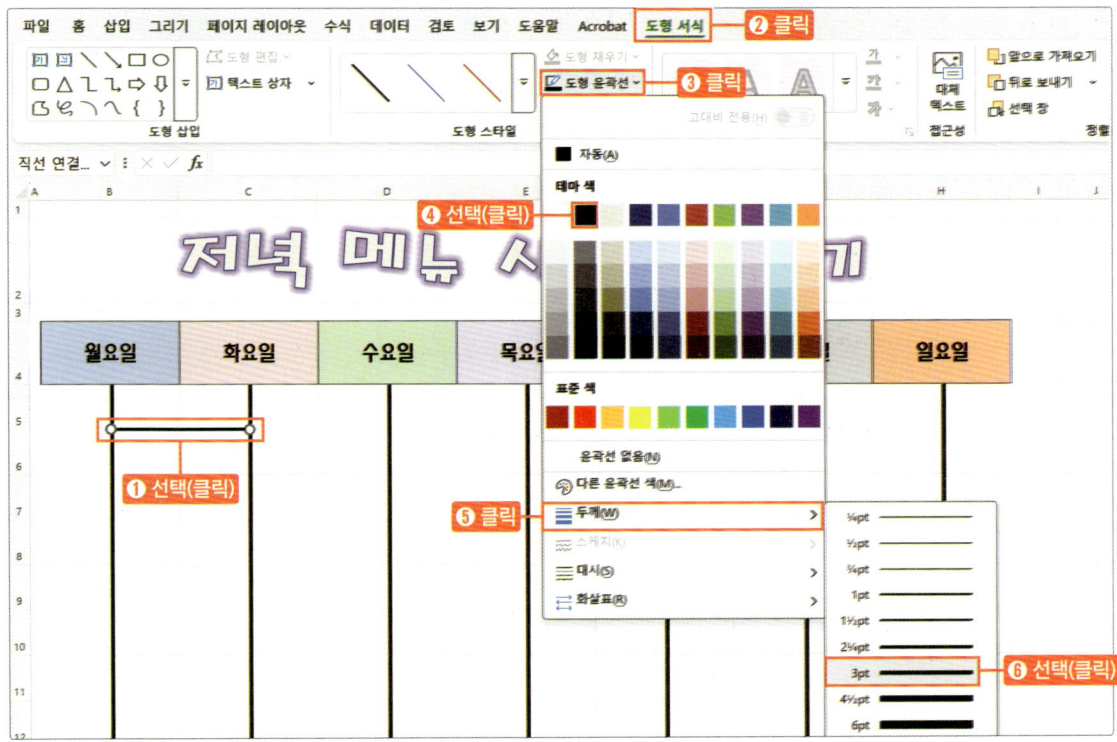

**4** 만들어진 직선을 복사한 후 대각선 형태로 선 모양을 변경합니다.
- [Ctrl +드래그로 선 복사]-[조절점 드래그로 선 모양 변경]

> 같은 선을 복사할 수 있어요!

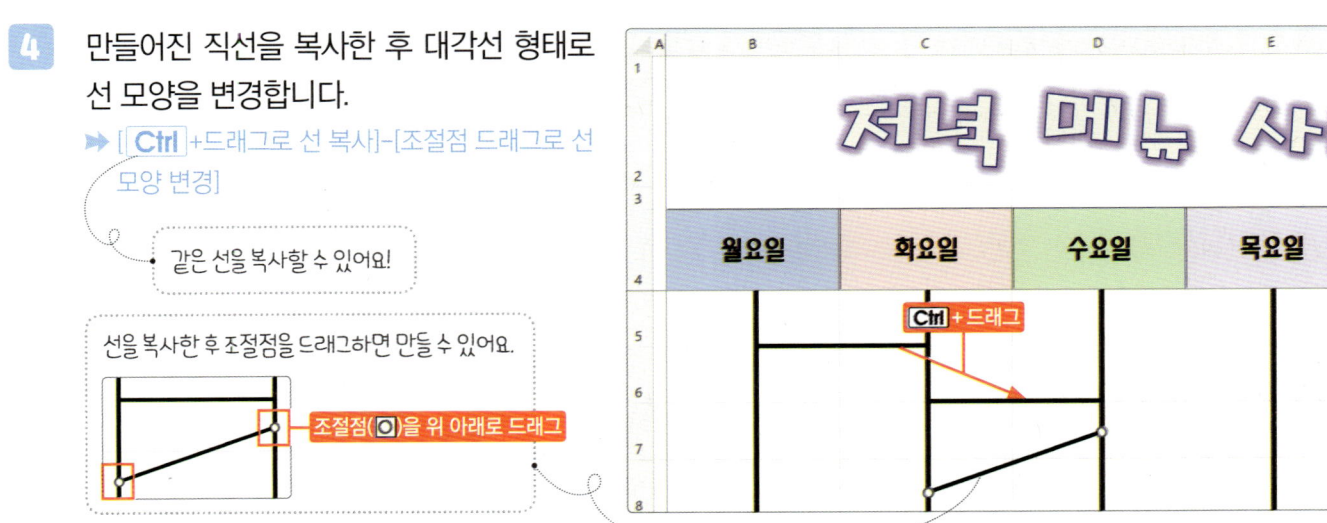

> 선을 복사한 후 조절점을 드래그하면 만들 수 있어요.

CHAPTER 14 저녁 메뉴 사다리 타기 **097**

**'선'이 보이면 안돼! 틀 고정 기능으로 '선'이 보이지 않도록 해봐!**

**1** 사다리 선을 숨기기 위해 [B5] 셀을 고정합니다.

➡ [B5] 셀 클릭-[보기]-[창] 그룹-[틀 고정( )]-[틀 고정]

> 숨겨야 하는 사다리 선이 처음 시작하는 [B5] 셀을 클릭한 후, 틀을 고정시킵니다.

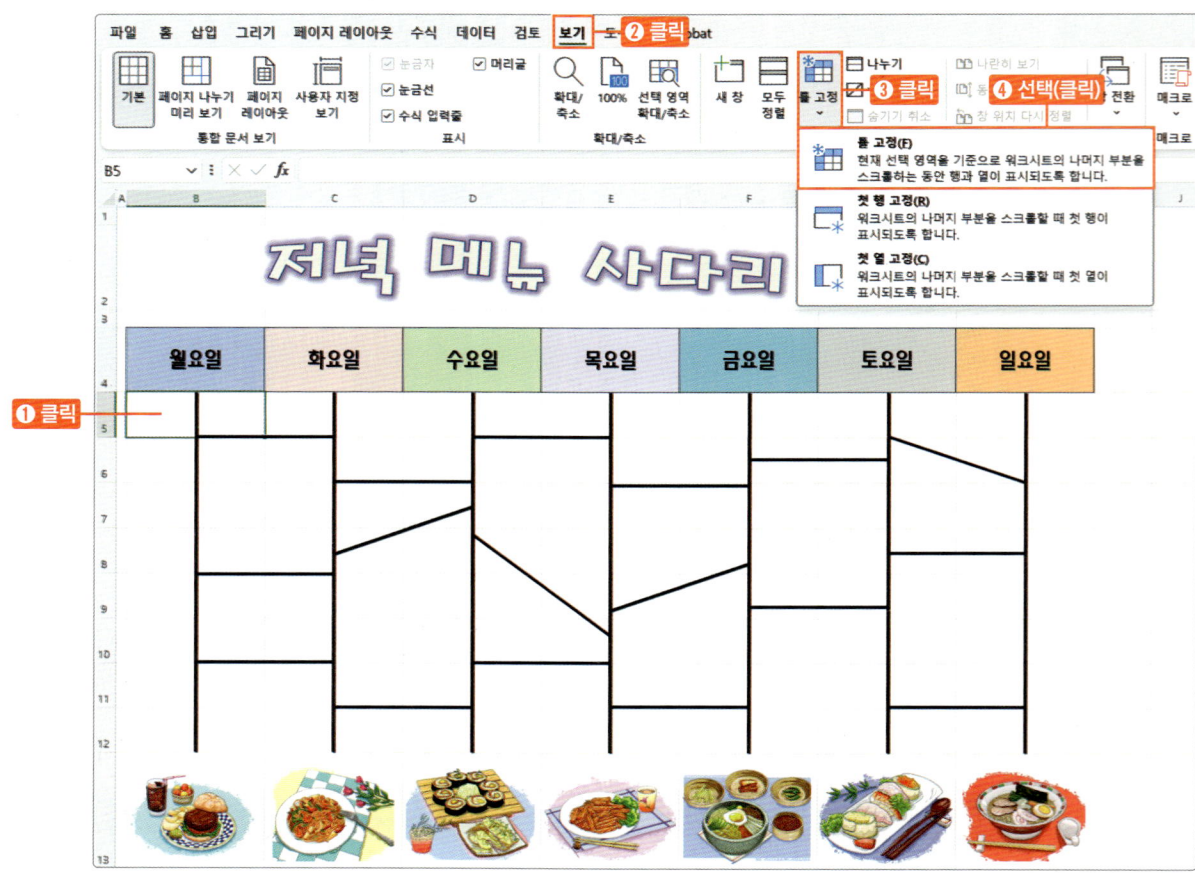

### 힌트 — 사다리 타기 게임하기

① [Page Down] 키를 한 번 누르면 사다리 선이 숨겨집니다.
② [Page Up] 키를 한 번 누르면 사다리 선이 나타납니다.

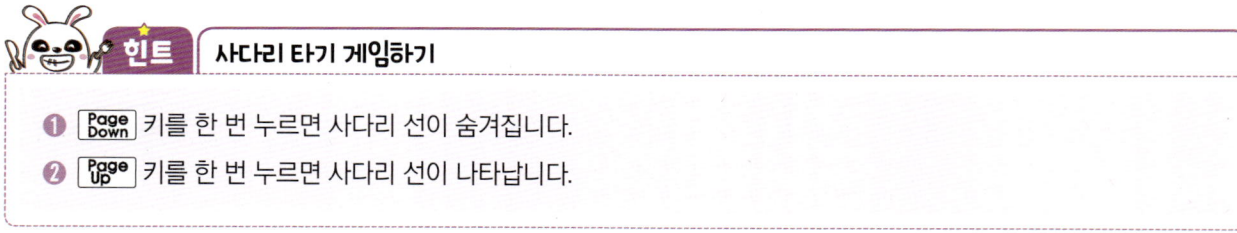

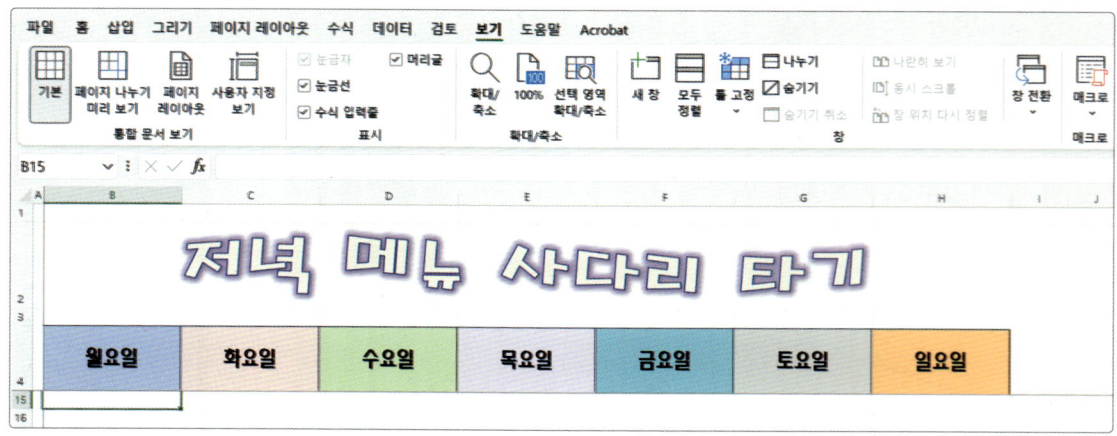

# CHAPTER 14

혼자서 뚝딱 뚝딱

☐ 지금하기  ☐ 나중에 하기

📂 불러올 파일 : 미션_01.xlsx   💾 완성된 파일 : 미션_01(완성).xlsx

**1** 미션_01.xlsx 파일을 열어 아래 그림을 참고하여 완성해 보세요.

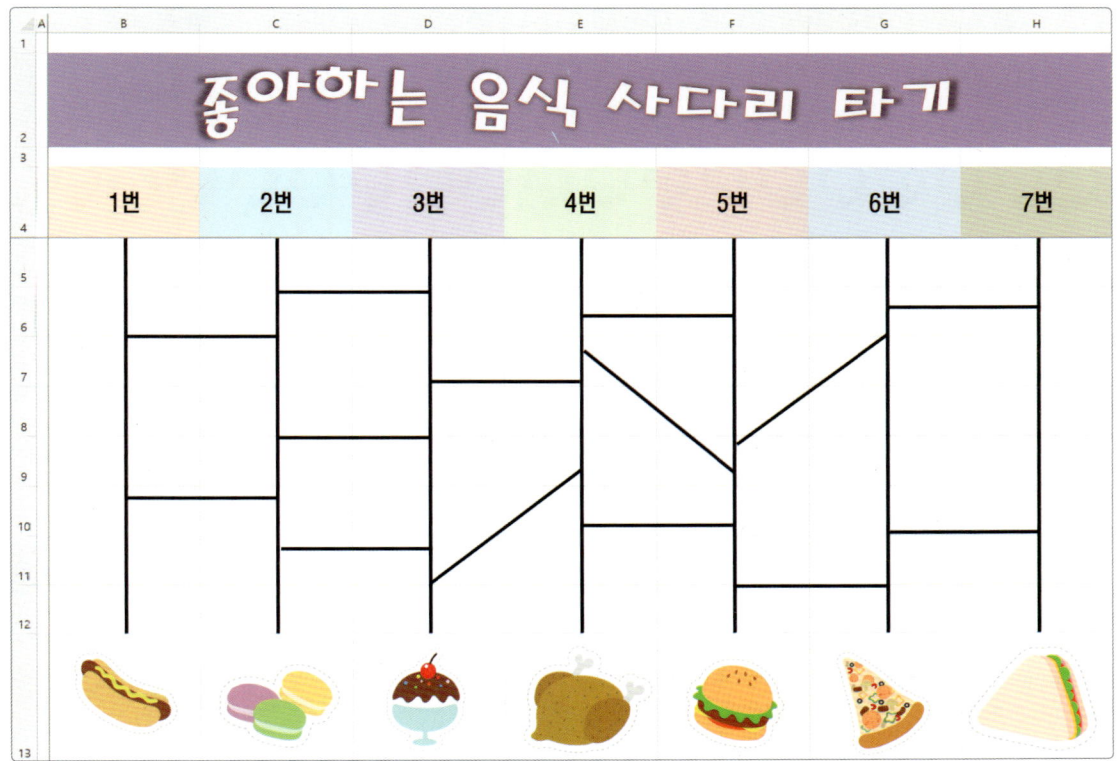

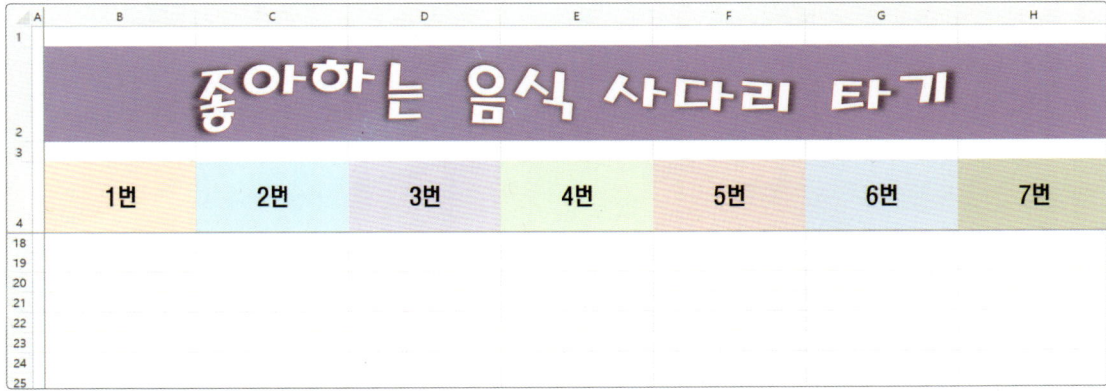

**1** [음식] 시트를 선택하고 내가 좋아하는 음식 이미지를 복사하여 사다리 게임에 배치하여 봅니다.

**2** 사다리를 자유롭게 만들고 틀 고정 기능을 적용합니다.

**3** 옆 친구와 사다리타기 게임을 해봅니다.

## CHAPTER 15 — 만화 캐릭터 프로필

자기를 소개하는 내용을 '프로필'이라고 해요.

**학습목표**
- 행과 열의 간격을 조절한 후, 워드아트를 이용하여 제목을 입력해 봅니다.
- 자동 필터 기능을 이용하여 프로필에서 원하는 데이터만 추출해 봅니다.

### 배울 내용 미리보기!

📂 불러올 파일 : 캐릭터.xlsx  📄 완성된 파일 : 캐릭터(완성).xlsx

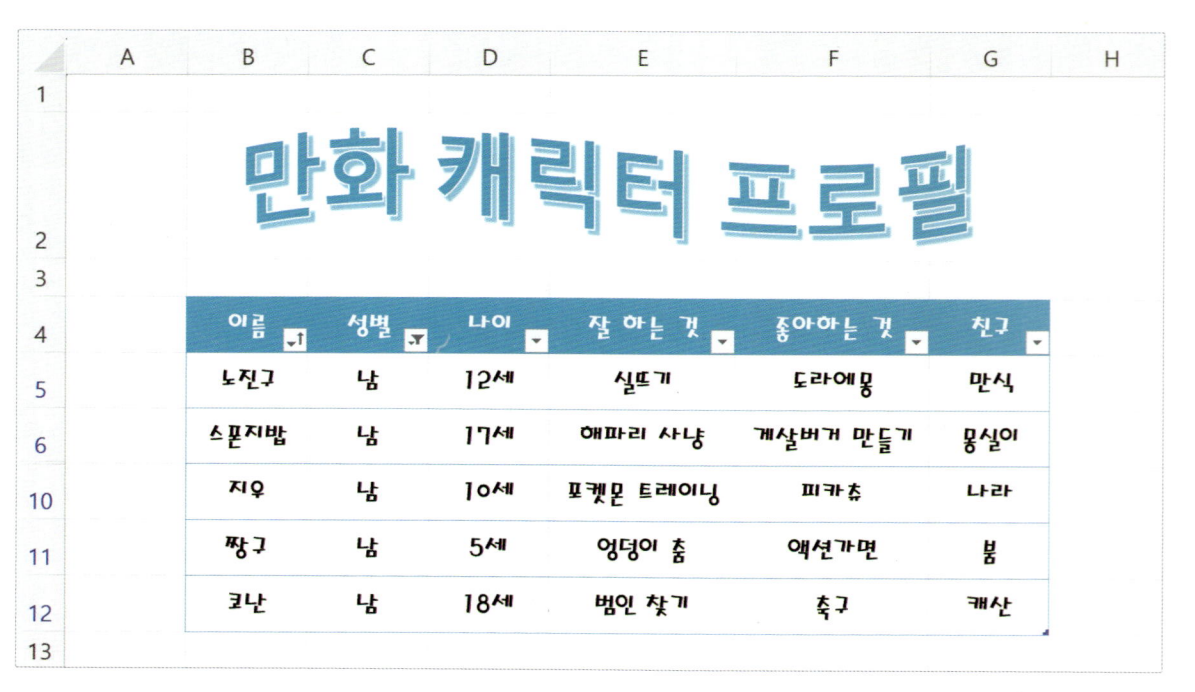

## 창의력 뿜뿜

■ 다음 그림을 보고 점선 부분을 따라 그려보세요

---

## 01 프로필에 예쁜 제목을 만들어 보자!

**1** [Excel 2021] 프로그램을 실행한 후, '캐릭터.xlsx' 엑셀 파일을 불러옵니다.

➡ [열기]-[찾아보기]-[불러올 파일]-[15장]-'캐릭터.xlsx'-<열기>

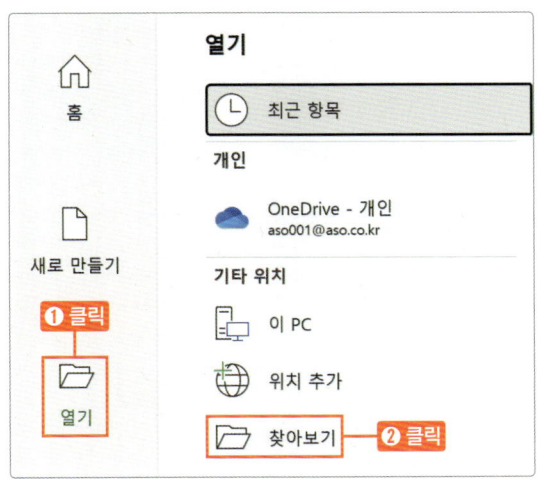

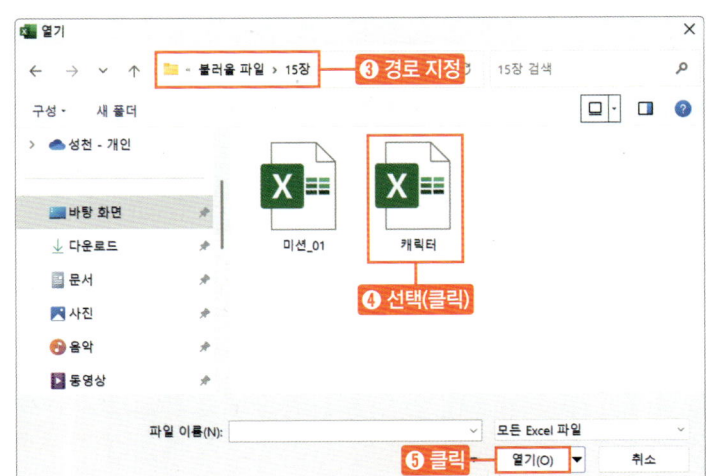

CHAPTER 15 만화 캐릭터 프로필 **101**

**2** 제목이 들어갈 [2행]의 행 높이를 조절하기 위해 '행 높이' 메뉴를 실행합니다.

➡ [2행 마우스 오른쪽 단추 클릭]-[행 높이]

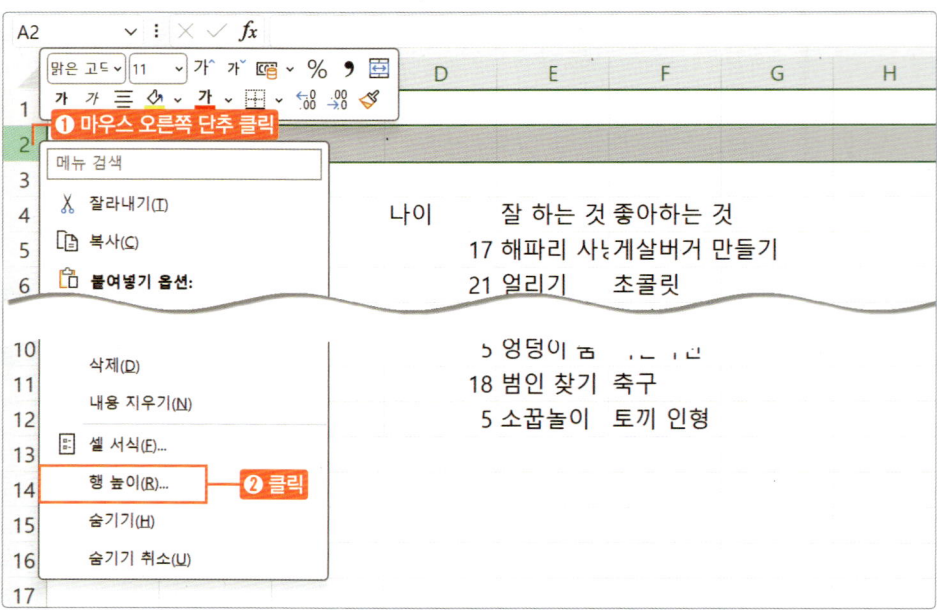

**3** [2행]의 행 높이를 지정합니다.

➡ [행 높이] 대화상자-[입력]-<확인>

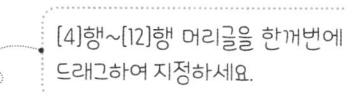

[4]행~[12]행 머리글을 한꺼번에 드래그하여 지정하세요.

**4** 같은 방법으로 [4] 행부터 [12] 행까지 행 높이를 '25'로 지정합니다.

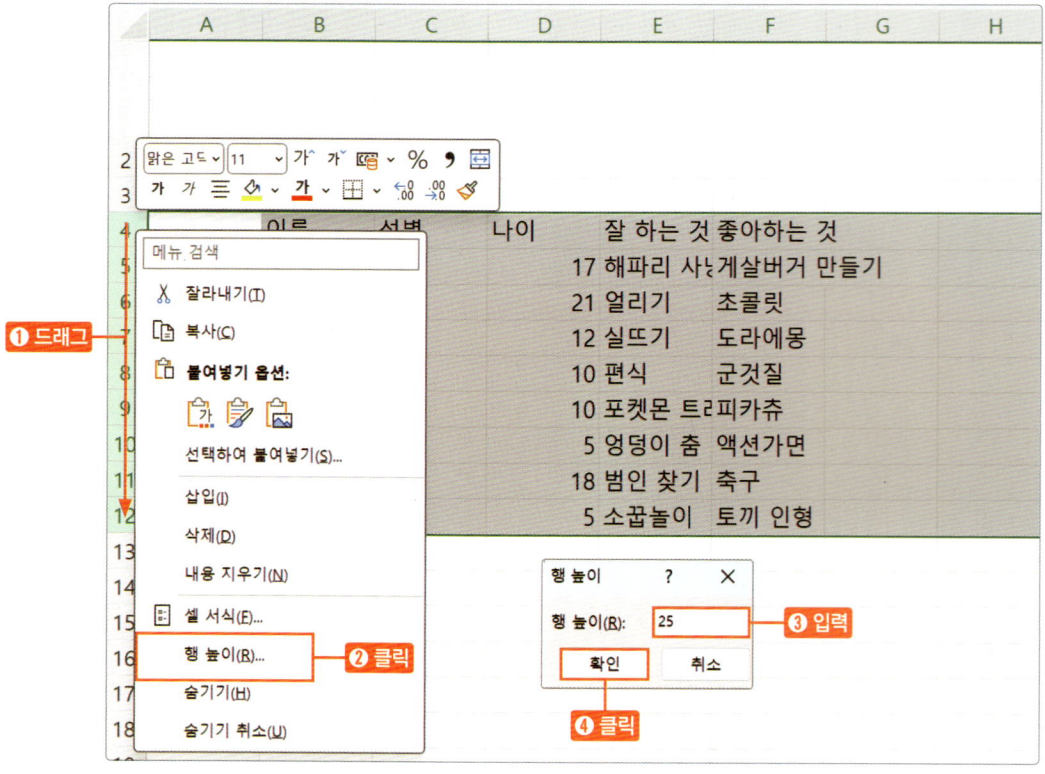

5 [B2] 셀부터 [G2] 셀을 [병합하고 가운데 맞춤(圍)]을 합니다.

➤ [범위 지정]-[홈]-[맞춤] 그룹-[병합하고 가운데 맞춤(圍)]

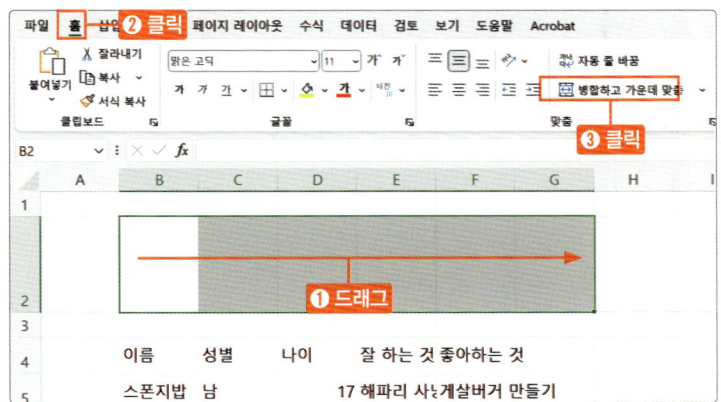

6 워드아트를 추가한 후, 제목을 입력하고 크기와 위치를 조절합니다.

➤ [삽입]-[WordArt(⁄)]-[채우기: 바다색, 강조 5~]
➤ 제목 : 만화 캐릭터 프로필
➤ 글꼴 크기 : 36pt, 위치 이동

워드아트 위치 변경은 테두리를 드래그하여 이동시킵니다.

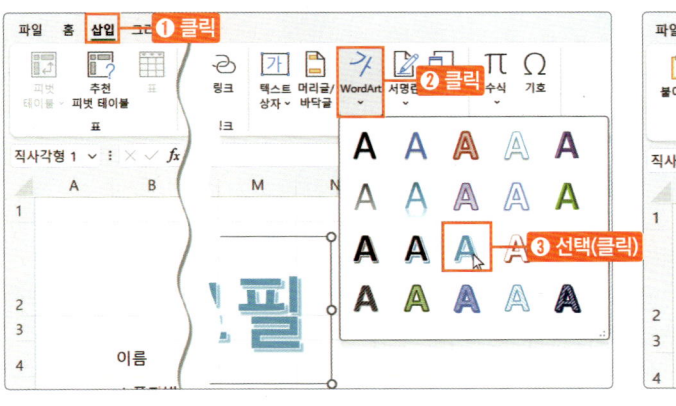 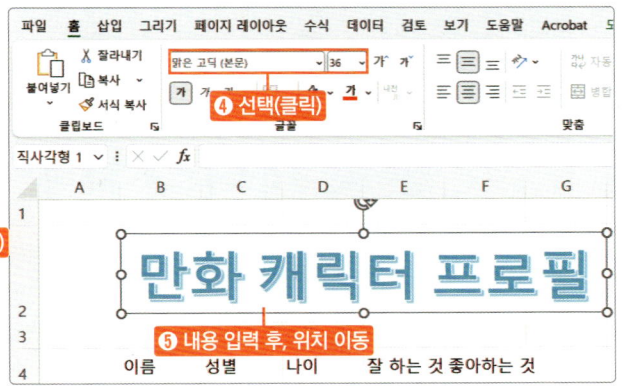

7 워드아트를 선택한 후, 스타일을 변경합니다.

➤ [도형 서식]-[WordArt 스타일] 그룹-[텍스트 효과]-[변환]-[휘기]-[물결 : 아래로( abcde )]

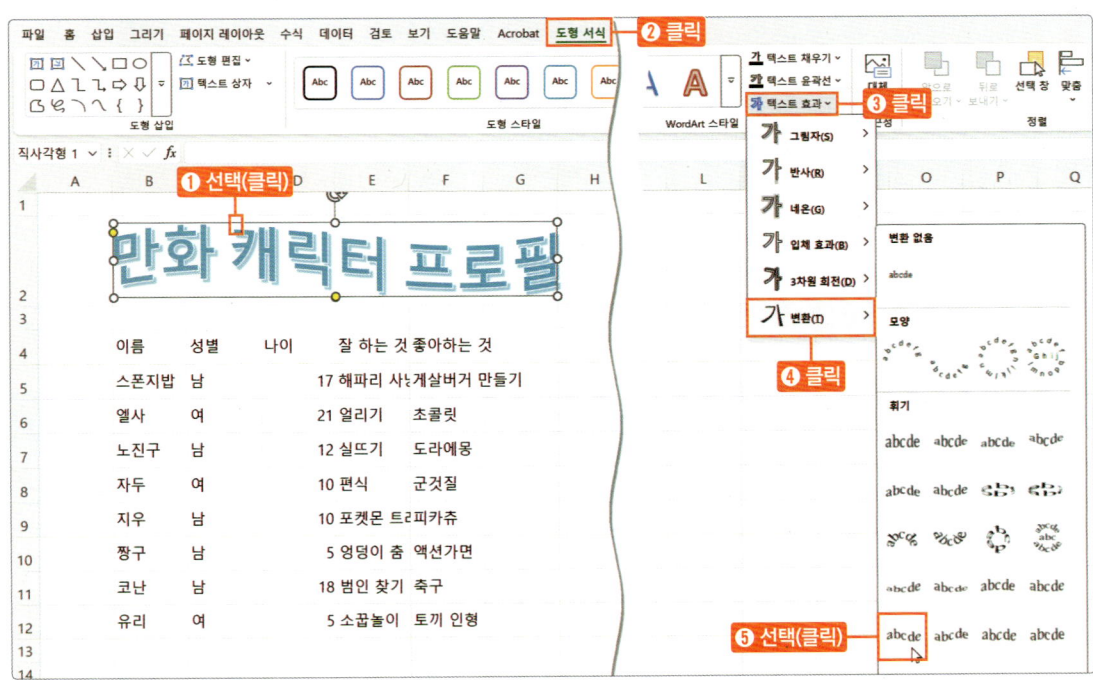

 **힌트** 워드아트의 '변환' 기능

워드아트의 텍스트 효과에서 '변환' 기능을 적용하면 텍스트가 아닌 도형처럼 조절점(O)을 이용하여 크기를 조절할 수 있습니다.

## 02 예쁜 서식이 있는 표는 없을까?

**1** [B4:G12] 영역을 드래그하여 아래와 같이 표 서식의 스타일을 변경합니다.
➡ [범위 지정]-[홈]-[스타일] 그룹-[표 서식]-[밝게]-[바다색, 표 스타일 밝게 13]-<확인>

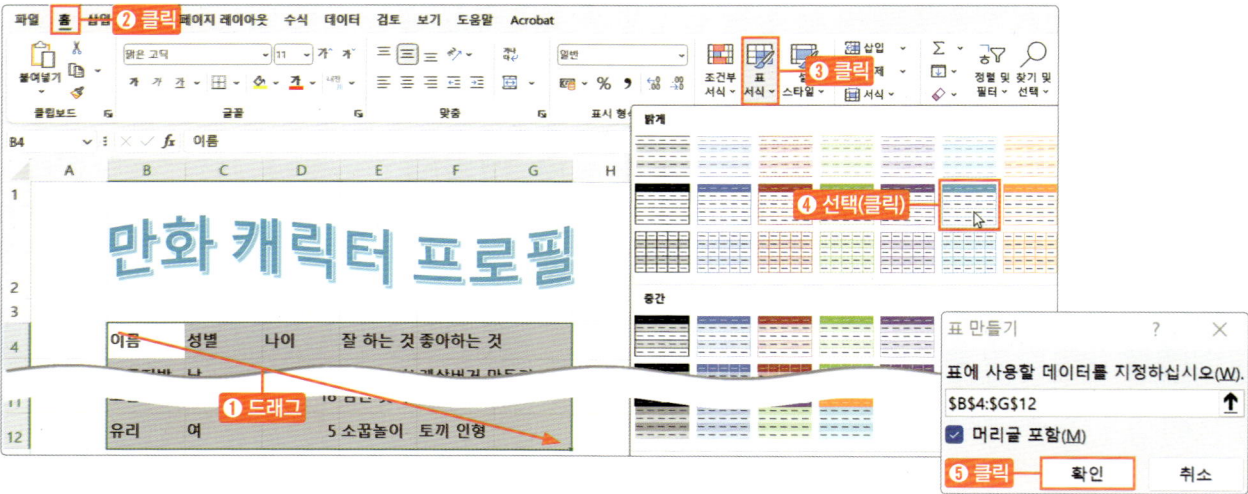

**2** [B4:G12] 영역의 글꼴을 수정한 후, 모든 글자가 보이도록 열 머리글 경계선에서 더블클릭을 합니다.
➡ [범위 지정]-[홈]-글꼴 변경, [홈]-[가운데 맞춤(≡)]
➡ ['E'와 'F'열 경계선 더블클릭]-['F'와 'G'열 경계선 더블클릭]

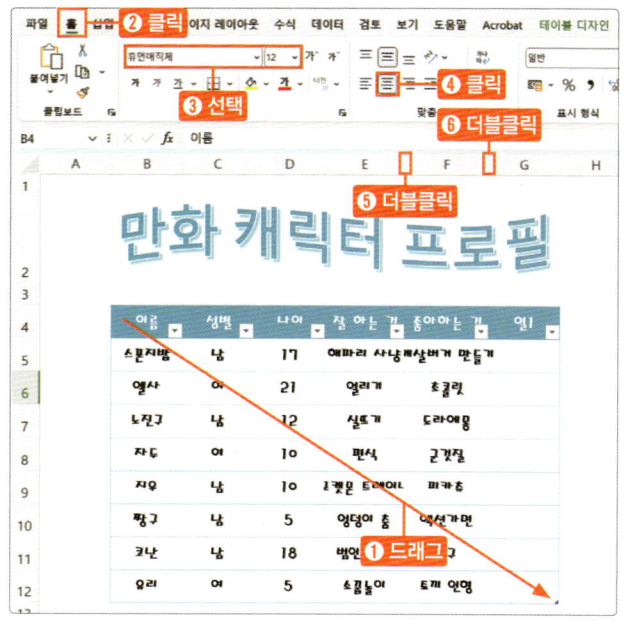 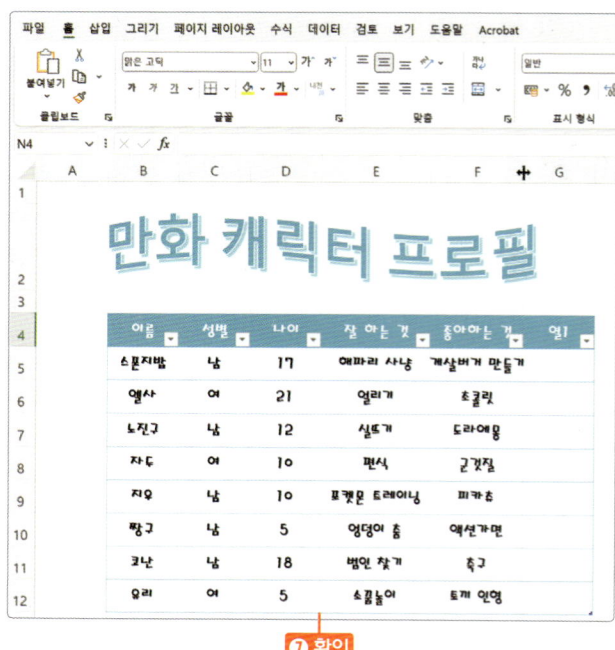

3 아래와 같이 [G] 열에 글자를 입력한 후, [D5:D12] 숫자 뒤에 '세'가 나오도록 표시 형식을 지정합니다.
➡ [내용 입력]-[범위 지정]-[마우스 오른쪽 단추 클릭]-[셀 서식]

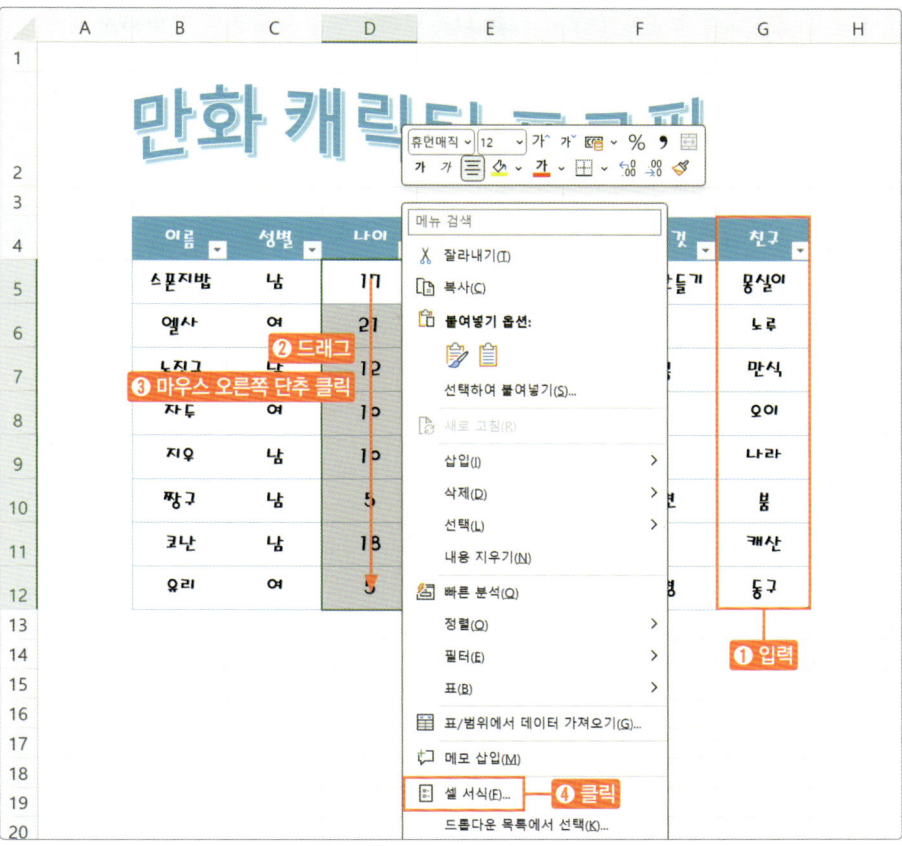

4 '나이' 셀의 숫자 오른쪽에 '세'를 추가하기 위해 표시 형식을 지정합니다.
➡ [표시 형식]-[사용자 지정]-['G/표준'] 선택-[형식 입력 칸 'G/표준' 오른쪽에 "세" 입력]-<확인>

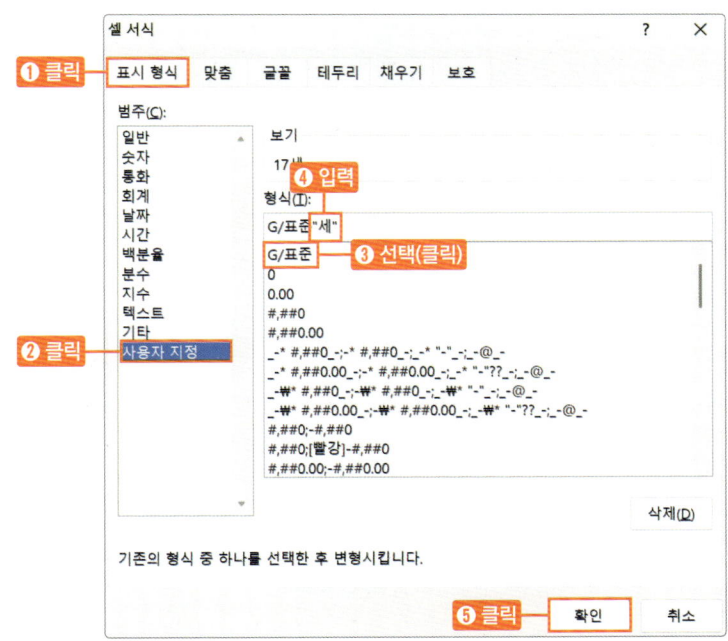

CHAPTER 15 만화 캐릭터 프로필 **105**

## 03 필터? 내가 원하는 것만 나와라~

**1** '이름' 셀을 '가나다' 순으로 정렬합니다.

➡ ['이름' 셀의 필터 목록 단추(▼)]-[텍스트 오름차순 정렬]

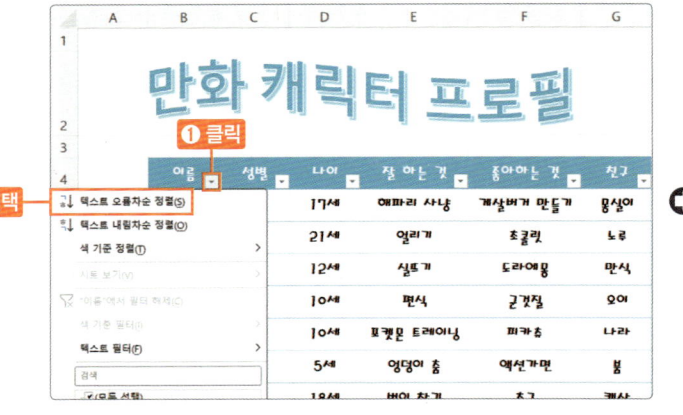 

**2** '나이' 셀에서 필터 기능으로 나이가 많은 3명이 나오도록 합니다.

➡ ['나이' 셀의 필터 목록 단추(▼)]-[숫자 필터]-[상위 10]-[3 입력]-<확인>

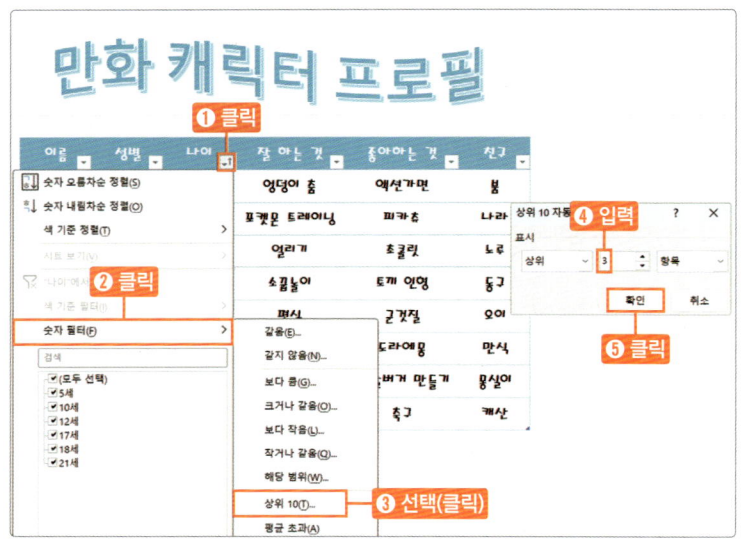 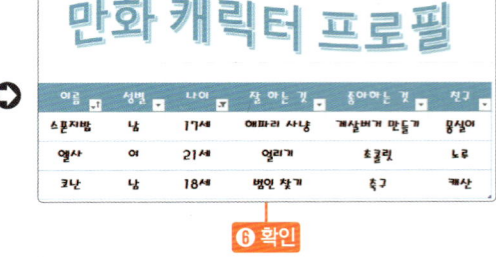

 **상위 10 자동 필터**

셀 범위의 데이터를 높은 값 기준으로 원하는 항목수를 추출할 수 있습니다. 반대로 하위 항목으로 지정을 하면 낮은 값 순서로 항목수를 추출할 수 있습니다.

 **자동 필터 해제**

나이 셀의 필터 목록 단추를 클릭한 후, ["나이"에서 필터 해제]를 선택하면 해당 셀의 자동 필터가 해제됩니다.

3 '나이' 셀의 필터를 해제하고 '성별' 셀을 "남" 또는 '여'로 자동 필터를 적용한 후, 작품을 완성해 봅니다.

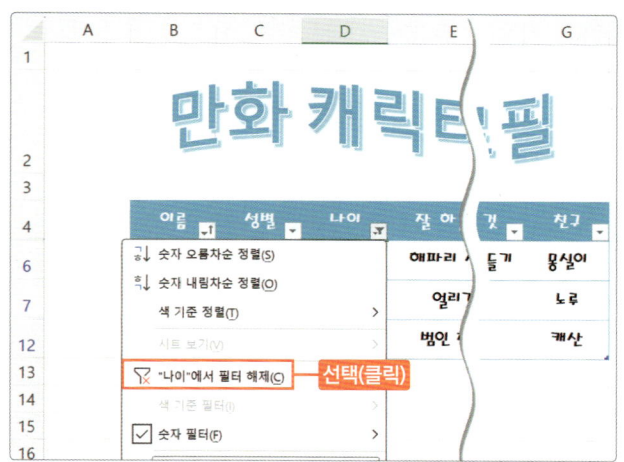 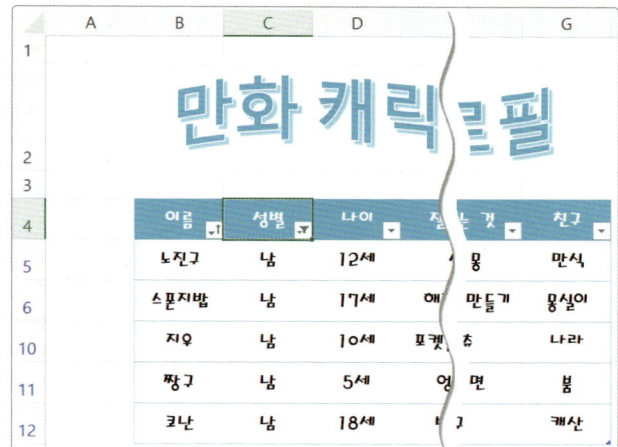

## CHAPTER 15

 혼자서 뚝딱 뚝딱

📂 불러올 파일 : 미션_01.xlsx    💾 완성된 파일 : 미션_01(완성).xlsx

① 미션_01.xlsx 파일을 열어 아래 그림을 참고하여 완성해 보세요.

1 워드아트를 이용하여 제목을 자유롭게 지정하여 입력합니다.
2 자동 필터를 이용하여 성별이 '여' 또는 '남'인 데이터를 표시합니다.

# CHAPTER 16 단원 종합 평가 문제

**오늘 배울 내용**
- 9장~15장에서 배운 내용을 평가해 봅니다.

---

**1** 도형 복사를 마우스를 이용해서 복사할 때 '드래그'와 같이 사용하는 키는 무엇인가요?

❶ Shift
❷ Enter
❸ Ctrl
❹ Alt

**2** 도형 또는 그림을 좌우 대칭을 할 때 사용하는 도구는 무엇인가요

❶ 📊  ❷ ◭  ❸ 🏔  ❹ ∑

**3** 한 셀에 두 줄 이상 입력하는 단축키는 무엇인가요?

❶ Shift + Tab   ❷ Ctrl + Enter   ❸ Alt + Enter   ❹ Enter

**4** 아래 그림과 같이 행을 삽입하기 위해서 어느 행을 선택해야 할까요?

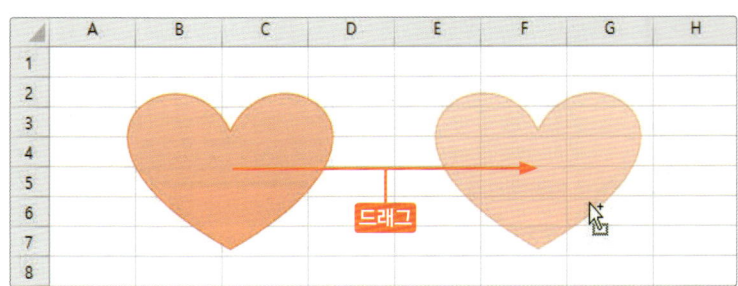

❶ 2행~3행   ❷ 3행~4행   ❸ 4행~5행   ❹ 1행~2행

**5** 데이터를 오름차순 정렬을 하기 위한 도구는 무엇인가요?

❶ 긓↓   ❷ 흭↓   ❸ 🏔   ❹ 📈

**6** 도형에서 선을 그릴 때 수직이나 수평선을 그리기 위해서 같이 사용하는 키는 무엇인가요?

❶ Shift   ❷ Ctrl   ❸ Alt   ❹ Enter

**7** 평가_01.xlsx 파일을 불러와 아래 그림을 참고하여 완성해 보세요.

❶ 제목을 병합하고 가운데 맞춤을 합니다.
❷ 셀의 넓이를 변경합니다.
❸ 행과 열을 삽입하여 데이터를 입력합니다.
❹ 행 높이를 '35'로 변경합니다.
❺ 기타 오른쪽 그림을 참고해서 완성합니다.

**8** 평가_02.xlsx 파일을 불러와 다음 작업 순서를 참고하여 아래 그림과 같이 엑셀 파일을 완성하세요.

❶ [B3:G3] 영역에 숫자를 입력합니다.
❷ [H3] 셀에 자동 합계(∑)를 계산합니다.
❸ [H3] 셀에 메모를 입력('자동 합계로 계산')합니다.
❹ 메모 내용은 가로와 세로 정렬 '가운데'를 지정합니다.
❺ 메모를 표시하고 완성된 이미지와 같이 크기와 위치를 조절합니다.

## CHAPTER 17 픽셀 아트로 나도 디자이너!

**학습목표**
- 조건부 서식을 이용하여 셀 안에 채우기 및 글꼴 색을 지정해 픽셀 아트를 만들어 봅니다.

📁 불러올 파일 : 픽셀아트.xlsx   📁 완성된 파일 : 픽셀아트(완성).xlsx

조건부 서식 : 키가 '120cm 이상' 어린이만 놀이기구를 탈 수 있어요~ 이때 '120cm 이상'이 조건이라는 거예요.

■ 아래 모눈종이 모양에 픽셀아트를 그려봅니다. (숫자 또는 기호를 그리고 정답을 적어보세요..)

정답 : 하트(사랑)

정답 :

## 01 규칙에 맞는 내용에만 서식을 바꾸어 볼까!

**1** [Excel 2021] 프로그램을 실행한 후, '픽셀 아트.xlsx' 엑셀 파일을 불러옵니다.
➡ [열기]-[찾아보기]-[불러올 파일]-[17장]-'픽셀 아트.xlsx'-<열기>

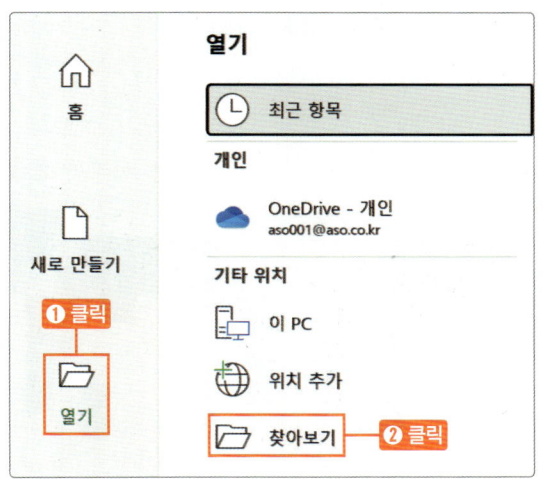 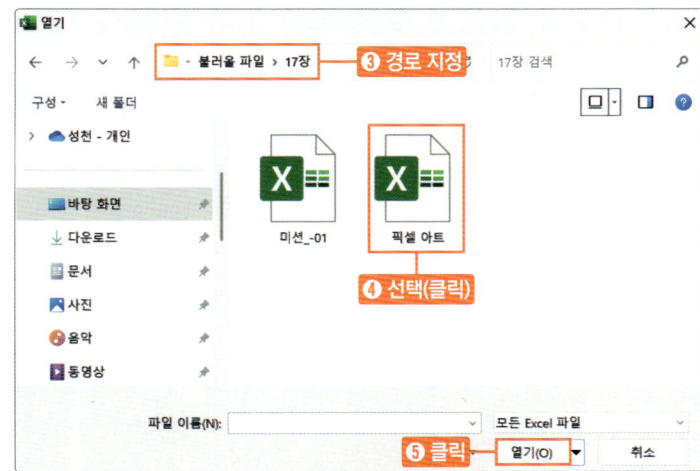

CHAPTER 17 픽셀 아트로 나도 디자이너! **111**

**2** [E1:AH23] 영역에 새 규칙을 지정합니다.

➡ [범위 지정]-[홈]-[스타일] 그룹-[조건부 서식( )]-[새 규칙]

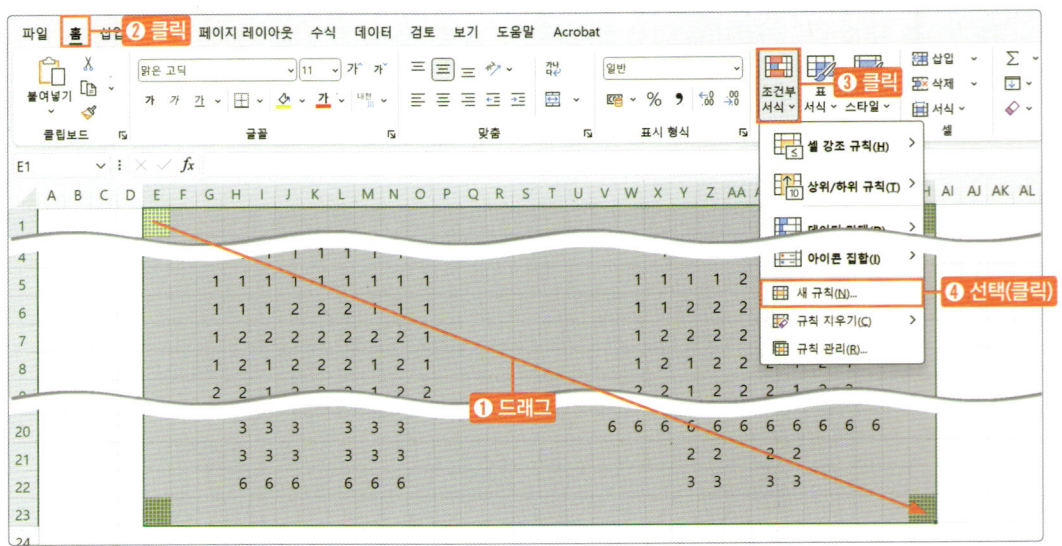

**3** 새 서식 규칙의 범위를 지정합니다.

➡ [다음을 포함하는 셀만 서식 지정]-[규칙 설명 편집]-[해당 범위] '='-[셀 주소 입력 칸] '1'-[서식]

'='는 '같다'라는 뜻으로 즉 '1'과 같은 셀만 다음에 지정하는 서식으로 변경하도록 하는 거예요!

**4** 새 서식 규칙('1'에 해당하는 셀)에 사용될 글꼴을 지정합니다.

'1'에 해당하는 셀의 글꼴 색과 채우기 색은 모두 검정색으로 처리합니다.

➡ [셀 서식] 대화상자-[글꼴] 탭 색='검정, [채우기] 탭 배경색='검정'-<확인>-<확인>

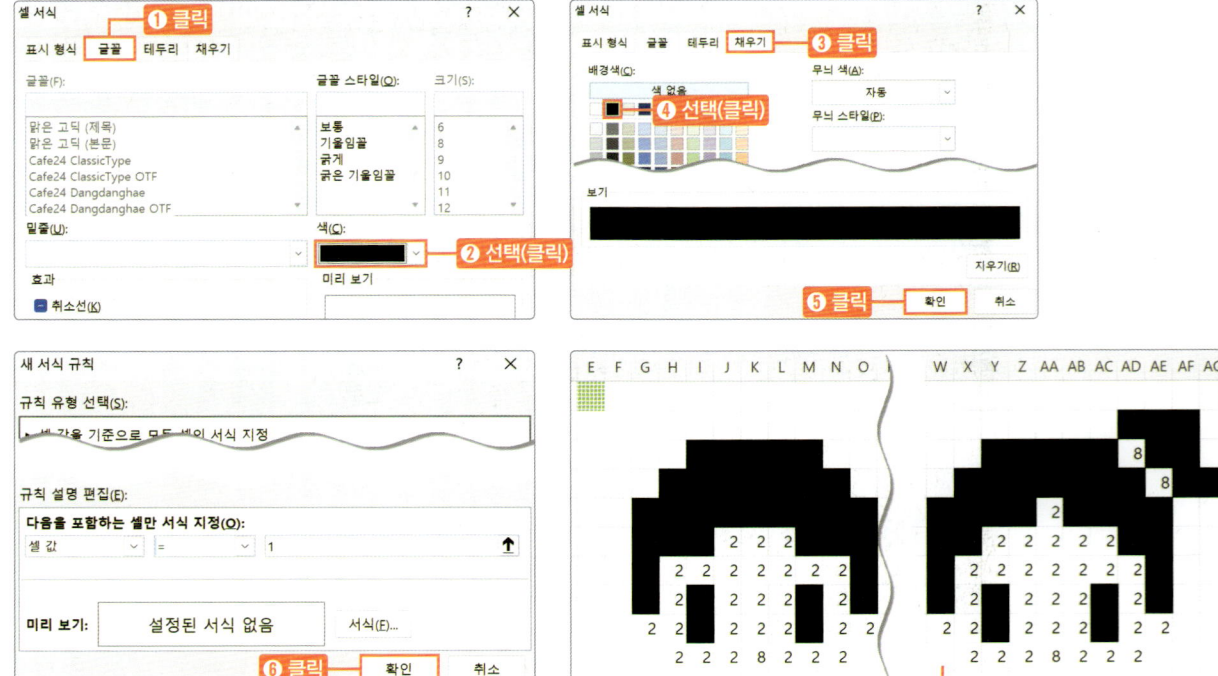

112 돌아온 꿈트리_엑셀 2021

 **조건부 서식**

지정된 조건에 해당하는 셀이나 셀 범위에 적용하는 서식으로 '표시 형식, 글꼴, 테두리, 채우기' 등을 변경할 수 있습니다. 조건에 맞는 셀 범위에는 서식이 지정되지만 그렇지 않은 셀 범위는 서식이 지정되지 않습니다.

**5** 아래 그림을 참고하여 나머지 [E1:AH23] 영역에 같은 방법으로 조건부 서식을 자유롭게 지정합니다.

조건부 서식의 [서식]은 글꼴색과 배경색을 같은색으로 지정합니다.

# CHAPTER 17

☐ 지금하기  ☐ 나중에 하기

📁 불러올 파일 : 미션_01.xlsx   📄 완성된 파일 : 미션_01(완성).xlsx

**1** '미션_01.xlsx' 파일을 열어 아래 그림을 참고하여 완성해 보세요.

1️⃣ 조건부 서식으로 색을 지정합니다.

2️⃣ 자신의 이름을 만들어도 좋아요!

3️⃣ 위 그림을 참고해서 완성해 봅니다.

# CHAPTER 18 길동이의 용돈 지출 내역

**학습목표**
- 연결된 셀만 계산이 가능한 '자동 합계'를 복습합니다.
- 떨어진 셀끼리는 수식을 입력해서 계산해 봅니다.

 📁 불러올 파일 : 용돈 관리.xlsx  📄 완성된 파일 : 용돈 관리(완성).xlsx

 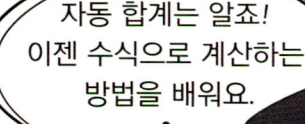 

### 길동이의 용돈 지출 내역

| 7월 용돈 | 지출(사용한 돈) | |
|---|---|---|
| | 항목 | 금액 |
| 10,000원 | 친구와 떡볶이 사먹음 | 2,000원 |
| | 준비물 지우개, 각도기 구입함 | 1,000원 |
| | 토끼 모양 열쇠고리 구입함 | 3,500원 |
| | 캐릭터 스티커 구입함 | 1,500원 |
| | 아이스크림 사먹음 | 1,000원 |
| 지출의 합계 금액 | | 9,000원 |
| 7월 용돈에서 남은 금액 | | 1,000원 |
| 6월까지 저축액 | | 52,000원 |
| 총 저축액(월 마다 남은 금액 저축하기) | | 53,000원 |

■ 다음 미로에서 우리 친구가 탈출을 하기 위해서 미로를 나가는 방향을 화살표로 표시했습니다. 빈칸에 알맞은 방향을 적어보세요.

※ 마치 게임속에 케릭터를 움직이듯 화살표 방향키로 움직인다고 생각해보면 쉬워요.

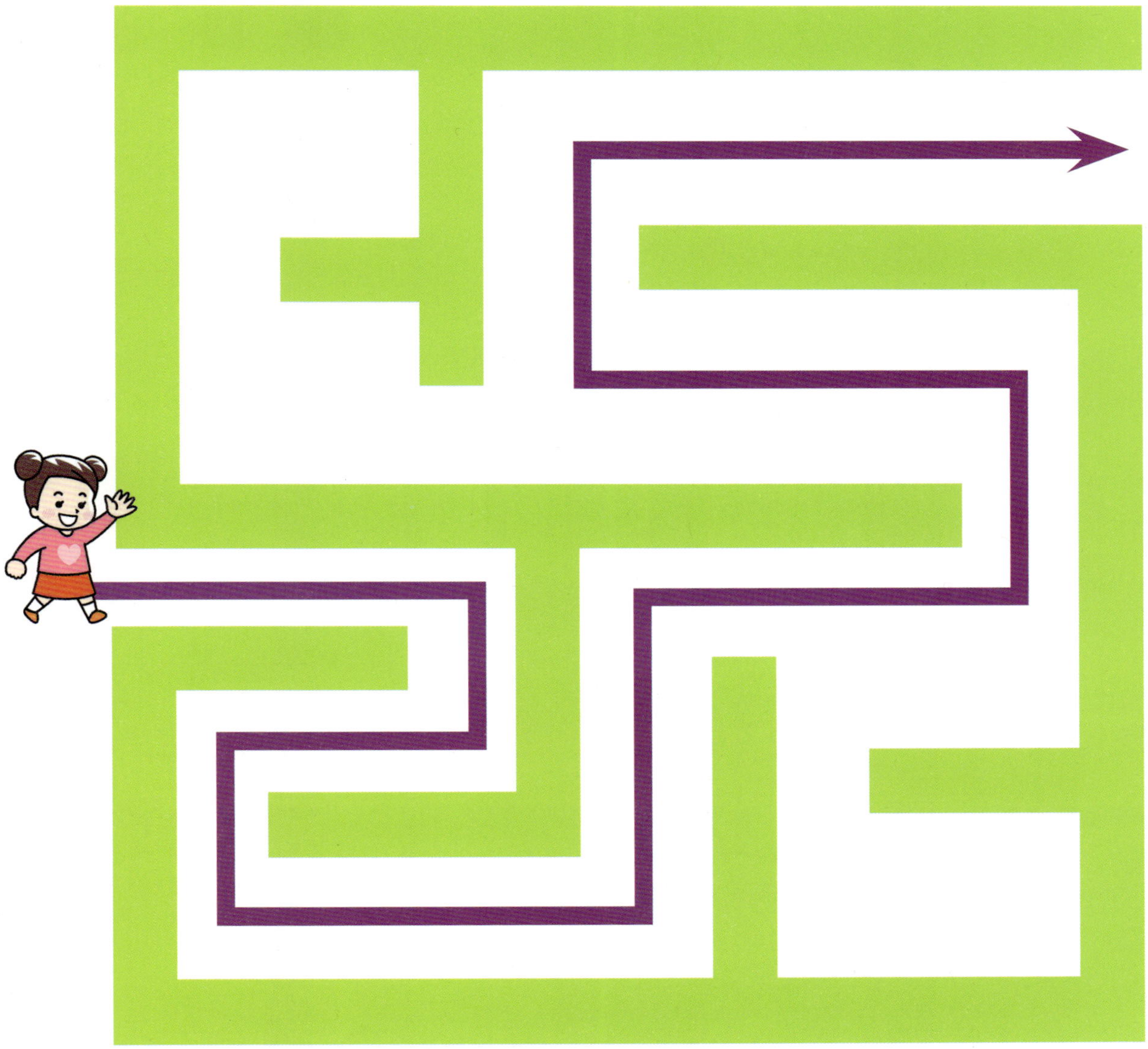

| → | ↓ | | ↓ | | ↑ | | ↑ | | ↑ | → |

## 01 어~ 용돈이 얼마 안 남았네?

1  [Excel 2021] 프로그램을 실행한 후, '용돈 관리.xlsx' 엑셀 파일을 불러옵니다.
➡ [열기]-[찾아보기]-[불러올 파일]-[18장]-'용돈 관리.xlsx'-<열기>

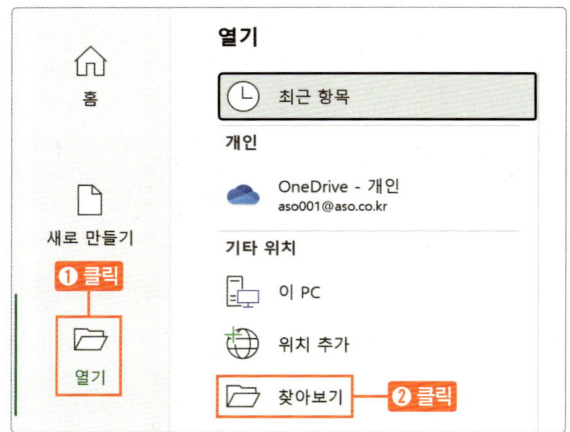
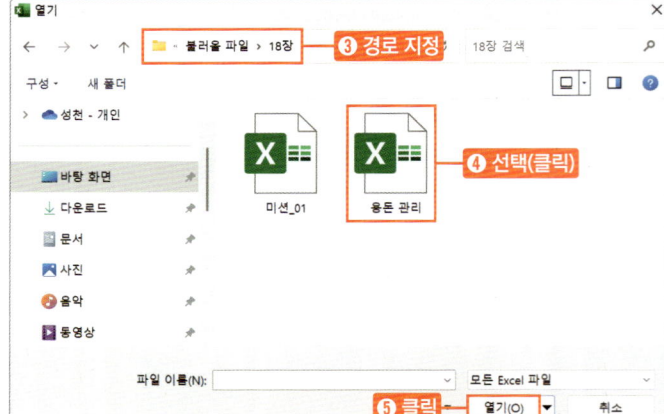

2  [D6:D10] 영역을 드래그하여 지정된 범위에 있는 숫자를 모두 더하기 합니다.
➡ [범위 지정]-[수식]-[함수 라이브러리] 그룹-[자동 합계(∑)]

> 지정한 범위를 모두 '더하기' 하라는 기호에요. ('시그마'라고 읽어요)

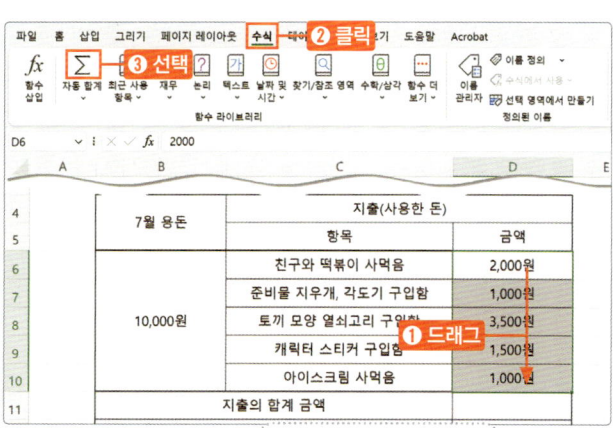
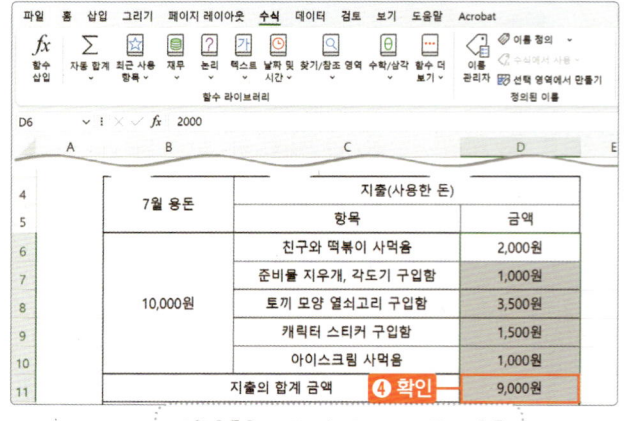

> '계산'을 하라는 뜻이에요.
> 남은 용돈을 계산하는 것이니까 전체 용돈에서 사용한 용돈을 빼기(-) 하는 거예요.

3  [D12] 셀에 현재 남은 용돈을 계산하기 위해 수식을 입력합니다.
➡ [D12] 셀 클릭-['=' 입력]-[B6 셀 클릭(7월 전체 용돈)]-['-' 입력]-[D11 셀 클릭(7월 사용한 용돈)]- Enter

▲ 10,000원-9,000원=1,000원

4 [D14] 셀에는 남은 용돈을 저축하기 위해 수식을 입력합니다.

➡ [D14] 셀 클릭-['=' 입력]-[D12 셀 클릭(7월 용돈에서 남은 금액)]-['+' 입력]-[D13 셀(6월까지 저축액)] 클릭- Enter

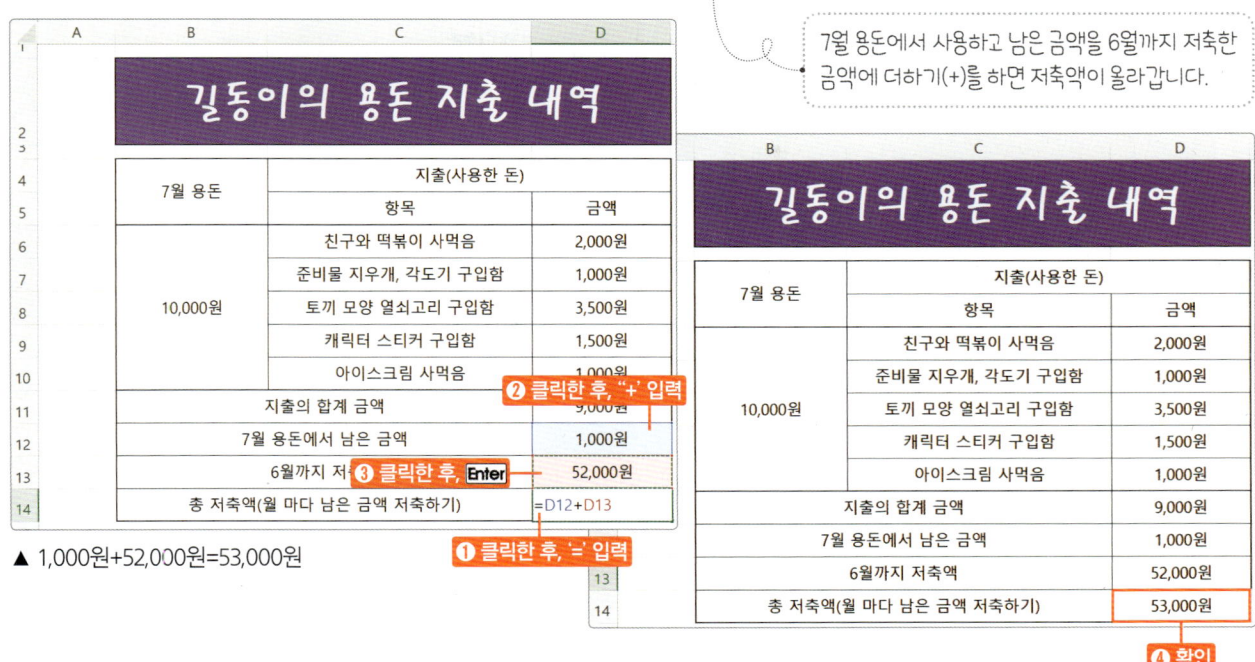

▲ 1,000원+52,000원=53,000원

## 02 표 안에 있는 글자 모양이 마음에 안 들어!

1 [B4:D14] 영역의 글자에 글꼴 서식을 지정합니다.

➡ [범위 지정]-[홈]-[글꼴] 그룹-[휴먼편지체], [12pt]

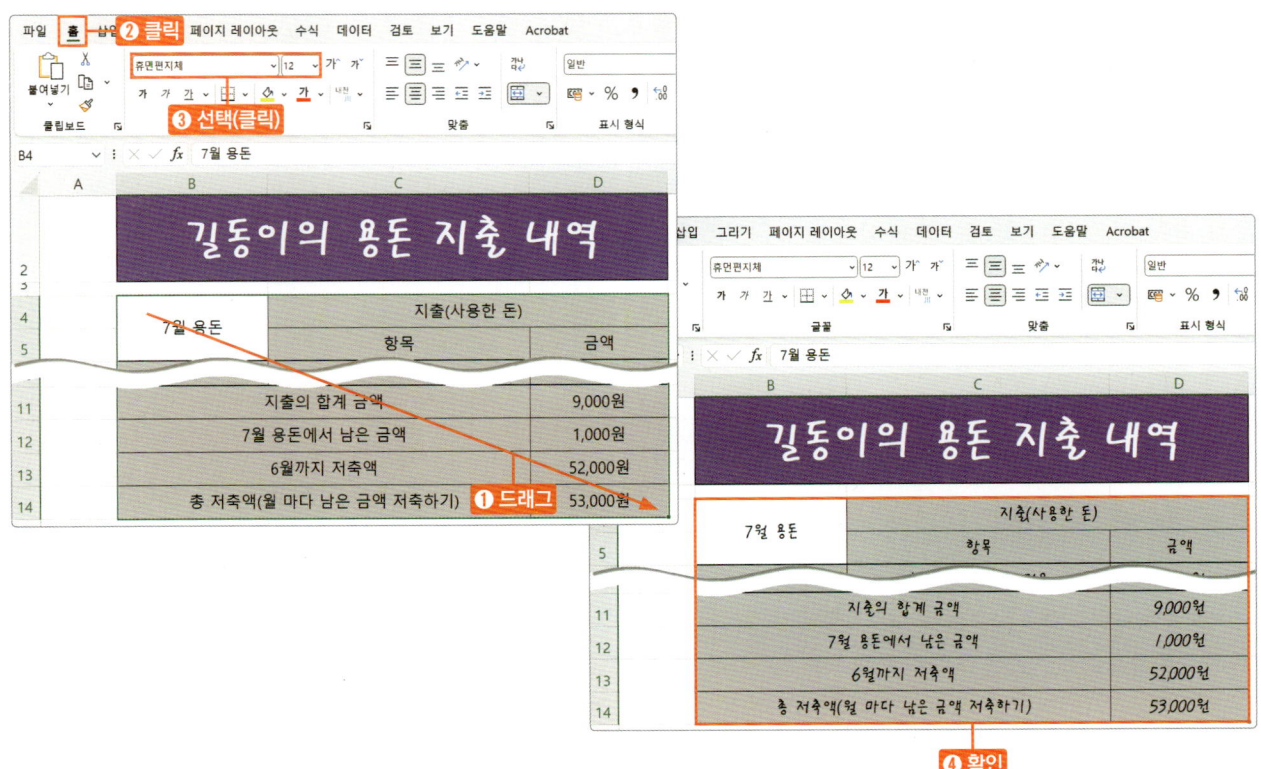

CHAPTER 18 길동이의 용돈 지출 내역 **119**

2  [B4] 셀과 [B11:C14] 영역에 채우기 색을 지정합니다.

➡ [B4 셀 클릭]-[Ctrl +B11:C14 드래그]-[홈]-[글꼴] 그룹-[채우기 색( )]-[목록 단추( )]-[색 선택]

Ctrl 키를 누른 상태에서 드래그하면 다른 영역을 추가로 지정할 수 있어요!

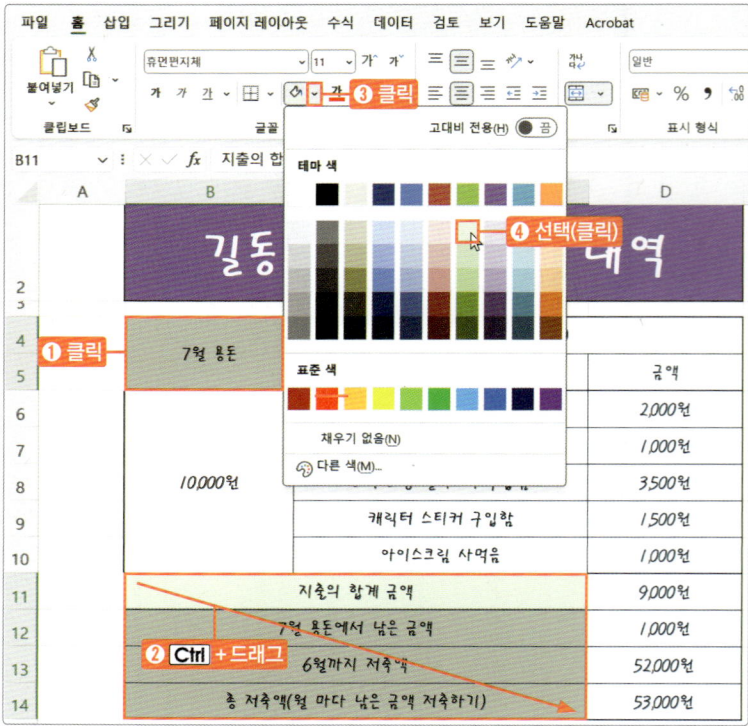

3  [B6] 셀 글꼴의 방향을 변경합니다.

➡ [B6 셀 클릭]-[홈]-[글꼴] 그룹-[크기:18pt]-[맞춤] 그룹-[방향( )]-[시계 반대 방향 각도]

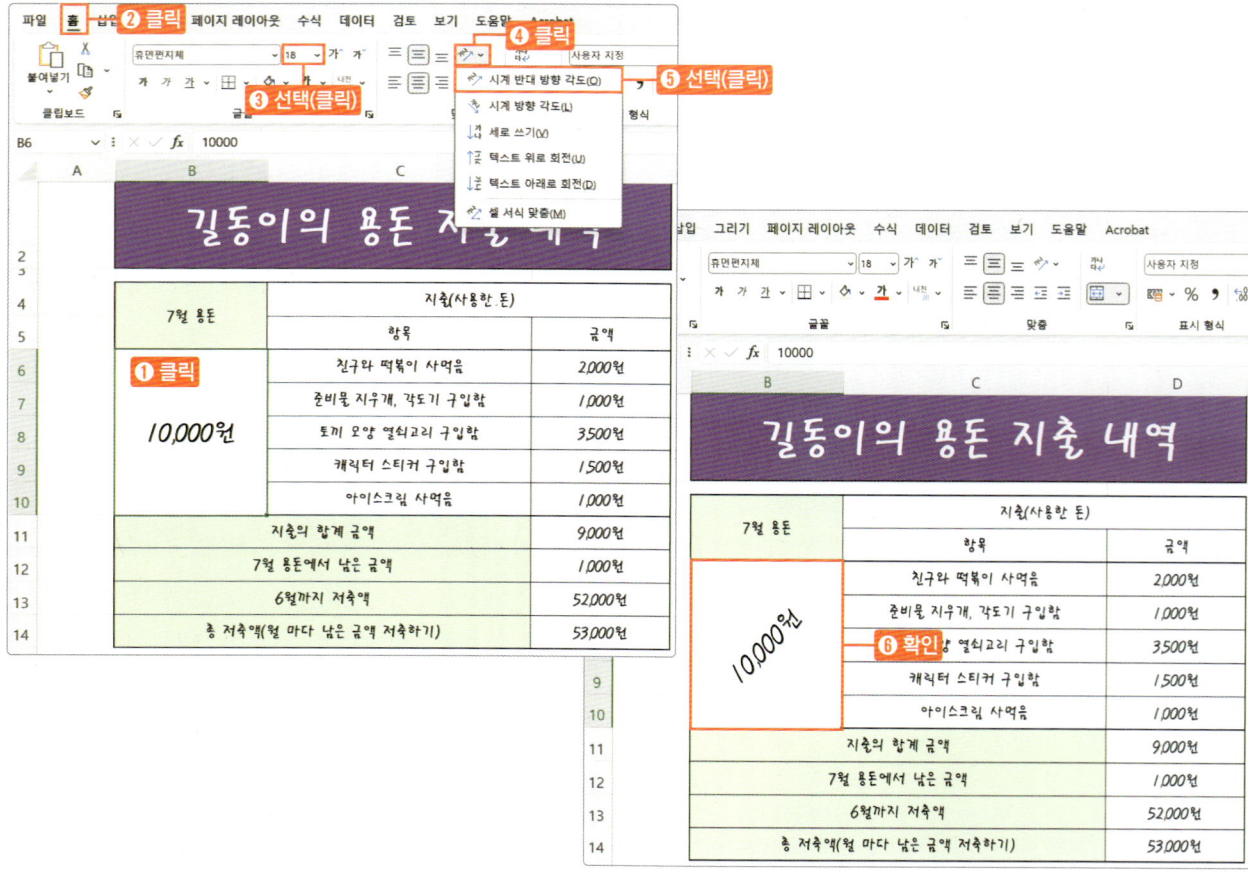

☐ 지금하기  ☐ 나중에 하기

📁 **불러올 파일** : 미션_01.xlsx   📗 **완성된 파일** : 미션_01(완성).xlsx

**1** '미션_01.xlsx' 파일을 열어 아래 그림을 참고하여 완성해 보세요.

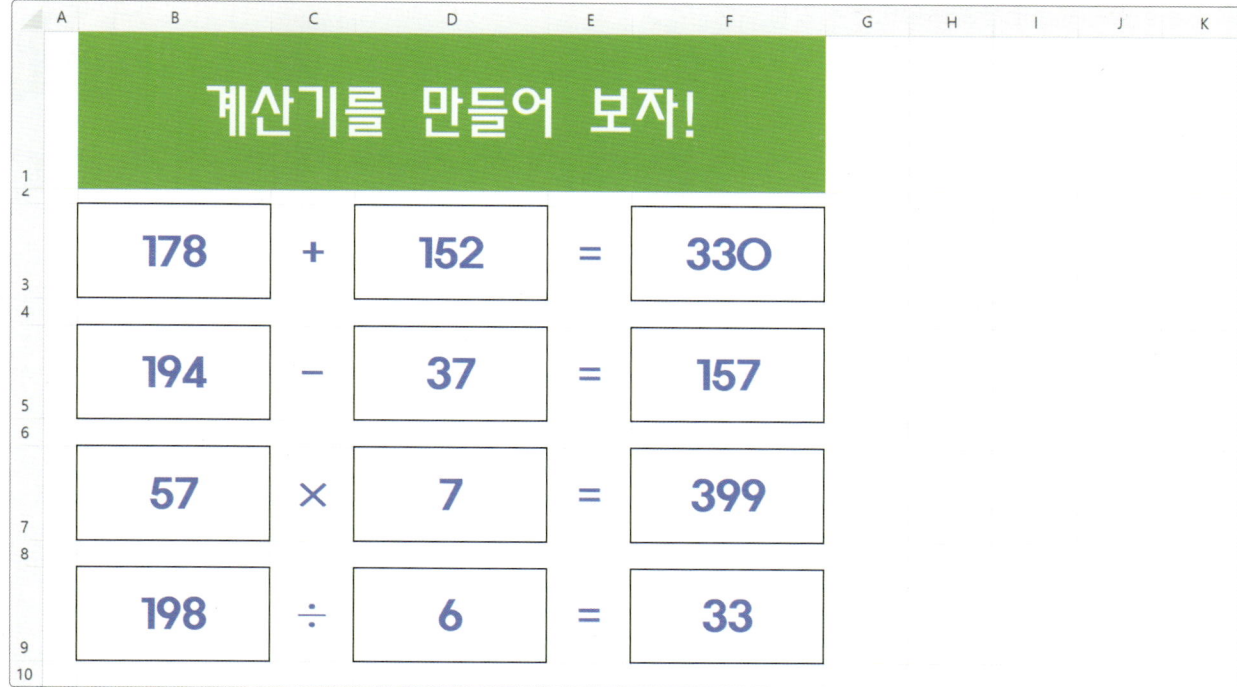

1️⃣ 위 예제와 같이 제목을 꾸며봅니다.

2️⃣ 글꼴 변경 및 행 높이를 변경해 봅니다.

3️⃣ 계산결과를 나타낼 셀에 수식을 계산합니다.
- [F3], [F5], [F7], [F9] : 수식을 이용하여 계산
- **기호설명** : 더하기(+), 빼기(-), 곱하기(*), 나누기(/)

# CHAPTER 19
# 친구들의 성적표를 지켜라!

**학습목표**
- 자동 합계 기능으로 점수를 계산해 봅니다.
- 조건부 서식을 지정해 봅니다.
- 아무도 못보게 비밀번호를 추가해 봅니다.

**배울 내용 미리보기!**  📁 불러올 파일 : 성적표.xlsx   📁 완성된 파일 : 성적표(완성).xlsx

 엑셀은 수 많은 데이터를 짧은 시간에 계산을 해요.

 많은 자료도 척척 해결하네요.

 내 성적을 누가 보면 어떡하지?

 괜찮아! 비밀번호를 걸어놓으면 돼!

### 우리반 친구들의 성적

| | 국어 | 영어 | 수학 | 총점 |
|---|---|---|---|---|
| 강영주 | 100점 | 85점 | 90점 | 275점 |
| 김경진 | 70점 | 60점 | 50점 | 180점 |
| 민혜정 | 70점 | 70점 | 70점 | 210점 |
| 박경신 | 85점 | 90점 | 80점 | 255점 |
| 백윤서 | 60점 | 70점 | 60점 | 190점 |
| 신남일 | 95점 | 90점 | 80점 | 265점 |
| 이명진 | 75점 | 75점 | 75점 | 225점 |
| 최정현 | 95점 | 95점 | 80점 | 270점 |
| 과목평균 | 81.25점 | 79.375점 | 73.125점 | |
| 최대값 | 100점 | 95점 | 90점 | |
| 최소값 | 60점 | 60점 | 50점 | |

■ 아래 빈 시계에 시간 표시를 하고 해야 할 일을 적어보세요.

예) 9시에 시침과 분침을 표시하고 '독서'를 적어봅니다

( 독서 )

## 01 엑셀에서 계산은 이제 너무 쉬워~

**1** [파일 탐색기]를 실행한 후, '성적표.xlsx' 파일을 더블클릭하여 엑셀 파일을 자동으로 실행 및 불러옵니다.
➡ [파일 탐색기]-[불러올 파일]-[19장]-'성적표.xlsx'-[더블클릭]

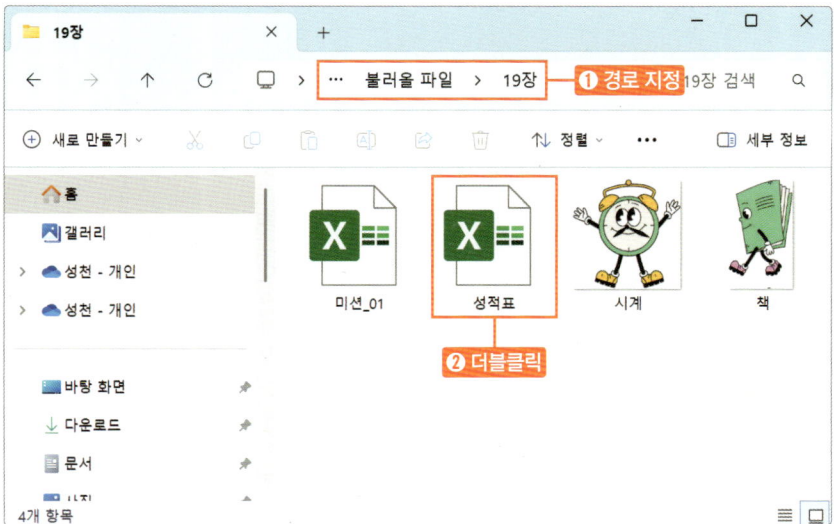

CHAPTER 19 친구들의 성적표를 지켜라! **123**

2 [C5:E5] 영역을 드래그하여 합계를 계산한 후, 채우기 핸들( )을 [F12] 셀 까지 드래그하여 자동으로 계산하도록 합니다.

➡ [범위 지정]-[수식]-[함수 라이브러리] 그룹-[자동 합계(∑)]
➡ [F5 셀 클릭]-[채우기 핸들( )]-[F12셀 까지 드래그]

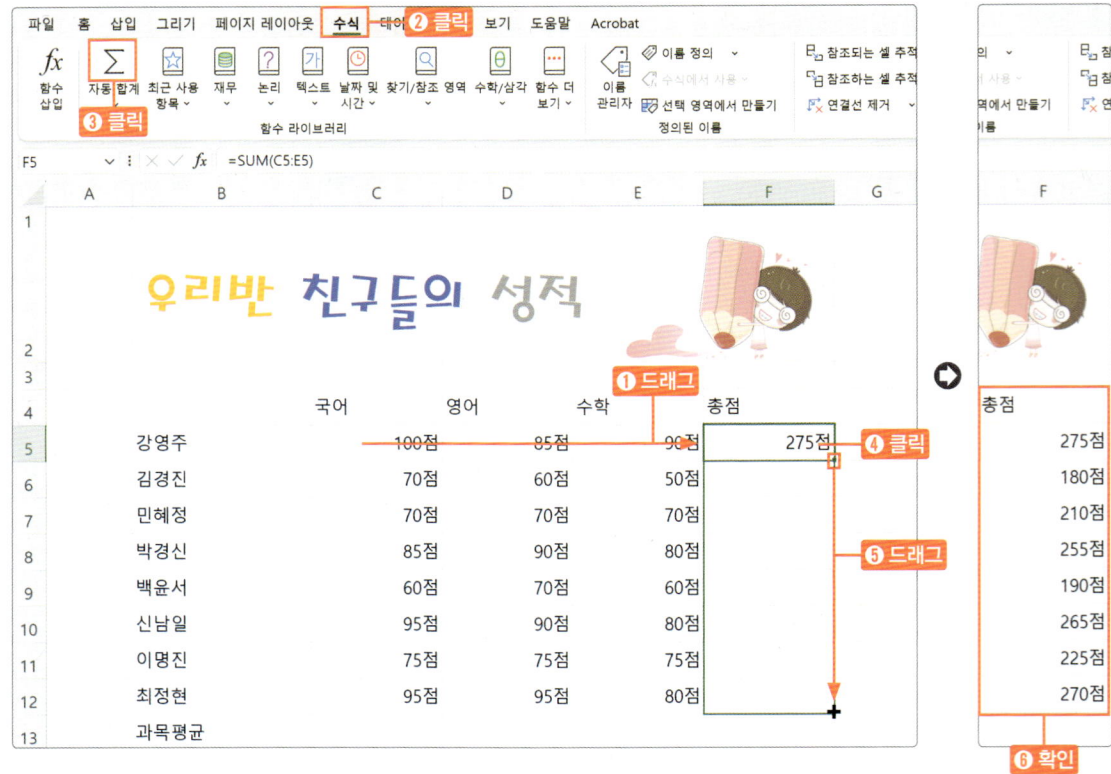

3 같은 방법으로 평균, 최대값, 최소값을 하나씩 계산합니다.

➡ [C5:E12 범위 지정]-[수식]-[함수 라이브러리] 그룹-[자동 합계(∑)]-[목록 단추( )]-[평균], [최대값], [최소값]

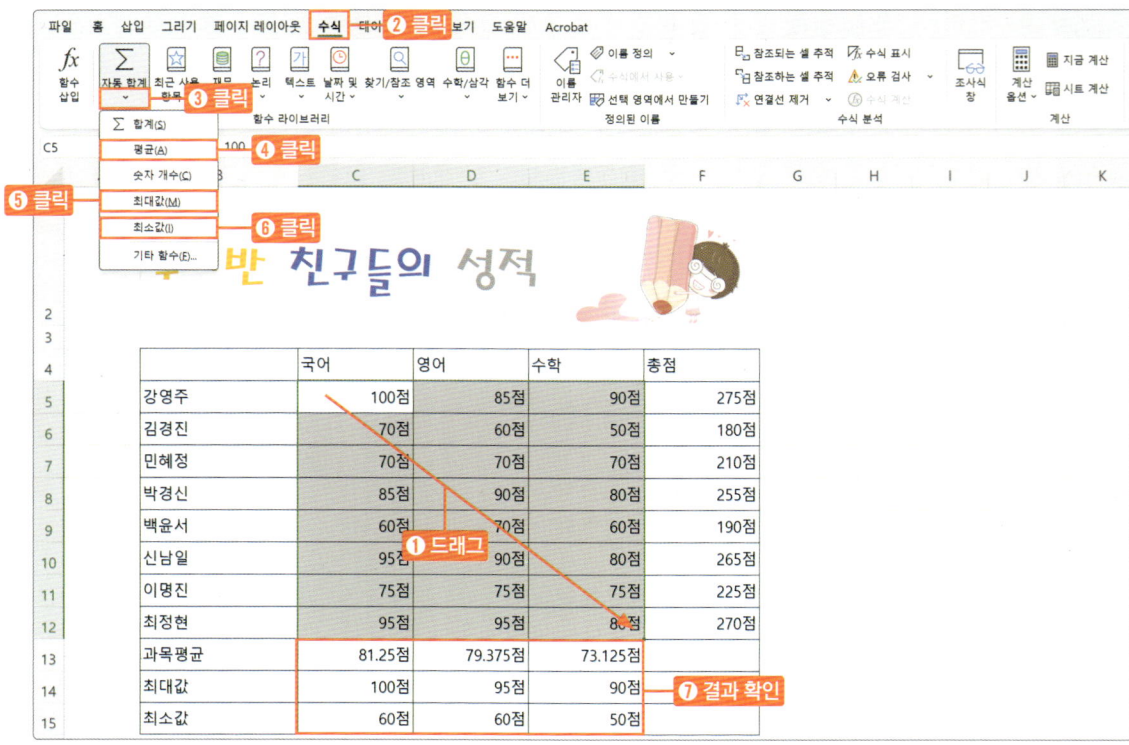

## 02 조건부 서식으로 표를 예쁘게! 그리고 비밀지키기

**1** [F5:F12] 영역에 조건부 서식으로 데이터 막대를 추가합니다.
➡ [범위 지정]-[홈]-[스타일] 그룹-[조건부 서식]-[데이터 막대]-[그라데이션 채우기]-'주황 데이터 막대'

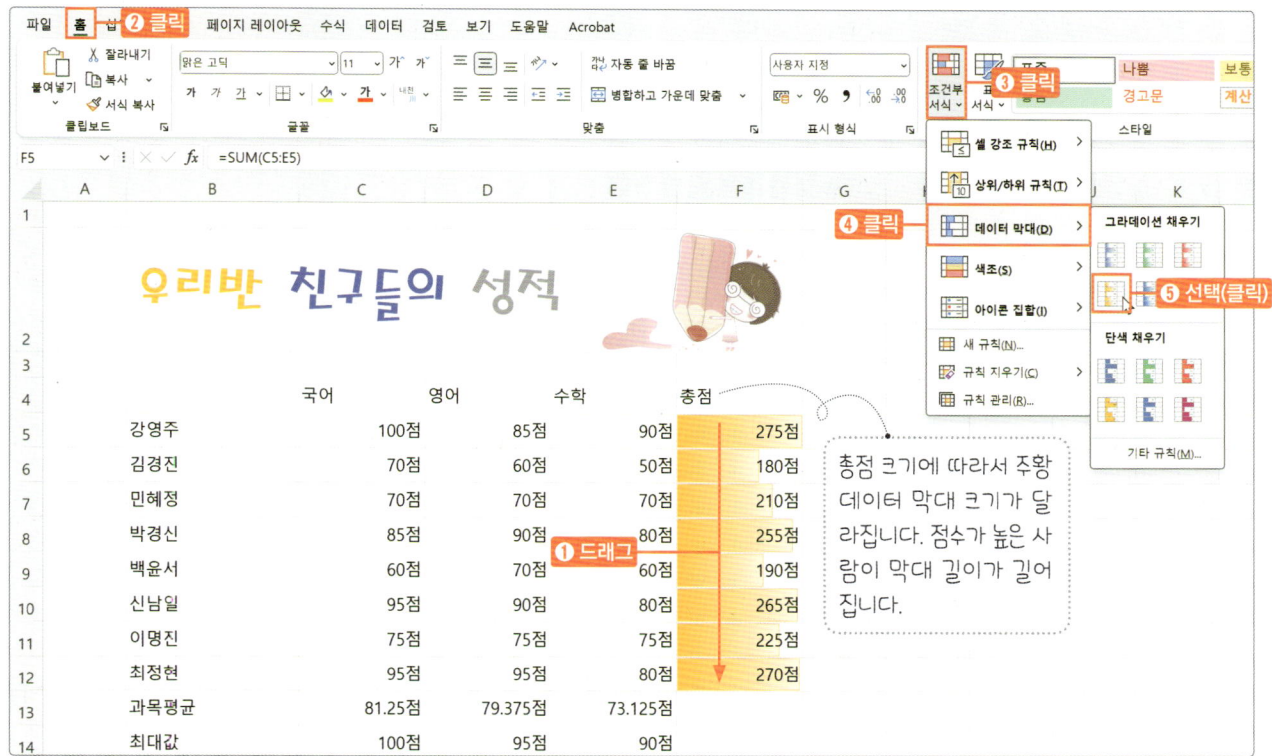

**2** [B4:F15] 영역에 선의 테두리와 글꼴을 정렬합니다.
➡ [범위 지정]-[홈]-[글꼴] 그룹-[테두리(⊞▼)]-[목록 단추(▼)]-[모든 테두리(⊞)]
➡ [홈]-[맞춤] 그룹-[가운데 맞춤(≡)]

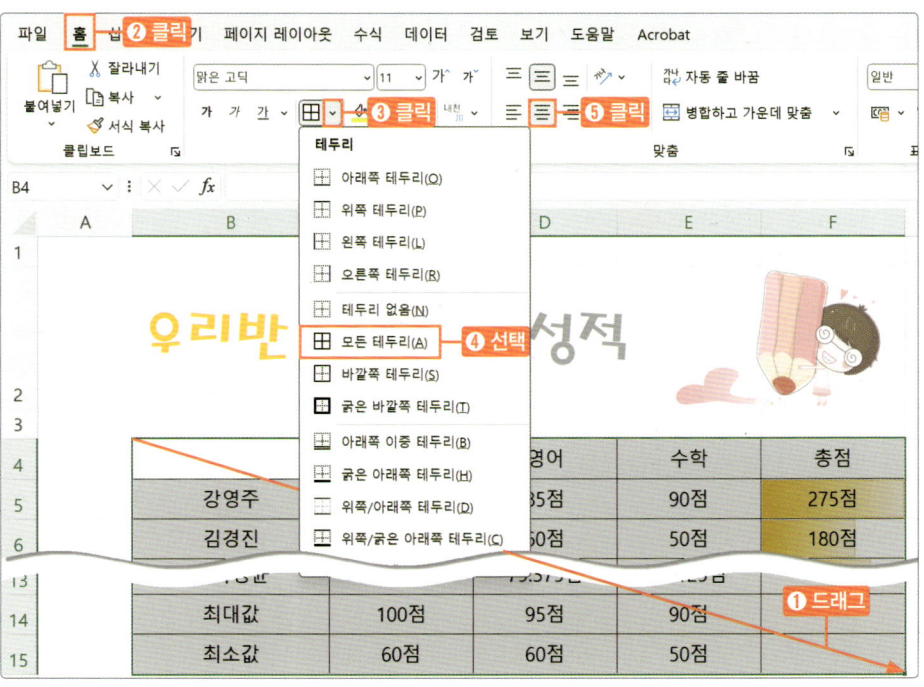

CHAPTER 19 친구들의 성적표를 지켜라! **125**

3 [B4:F4] 셀과 [B5:B15] 영역에 채우기 색을 지정합니다.

➡ [B4:F4 드래그]-[ Ctrl +B5:B15 드래그]-[홈]-[글꼴] 그룹-[채우기 색( )]-[목록 단추( )]-[색 선택]

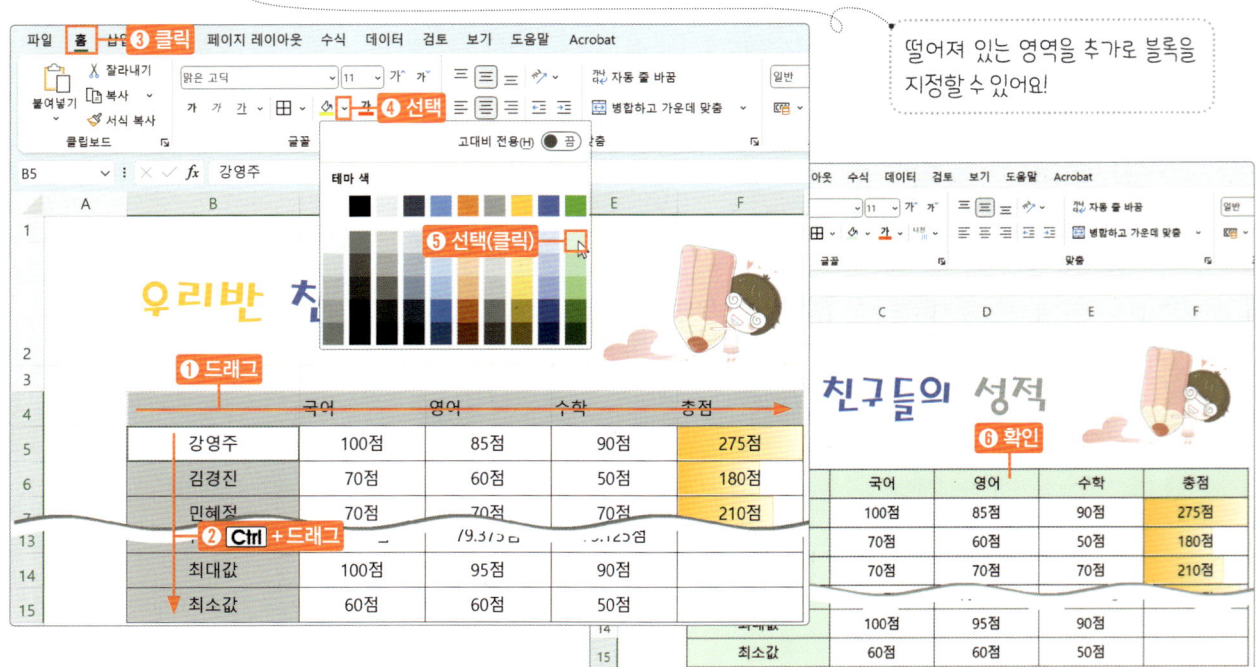

떨어져 있는 영역을 추가로 블록을 지정할 수 있어요!

4 [B4] 셀에 대각선을 추가합니다.

➡ [B4]셀 클릭-[마우스 오른쪽 단추 클릭]-[셀 서식]
➡ [셀 서식] 대화상자-[테두리]-[테두리]-[대각선 테두리]-<확인>

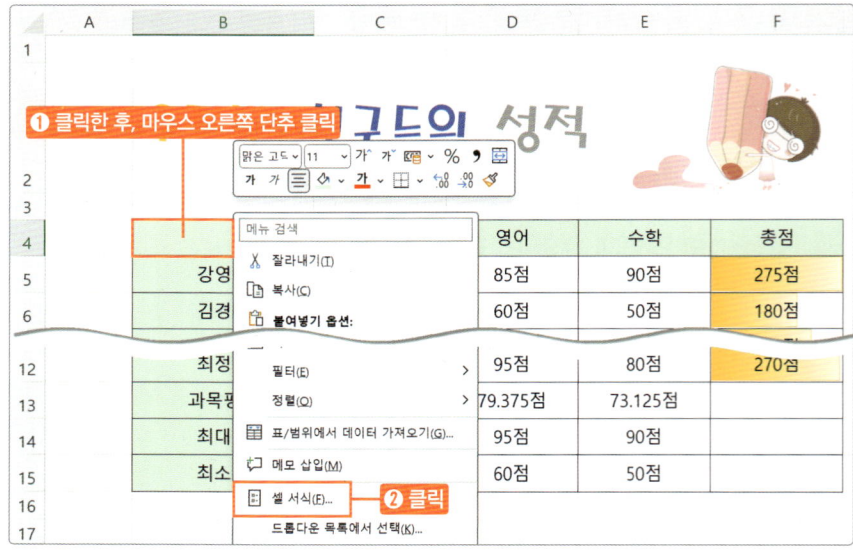

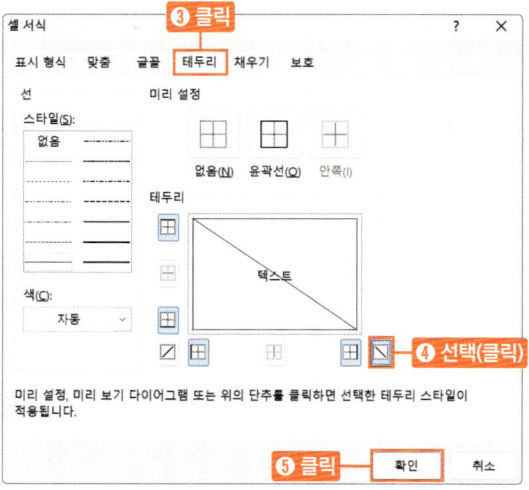

126 돌아온 꿈트리_엑셀 2021

5 파일에 비밀번호를 설정해 파일을 아무나 볼 수 없도록 합니다.
➡ [파일]-[정보]-[통합 문서 보호]-[암호 설정]-[암호 입력]-<확인>-[암호 확인 입력]-<확인>

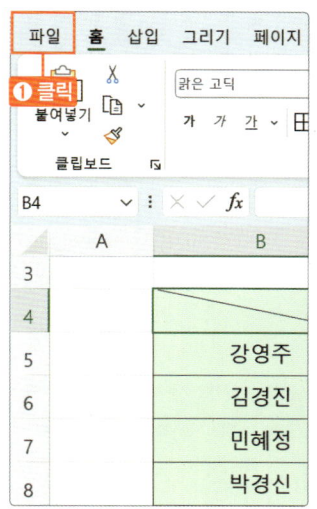
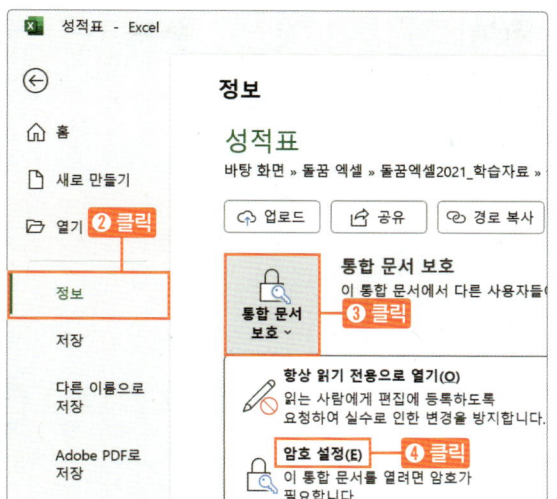
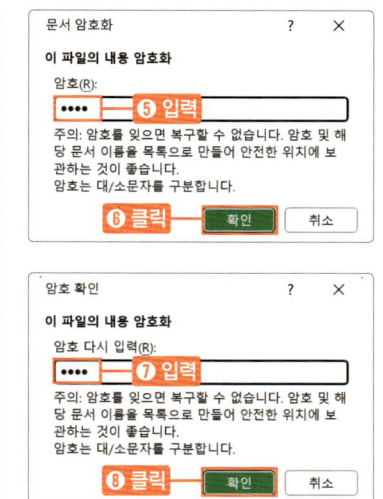

## CHAPTER 19 혼자서 뚝딱뚝딱

☐ 지금하기  ☐ 나중에 하기

📁 불러올 파일 : 미션_01.xlsx    📄 완성된 파일 : 미션_01(완성).xlsx

**1** '미션_01.xlsx' 파일을 열어 아래 그림을 참고하여 완성해 보세요.

1. A열 추가(삽입)합니다.
2. 5월과 6월의 평균, 최대값, 최소값을 구합니다.
3. 5월과 6월의 조건부 서식을 지정합니다.
4. 대각선 테두리를 지정합니다.
5. 그림을 추가합니다.
6. 비밀번호를 추가한 후, 저장합니다.

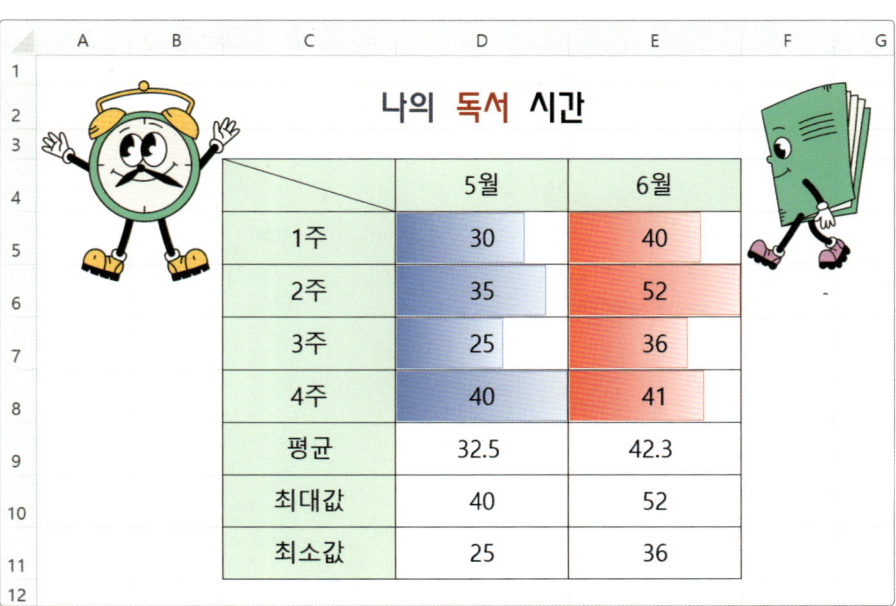

CHAPTER 19 친구들의 성적표를 지켜라!  127

# CHAPTER 20 가장 인기있는 직업은 무엇일까?

**학습목표**

- 표에 데이터를 입력한 후, 차트를 만들어 봅니다.
- 차트 서식을 변경한 후 그림을 넣어 차트를 완성해 봅니다.

숫자를 차트(그래프)로 표현하면 쉽게 확인 할 수 있어요.

## 배울 내용 미리보기!

📁 불러올 파일 : 직업.xlsx  📗 완성된 파일 : 직업(완성).xlsx

여러분이 좋아 하는 직업을 차트로 만들어 봅니다.

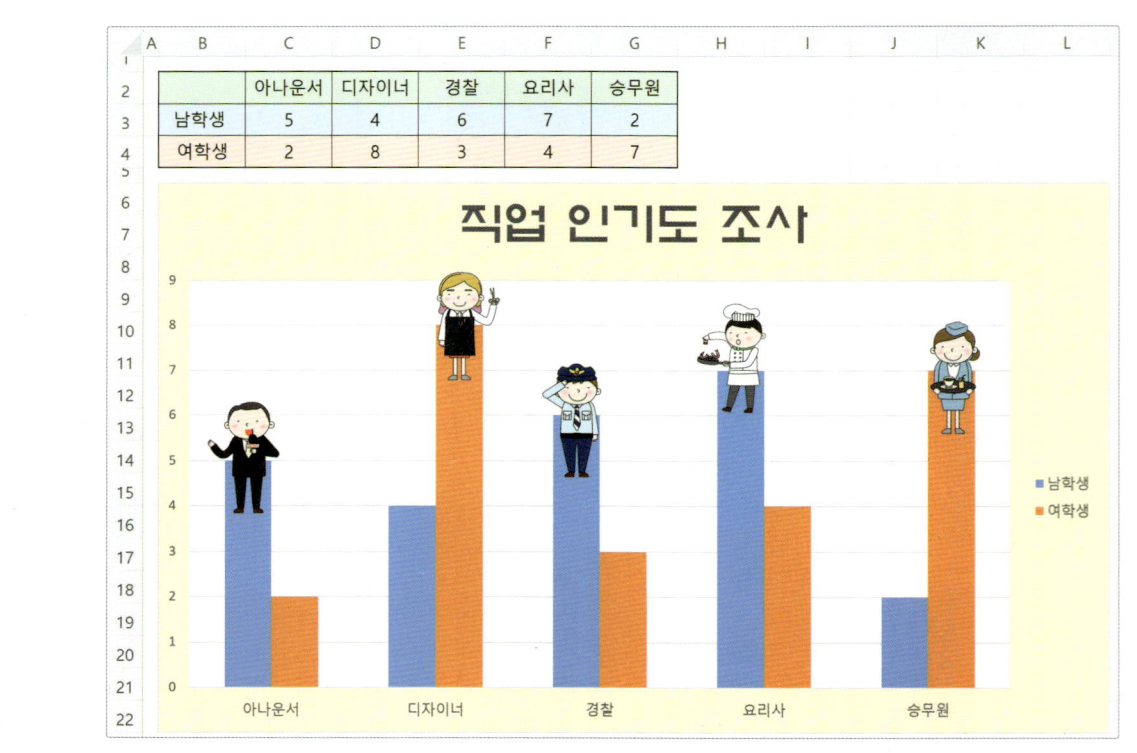

■ 서로 같은 그림에 동그라미 표시를 하고 다른 그림은 어디가 다른지 다른 부분을 체크해 보세요.

## 01 숫자는 '표' 보다는 '차트'가 훨 보기 좋아!

**1** [파일 탐색기]를 실행한 후, '직업.xlsx' 파일을 더블클릭하여 엑셀 파일을 자동으로 실행 및 불러옵니다.
➡ [파일탐색기]-[불러올 파일]-[20장]-'직업.xlsx'-[더블클릭]

CHAPTER 20 가장 인기있는 직업은 무엇일까? **129**

**2** 아래 그림과 같이 빈 곳에 맞게 데이터를 입력합니다.

|  | 아나운서 | 디자이너 | 경찰 | 요리사 | 승무원 |
|---|---|---|---|---|---|
| 남학생 | 5 | 4 | 6 | 7 | 2 |
| 여학생 | 2 | 8 | 3 | 4 | 7 |

**3** [B2:G4] 영역을 드래그하여 차트를 삽입합니다.
➡ [범위 지정]-[삽입]-[차트] 그룹-[세로 또는 가로 막대형 차트 삽입]-[2차원 세로 막대형]-[묶은 세로 막대형]

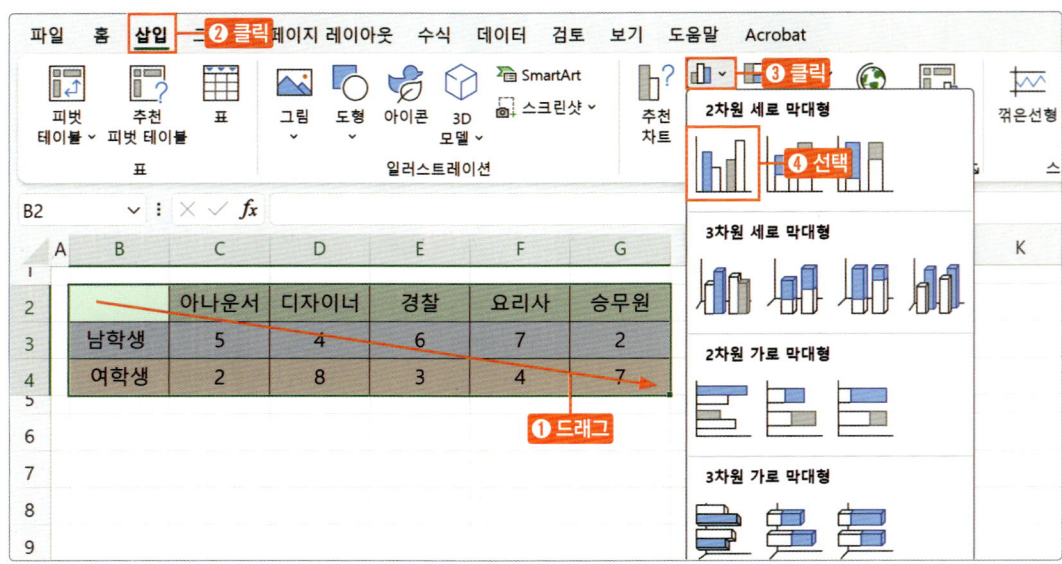

**4** 만들어진 차트를 Alt 키를 누른 채 크기 및 위치를 [B6:L22] 범위에 맞게 조절합니다.

셀에 맞게 크기와 위치를 자동으로 맞추어요.

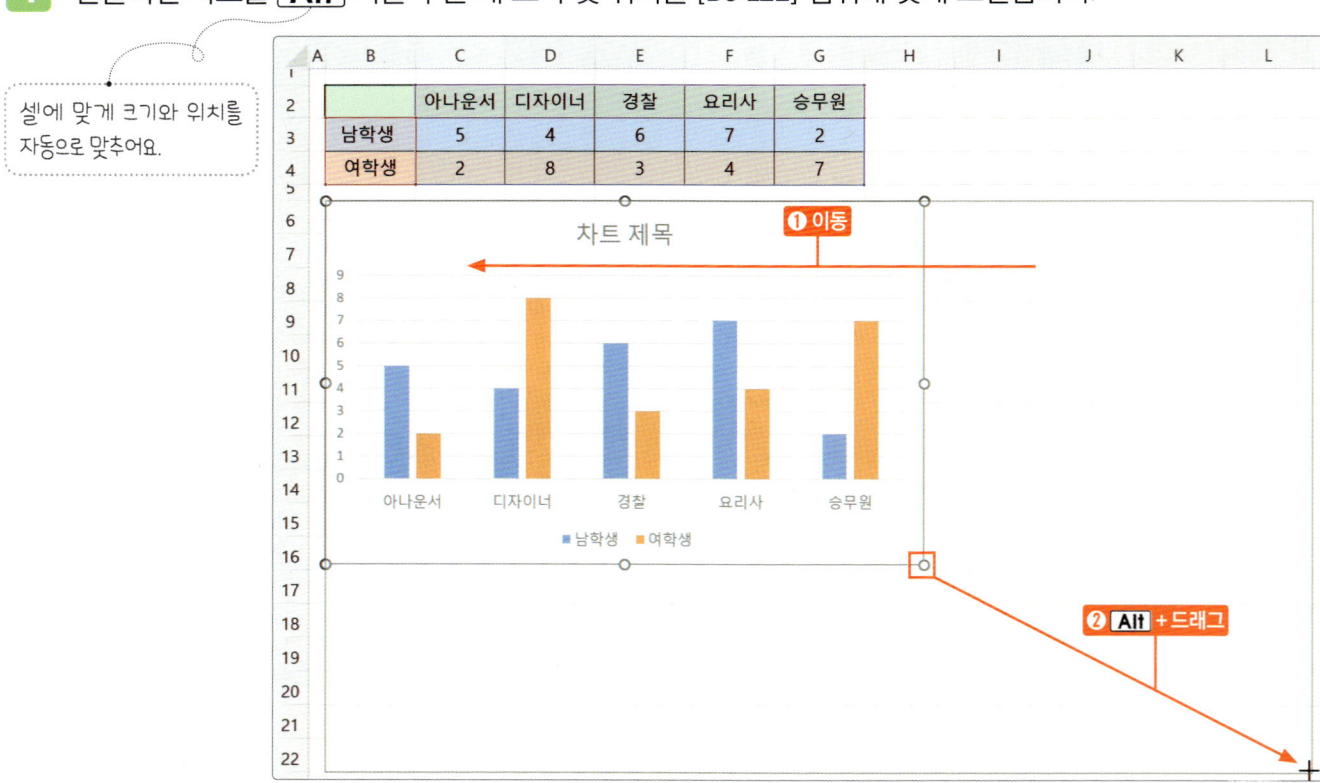

## 02 차트를 좀 더 예쁘게 바꾸어 볼까!

**1** 차트의 제목을 클릭하고 '직업 인기도 조사'를 입력한 후, 차트의 종류를 변경합니다.

➡ [제목 입력]-[차트 디자인]-[차트 레이아웃] 그룹-[빠른 레이아웃]-[레이아웃 1]

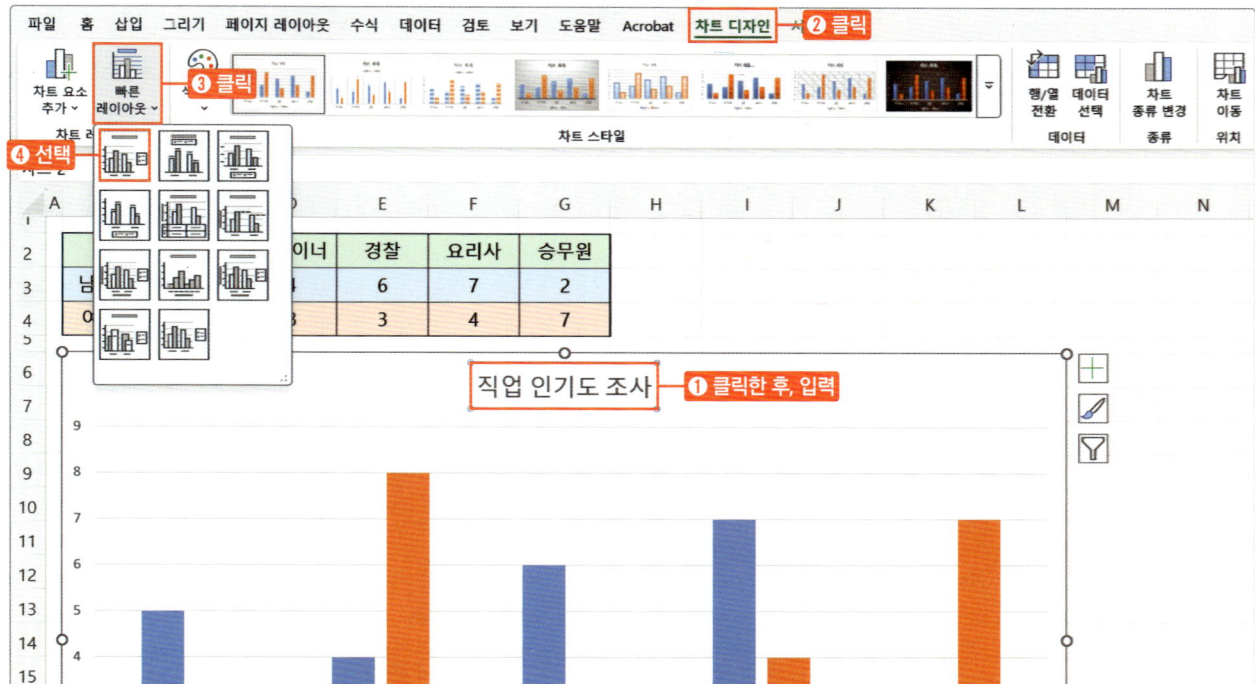

**2** 차트 테두리 부분(차트 영역)을 클릭하고 차트의 채우기 색을 추가합니다.

➡ [차트 테두리 선택(클릭)]-[서식]-[도형 스타일] 그룹-[도형 채우기]-[색상 선택]

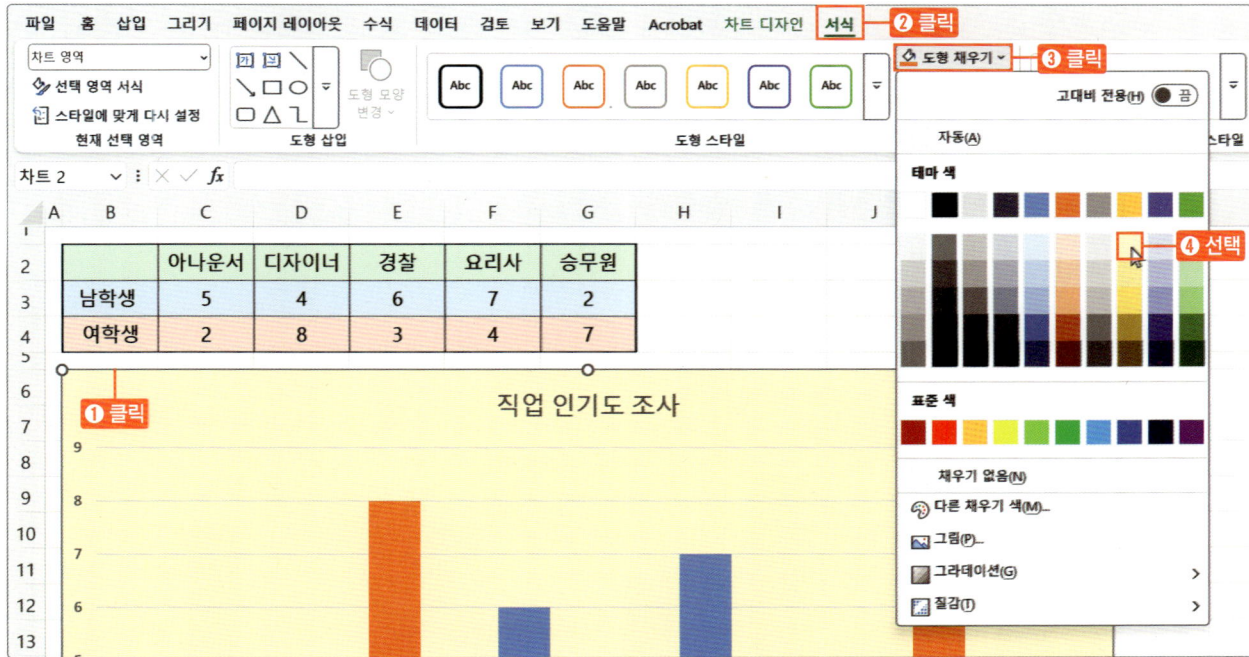

CHAPTER 20 가장 인기있는 직업은 무엇일까?

3 그림 영역을 클릭하고 그림 영역의 채우기 색을 추가합니다.

➡ [그림 영역 선택(클릭)]-[서식]-[도형 스타일] 그룹-[도형 채우기]-[색상 선택]

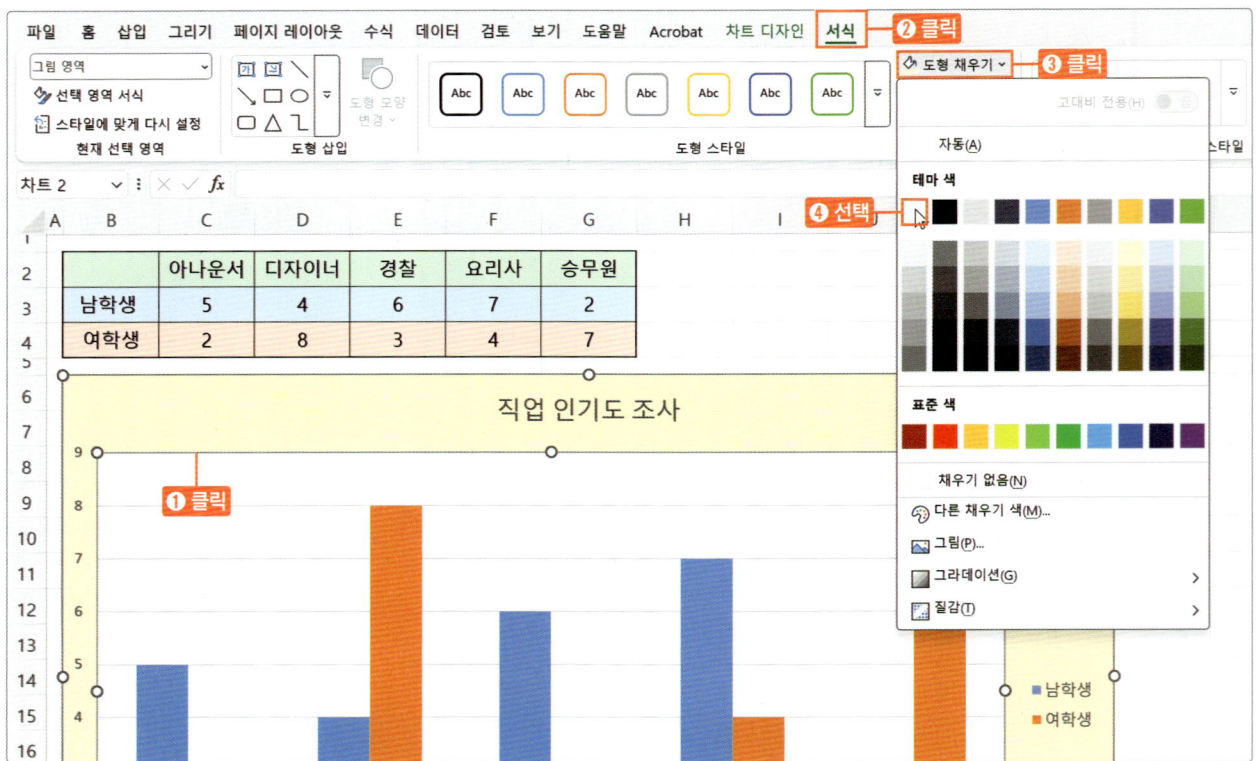

4 제목 테두리를 클릭하고 글꼴을 변경합니다.

➡ [홈]-[글꼴] 그룹-[글꼴(휴먼엑스포, 28pt) 선택]

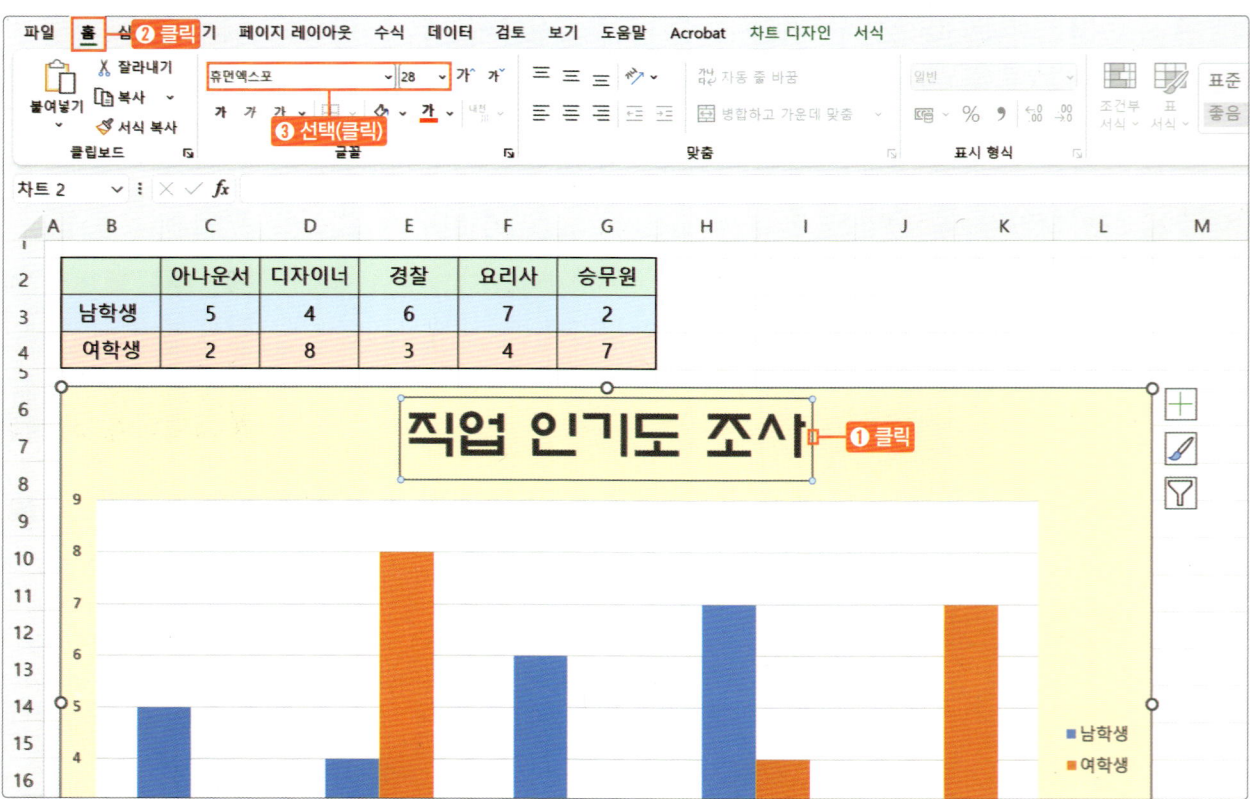

**5** 각각의 차트에 그림을 추가합니다.

➡ [삽입]-[일러스트레이션] 그룹-[그림]-[이 디바이스]-[불러올 파일]-[20장]-[그림 선택 및 삽입]-[그림 이동]

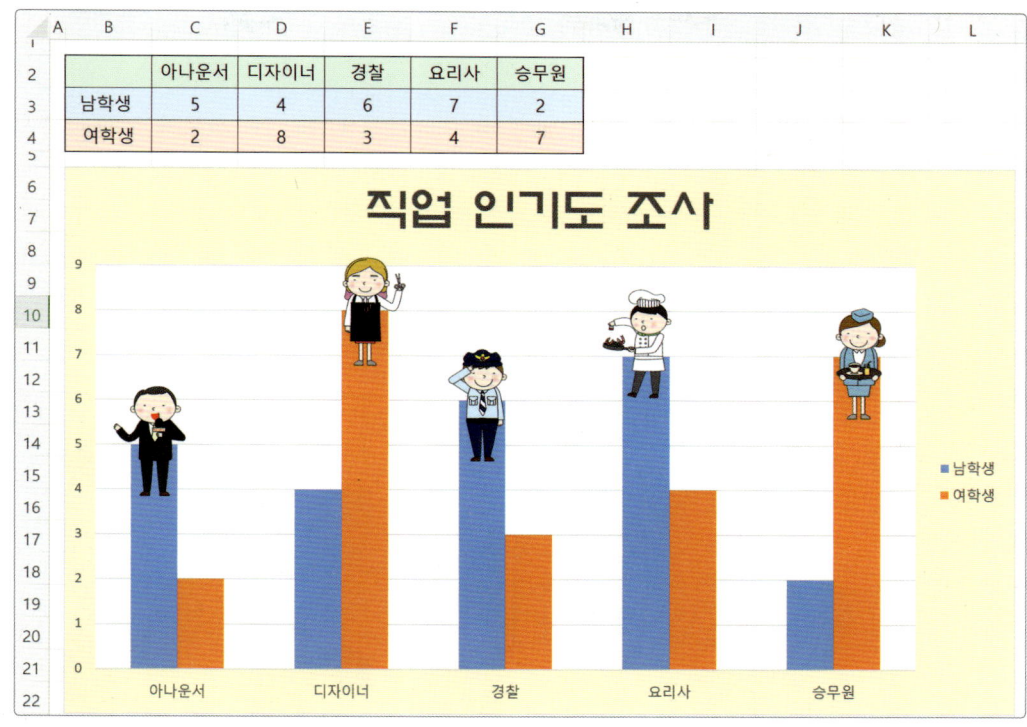

## CHAPTER 20 혼자서 뚝딱 뚝딱

☐ 지금하기  ☐ 나중에 하기

📂 불러올 파일 : 미션_01.xlsx   📄 완성된 파일 : 미션_01(완성).xlsx

**1** '미션_01.xlsx' 파일을 열어 아래 그림을 참고하여 완성해 보세요.

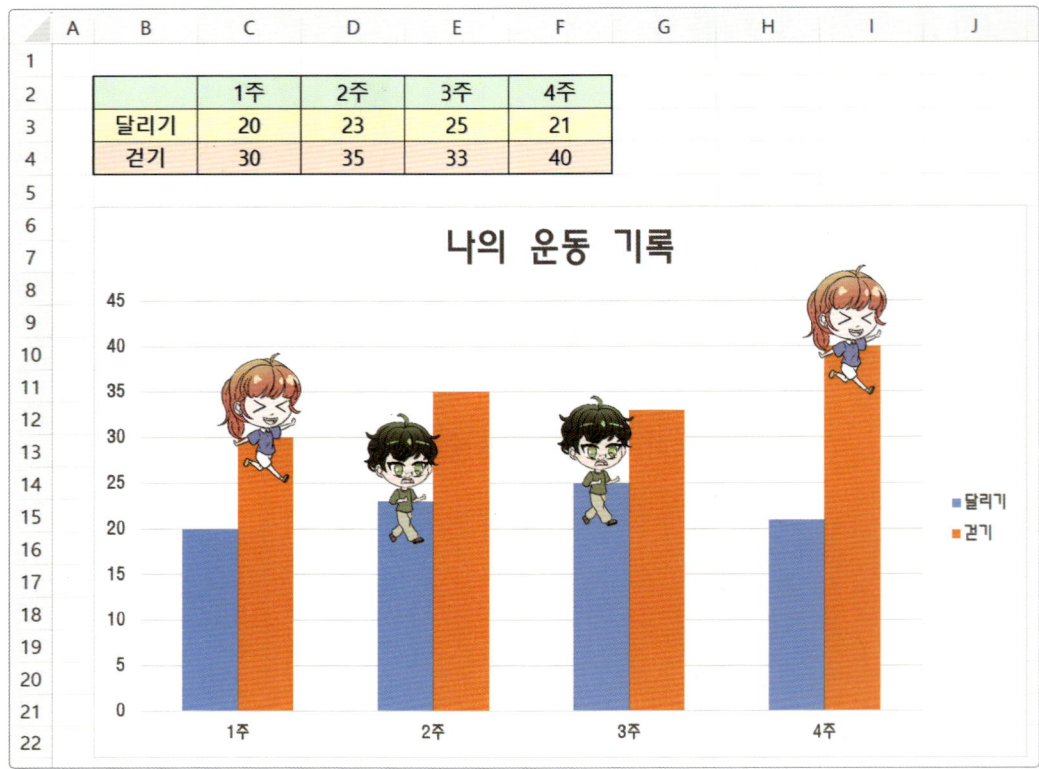

**1** 데이터의 범위 [B2:F4]를 지정한 후, 차트를 만듭니다.

**2** 만들어진 차트에 원하는 그림을 찾아 추가합니다.

# CHAPTER 21
## 나는 기상학자가 될거야!

**학습목표**
- 숫자 표시 형식을 사용합니다.
- 기온 그래프를 만듭니다.

📁 불러올 파일 : 기온.xlsx   📄 완성된 파일 : 기온(완성).xlsx

우리나라는 여름철에 비가 가장 많이 와요! 차트를 통해 표현해 볼까요!

우와~ 이렇게 표시하니까 쉽게 알아볼 수 있네~

직업을 아나운서에서 기상 캐스터로 바꾸어 볼까!

| 월 | 최저기온(℃) | 최고기온(℃) | 평균기온(℃) |
|---|---|---|---|
| 1월 | -4.8 | 6.2 | 0.3 |
| 2월 | -4.1 | 7.2 | 1.2 |
| 3월 | 3.0 | 15.5 | 9.1 |
| 4월 | 8.0 | 22.5 | 15.2 |
| 5월 | 12.7 | 27.0 | 19.9 |
| 6월 | 18.8 | 29.5 | 23.6 |
| 7월 | 23.1 | 32.0 | 27.0 |
| 8월 | 22.3 | 30.1 | 25.7 |
| 9월 | 16.7 | 26.7 | 21.0 |
| 10월 | 9.0 | 21.0 | 14.5 |
| 11월 | 3.7 | 16.9 | 9.4 |
| 12월 | -4.9 | 5.0 | -0.4 |

[출처 : 기상청]

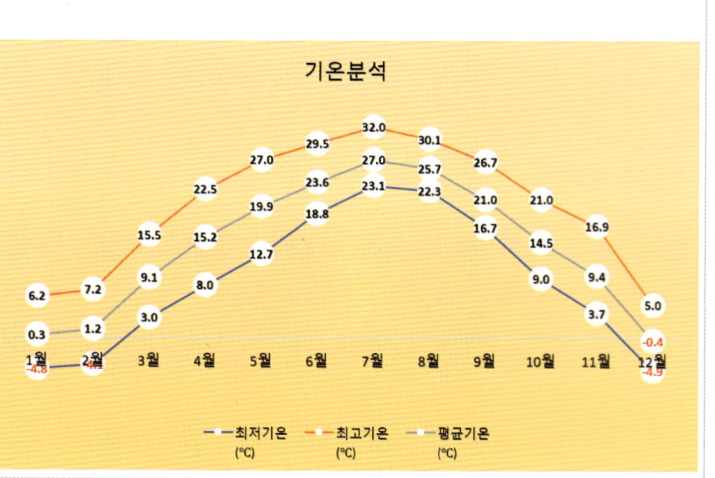

**1** 다음은 어떤 계절일까요? 선을 그어 표시해 봅니다.

**2** 다음은 어떤 날씨일까요? 선을 그어 표시해 봅니다.

## 01 데이터를 표시하는 방식을 바꾸어 보자!

**1** [파일 탐색기]를 실행한 후, '기온.xlsx' 파일을 더블클릭하여 엑셀 파일을 자동으로 실행 및 불러옵니다.
➡ [파일 탐색기]-[불러올 파일]-[21장]-'기온.xlsx'-[더블클릭]

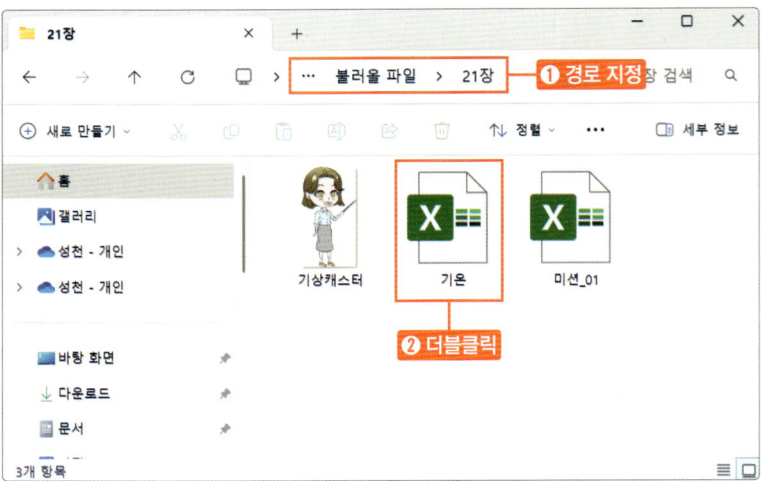

**2** [C4] 셀부터 [E15] 셀의 표시 형식을 변경합니다.
➡ [범위 지정]-[홈]-[표시 형식] 그룹-'표시 형식(⤡)' 클릭

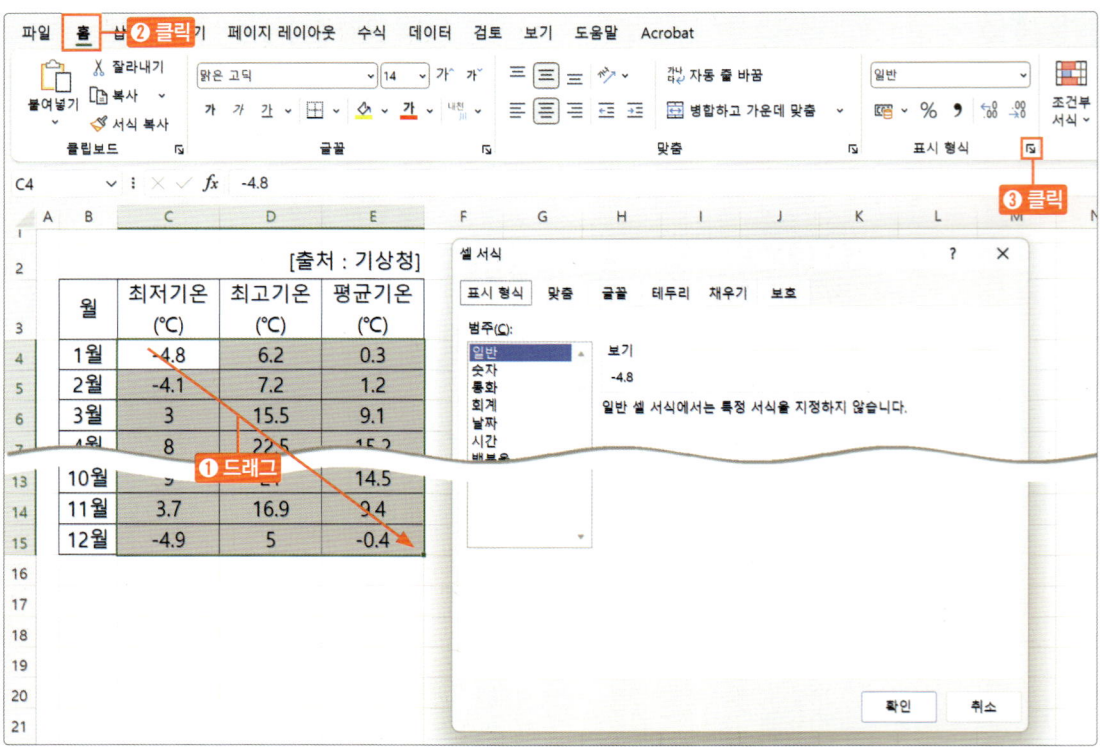

**3** [셀 서식] 대화상자에서 [표시 형식]을 변경합니다.

➡ [표시 형식] 탭-[범주]-'숫자' 선택
➡ '소수 자릿수'-위쪽 단추(▲)를 한 번 눌러 '1'로 변경
➡ [음수]-5번째 '-1234.0' 선택-<확인>

소수점 뒤 한 자리만 표시

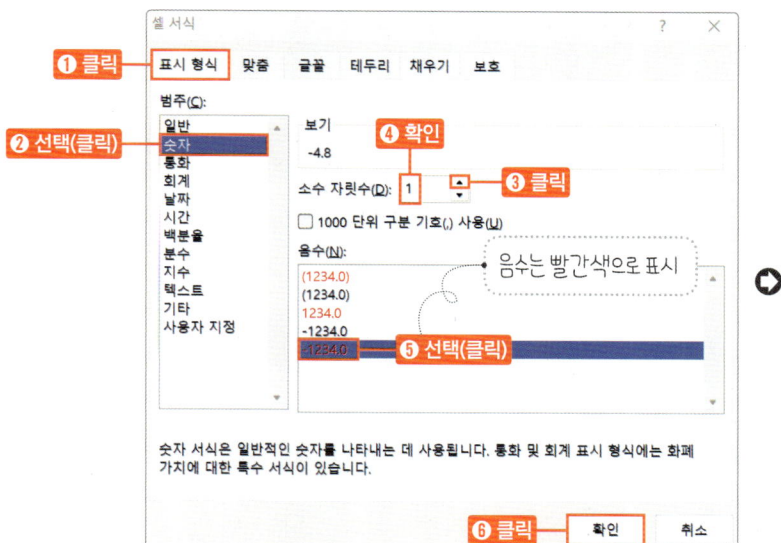

---

## 02 어~ 이런 차트(그래프)도 있네!

**1** [B3] 셀부터 [E15] 셀까지 드래그한 후, 추천 차트를 삽입합니다.

➡ [범위 지정]-[삽입]-[차트] 그룹-[추천 차트()]-[꺾은선형]-<확인>

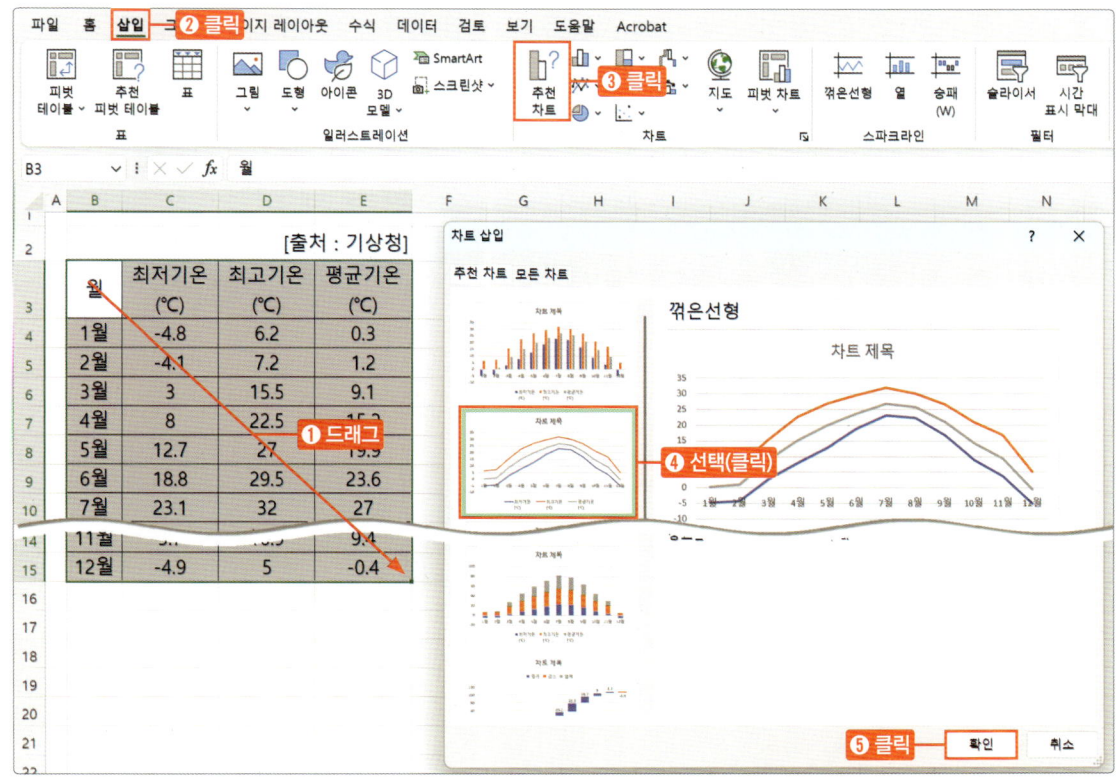

CHAPTER 21 나는 기상학자가 될거야! **139**

2  삽입된 차트를 드래그해서 [F3] 셀 위치로 이동하고 오른쪽 아래 크기 조절점을 [N15] 셀까지 드래그해서 조절합니다.

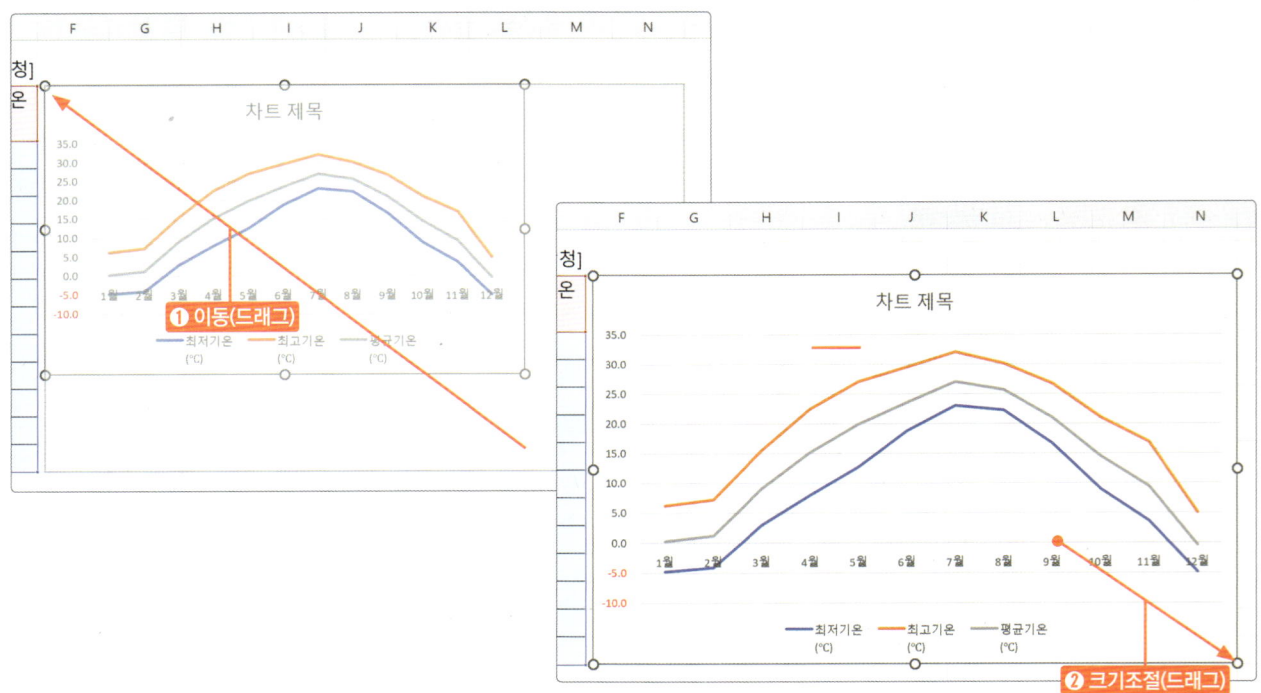

## 03 차트 스타일을 바꿔 더 예쁘게~

1  삽입된 차트의 [차트 제목]을 '기온분석'으로 입력하고 차트 스타일을 변경합니다.
➡ [차트 제목 범위 지정]-[제목 수정]-[차트 디자인]-[차트 스타일] 그룹-'스타일 7' 선택

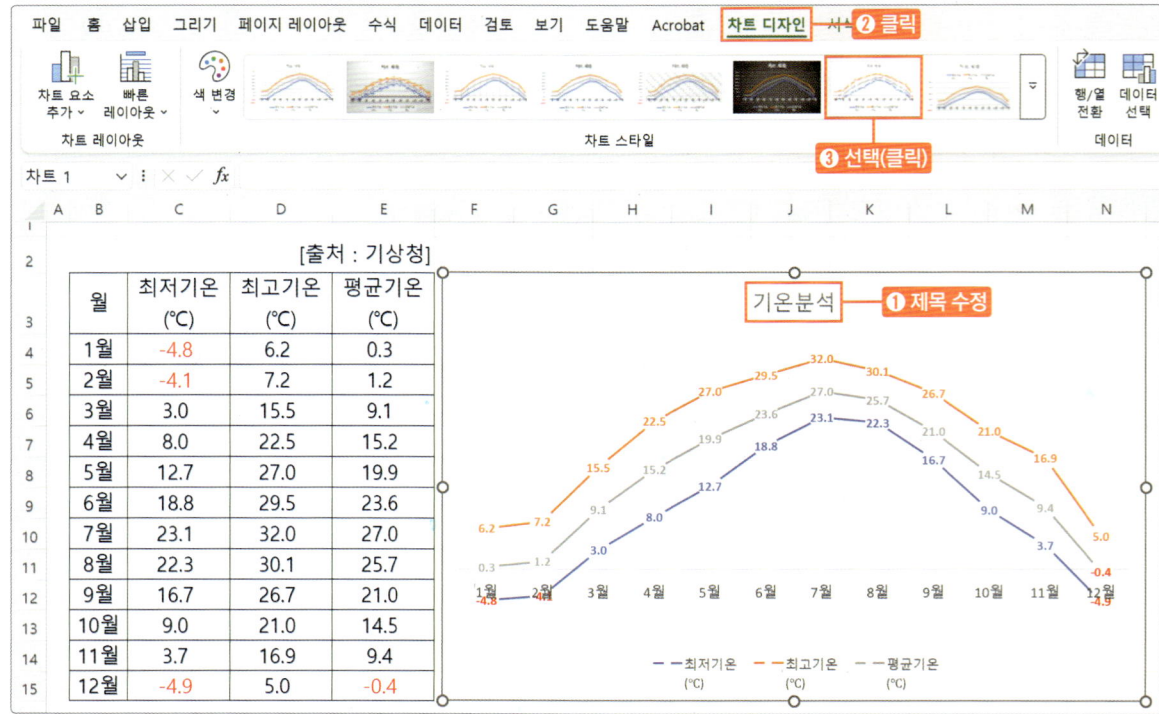

140  돌아온 꿈트리_엑셀 2021

**2** 차트가 선택된 상태에서 서식을 변경합니다.

➡ [서식]-[도형 스타일] 그룹-[빠른 스타일(▽)]-[테마 스타일]-'미세 효과 – 황금색, 강조 4'

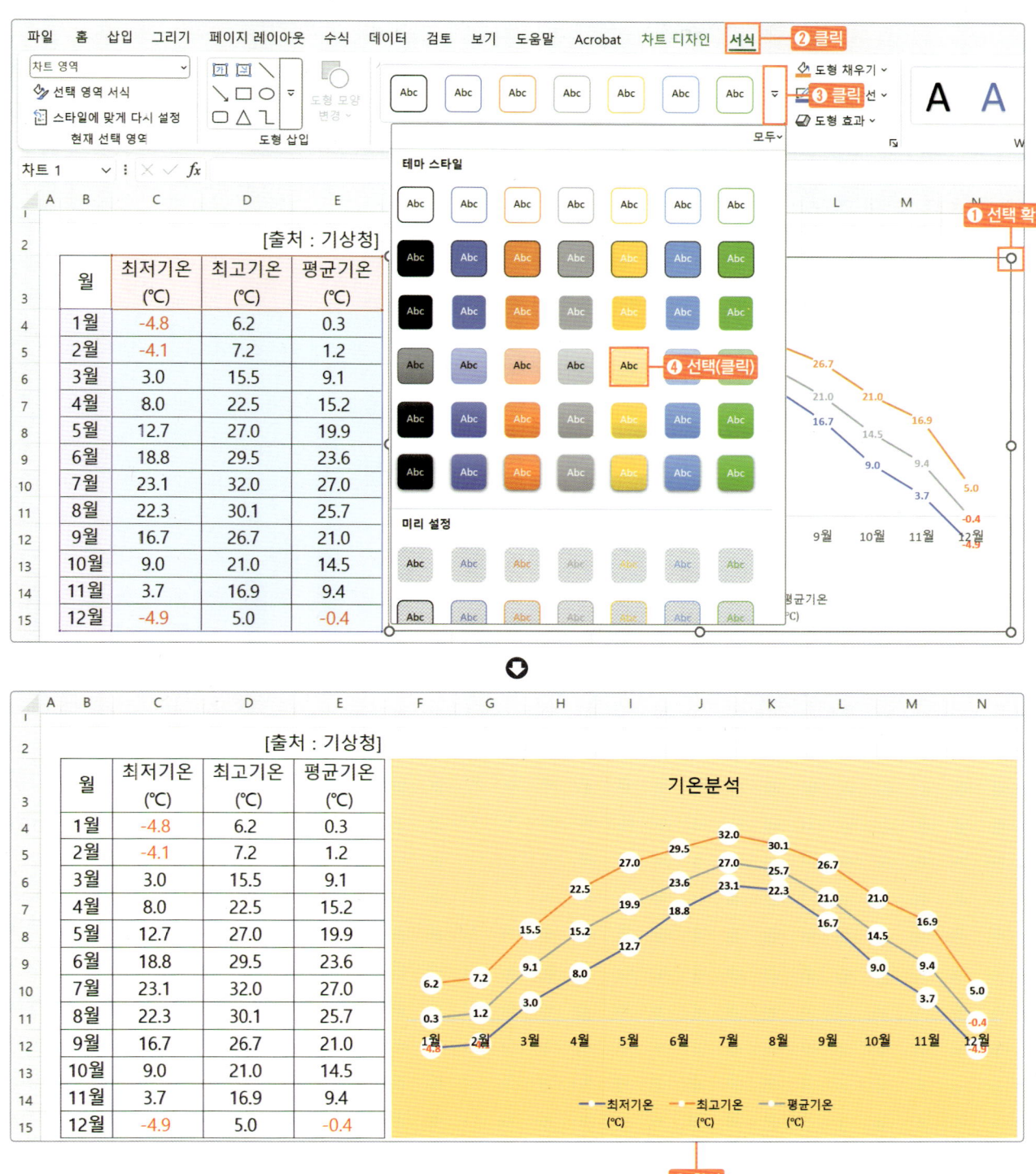

CHAPTER 21 나는 기상학자가 될거야! **141**

☐ 지금하기  ☐ 나중에 하기

📁 불러올 파일 : 미션_01.xlsx    💾 완성된 파일 : 미션_01(완성).xlsx

**1** '미션_01.xlsx' 파일을 열어 아래 그림을 참고하여 완성해 봅니다.

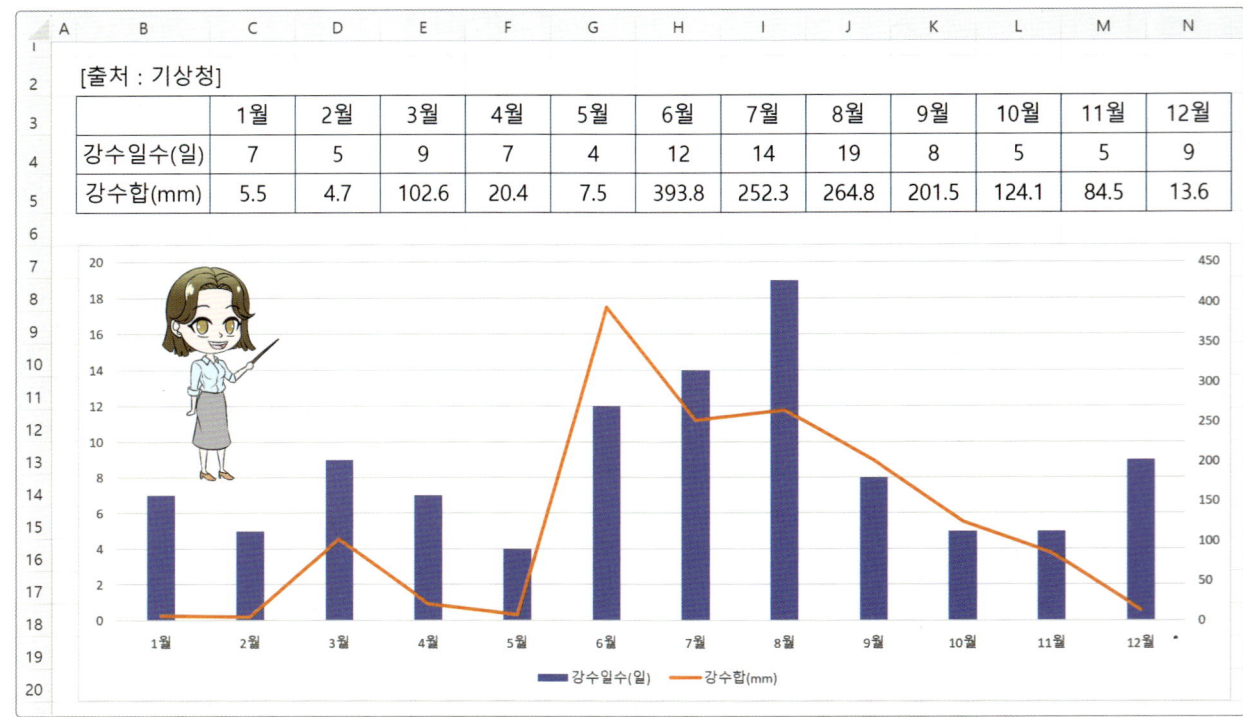

| | 1월 | 2월 | 3월 | 4월 | 5월 | 6월 | 7월 | 8월 | 9월 | 10월 | 11월 | 12월 |
|---|---|---|---|---|---|---|---|---|---|---|---|---|
| 강수일수(일) | 7 | 5 | 9 | 7 | 4 | 12 | 14 | 19 | 8 | 5 | 5 | 9 |
| 강수합(mm) | 5.5 | 4.7 | 102.6 | 20.4 | 7.5 | 393.8 | 252.3 | 264.8 | 201.5 | 124.1 | 84.5 | 13.6 |

[출처 : 기상청]

**1** [B3] 셀부터 [N5] 셀까지 범위를 지정합니다.

**2** [추천 차트]-[모든 차트]-[혼합]-[묶은 새로 막대형-꺾은선형, 보조 축]을 선택합니다.

**3** 차트 제목을 삭제하고 차트 크기를 위 그림을 참고하여 조절합니다.

**4** '기상캐스터.png' 그림을 추가합니다.

# CHAPTER 22
# 엑셀로 배우는 구구단

**학습목표**
• 계산식과 자동 합계를 이용하여 구구단을 완성해 봅니다.

### 배울 내용 미리보기!

📁 불러올 파일 : 구구단.xlsx    📄 완성된 파일 : 구구단(완성).xlsx

| | B | C | D | E | F | G | H | I | J | K | L | M | N | O | P |
|---|---|---|---|---|---|---|---|---|---|---|---|---|---|---|---|
| 2 | | 2단 | | | | 3단 | | | | 4단 | | | | 5단 | |
| 3 | 2 | 1 | 2 | | 3 | 1 | 3 | | 4 | 1 | 4 | | 5 | 1 | 5 |
| 4 | 2 | 2 | 4 | | 3 | 2 | 6 | | 4 | 2 | 8 | | 5 | 2 | 10 |
| 5 | 2 | 3 | 6 | | 3 | 3 | 9 | | 4 | 3 | 12 | | 5 | 3 | 15 |
| 6 | 2 | 4 | 8 | | 3 | 4 | 12 | | 4 | 4 | 16 | | 5 | 4 | 20 |
| 7 | 2 | 5 | 10 | | 3 | 5 | 15 | | 4 | 5 | 20 | | 5 | 5 | 25 |
| 8 | 2 | 6 | 12 | | 3 | 6 | 18 | | 4 | 6 | 24 | | 5 | 6 | 30 |
| 9 | 2 | 7 | 14 | | 3 | 7 | 21 | | 4 | 7 | 28 | | 5 | 7 | 35 |
| 10 | 2 | 8 | 16 | | 3 | 8 | 24 | | 4 | 8 | 32 | | 5 | 8 | 40 |
| 11 | 2 | 9 | 18 | | 3 | 9 | 27 | | 4 | 9 | 36 | | 5 | 9 | 45 |
| 12 | | 합계 | 90 | | | 합계 | 135 | | | 합계 | 180 | | | 합계 | 225 |
| 14 | | 6단 | | | | 7단 | | | | 8단 | | | | 9단 | |
| 15 | 6 | 1 | 6 | | 7 | 1 | 7 | | 8 | 1 | 8 | | 9 | 1 | 9 |
| 16 | 6 | 2 | 12 | | 7 | 2 | 14 | | 8 | 2 | 16 | | 9 | 2 | 18 |
| 17 | 6 | 3 | 18 | | 7 | 3 | 21 | | 8 | 3 | 24 | | 9 | 3 | 27 |
| 18 | 6 | 4 | 24 | | 7 | 4 | 28 | | 8 | 4 | 32 | | 9 | 4 | 36 |
| 19 | 6 | 5 | 30 | | 7 | 5 | 35 | | 8 | 5 | 40 | | 9 | 5 | 45 |
| 20 | 6 | 6 | 36 | | 7 | 6 | 42 | | 8 | 6 | 48 | | 9 | 6 | 54 |
| 21 | 6 | 7 | 42 | | 7 | 7 | 49 | | 8 | 7 | 56 | | 9 | 7 | 63 |
| 22 | 6 | 8 | 48 | | 7 | 8 | 56 | | 8 | 8 | 64 | | 9 | 8 | 72 |
| 23 | 6 | 9 | 54 | | 7 | 9 | 63 | | 8 | 9 | 72 | | 9 | 9 | 81 |
| 24 | | 합계 | 270 | | | 합계 | 315 | | | 합계 | 360 | | | 합계 | 405 |

### 창의력 쑥쑥

■ 아래 배치된 그림의 숫자를 보고 빈 칸에 숫자를 입력하세요.

**힌트**
같은 그림의 배치를 보고 숫자를 추리해 보세요.

## 01 자! 구경하라구~ 내가 직접 만든 구구단표야!

1  [Excel 2021] 프로그램을 실행한 후, '구구단.xlsx' 엑셀 파일을 불러옵니다.
   ➡ [열기]-[찾아보기]-[불러올 파일]-[22장]-'구구단.xlsx'-<열기>

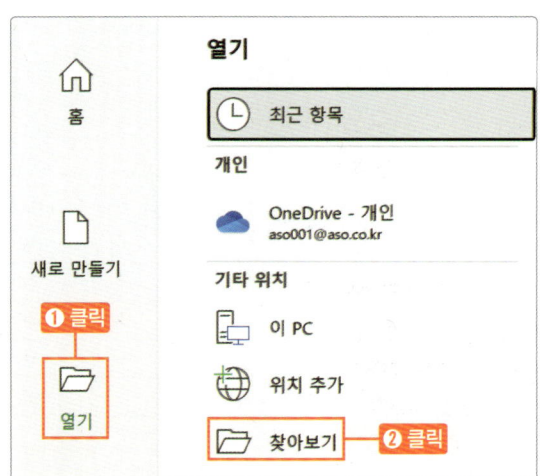
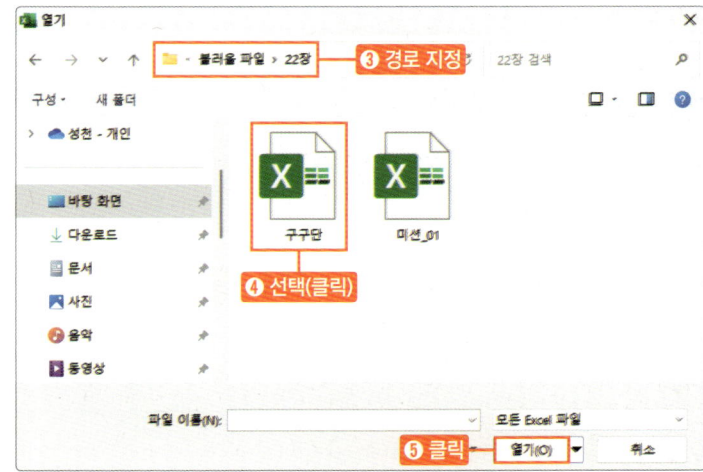

CHAPTER 22 엑셀로 배우는 구구단 **145**

**2** [D3] 셀에 구구단 '2×1'의 값을 구합니다.

➡ [D3] 셀 클릭-['=' 입력]-[B3] 셀 클릭-['*' 입력]-[C3] 셀 클릭-Enter

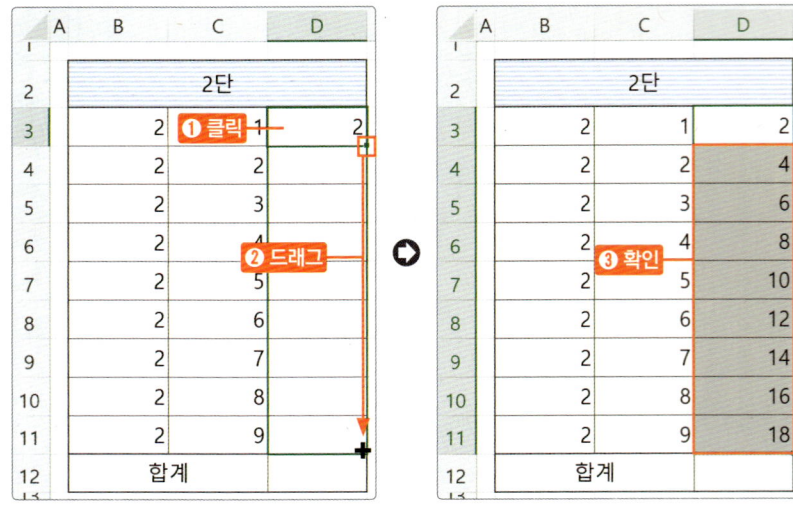

**3** [D3] 셀을 클릭하고 채우기 핸들을 [D11] 셀까지 드래그합니다.

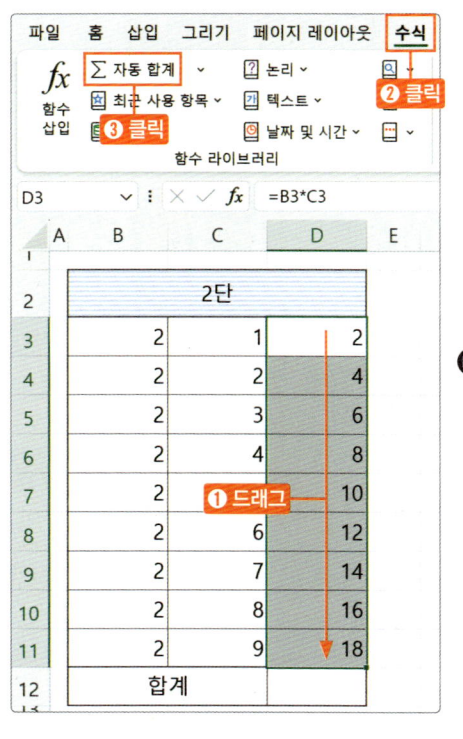

**4** [D3:D11] 영역의 자동 합계를 구합니다.

➡ [범위 지정]-[수식]-[함수라이브러리] 그룹-[자동 합계(∑)]

5 [B2:D12] 영역을 드래그한 후, 글꼴과 맞춤을 설정합니다. 이어서, [B2] 셀 글꼴을 변경합니다.

➤ [범위 지정]-[홈]-[글꼴] 그룹-'크기 12pt'
➤ [맞춤] 그룹-[가운데 맞춤(≡)]-두 번 클릭
➤ [B2] 영역-[홈]-[글꼴] 그룹-'HY견고딕', '크기 14pt'

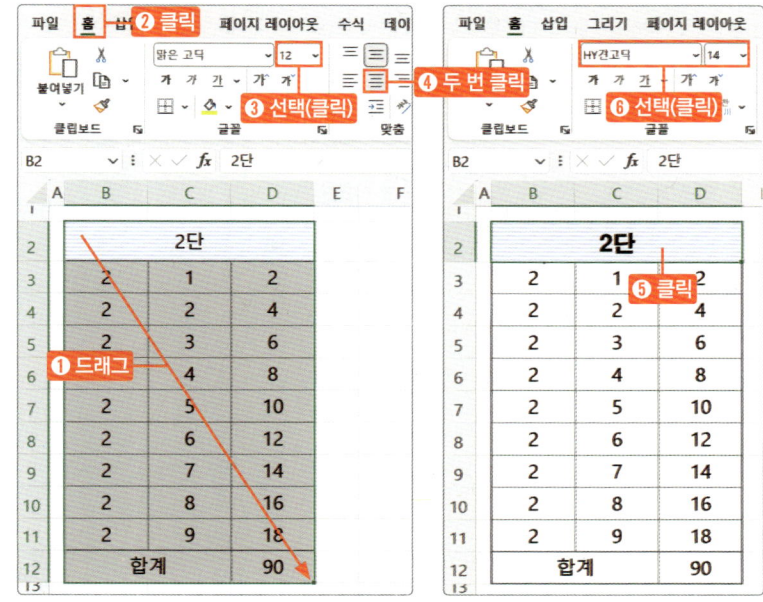

## 02 '3단'부터는 복사해서 바꾸면 간단하지!

1 구구단 '2단'을 복사하여 '3단'을 만들어 봅니다.

➤ [범위 지정]-Ctrl+C-[F2] 셀 클릭-Ctrl+V

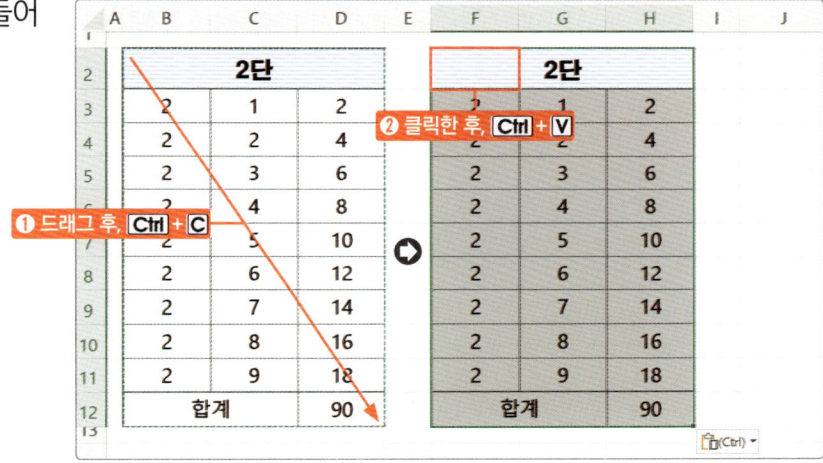

2 [F2] 셀을 '2단'을 '3단'으로 변경하고 채우기 색도 변경합니다.

➤ [F2 셀 클릭]-['3단' 입력]-[F2 셀 클릭]-[채우기 색 변경]

CHAPTER 22 엑셀로 배우는 구구단 **147**

**3** 붙여넣기 한 구구단 '3단'의 '2'를 '3'으로 변경합니다.

➡ [F3] 셀 클릭-['3' 입력]-[F3] 채우기 핸들(▦)을 [F11] 셀까지 드래그

|  | 3단 |  |
|---|---|---|
| ❶ 클릭한 후, '3' 입력 → 3 | 1 | 3 |
| 2 | 2 | 4 |
| 2 | 3 | 6 |
| 2 | 4 | 8 |
| 2 | 5 | 10 |
| 2 | 6 | 12 |
| 2 | 7 | 14 |
| 2 | 8 | 16 |
| 2 | 9 | 18 |
| 합계 |  | 91 |

|  | 3단 |  |
|---|---|---|
| 3 | 1 | 3 |
| 2 | 2 | 4 |
| 2 | 3 | 6 |
| 2 | 4 | 8 |
| 2 | 5 ❷ 드래그 | 10 |
| 2 | 6 | 12 |
| 2 | 7 | 14 |
| 2 | 8 | 16 |
| 2 | 9 | 18 |
| 합계 |  | 91 |

|  | 3단 |  |
|---|---|---|
| 3 | 1 | 3 |
| 3 | 2 | 6 |
| 3 | 3 | 9 |
| 3 | 4 | 12 |
| 3 | 5 ❸ 확인 | 15 |
| 3 | 6 | 18 |
| 3 | 7 | 21 |
| 3 | 8 | 24 |
| 3 | 9 | 27 |
| 합계 |  | 135 |

❹ 확인 : 3단 값으로 자동 변경

**4** 같은 방법으로 4단~9단을 만들어서 작품을 완성합니다.

| 2단 |  |  |  | 3단 |  |  | 4단 |  |  | 5단 |  |
|---|---|---|---|---|---|---|---|---|---|---|---|
| 2 | 1 | 2 | 3 | 1 | 3 | 4 | 1 | 4 | 5 | 1 | 5 |
| 2 | 2 | 4 | 3 | 2 | 6 | 4 | 2 | 8 | 5 | 2 | 10 |
| 2 | 3 | 6 | 3 | 3 | 9 | 4 | 3 | 12 | 5 | 3 | 15 |
| 2 | 4 | 8 | 3 | 4 | 12 | 4 | 4 | 16 | 5 | 4 | 20 |
| 2 | 5 | 10 | 3 | 5 | 15 | 4 | 5 | 20 | 5 | 5 | 25 |
| 2 | 6 | 12 | 3 | 6 | 18 | 4 | 6 | 24 | 5 | 6 | 30 |
| 2 | 7 | 14 | 3 | 7 | 21 | 4 | 7 | 28 | 5 | 7 | 35 |
| 2 | 8 | 16 | 3 | 8 | 24 | 4 | 8 | 32 | 5 | 8 | 40 |
| 2 | 9 | 18 | 3 | 9 | 27 | 4 | 9 | 36 | 5 | 9 | 45 |
| 합계 |  | 90 | 합계 |  | 135 | 합계 |  | 180 | 합계 |  | 225 |

| 6단 |  |  | 7단 |  |  | 8단 |  |  | 9단 |  |  |
|---|---|---|---|---|---|---|---|---|---|---|---|
| 6 | 1 | 6 | 7 | 1 | 7 | 8 | 1 | 8 | 9 | 1 | 9 |
| 6 | 2 | 12 | 7 | 2 | 14 | 8 | 2 | 16 | 9 | 2 | 18 |
| 6 | 3 | 18 | 7 | 3 | 21 | 8 | 3 | 24 | 9 | 3 | 27 |
| 6 | 4 | 24 | 7 | 4 | 28 | 8 | 4 | 32 | 9 | 4 | 36 |
| 6 | 5 | 30 | 7 | 5 | 35 | 8 | 5 | 40 | 9 | 5 | 45 |
| 6 | 6 | 36 | 7 | 6 | 42 | 8 | 6 | 48 | 9 | 6 | 54 |
| 6 | 7 | 42 | 7 | 7 | 49 | 8 | 7 | 56 | 9 | 7 | 63 |
| 6 | 8 | 48 | 7 | 8 | 56 | 8 | 8 | 64 | 9 | 8 | 72 |
| 6 | 9 | 54 | 7 | 9 | 63 | 8 | 9 | 72 | 9 | 9 | 81 |
| 합계 |  | 270 | 합계 |  | 315 | 합계 |  | 360 | 합계 |  | 405 |

# CHAPTER 22

혼자서 뚝딱 뚝딱

☐ 지금하기  ☐ 나중에 하기

📁 불러올 파일 : 미션_01.xlsx    📄 완성된 파일 : 미션_01(완성).xlsx

**1** '미션_01.xlsx' 파일을 열어 아래 그림을 참고하여 10단 ~ 19단을 완성해 봅니다.

| | 10단 | | | | 11단 | | | | 12단 | | | | 13단 | | | | 14단 | | |
|---|---|---|---|---|---|---|---|---|---|---|---|---|---|---|---|---|---|---|---|
| | 10 | 1 | 10 | | 11 | 1 | 11 | | 12 | 1 | 12 | | 13 | 1 | 13 | | 14 | 1 | 14 |
| | 10 | 2 | 20 | | 11 | 2 | 22 | | 12 | 2 | 24 | | 13 | 2 | 26 | | 14 | 2 | 28 |
| | 10 | 3 | 30 | | 11 | 3 | 33 | | 12 | 3 | 36 | | 13 | 3 | 39 | | 14 | 3 | 42 |
| | 10 | 4 | 40 | | 11 | 4 | 44 | | 12 | 4 | 48 | | 13 | 4 | 52 | | 14 | 4 | 56 |
| | 10 | 5 | 50 | | 11 | 5 | 55 | | 12 | 5 | 60 | | 13 | 5 | 65 | | 14 | 5 | 70 |
| | 10 | 6 | 60 | | 11 | 6 | 66 | | 12 | 6 | 72 | | 13 | 6 | 78 | | 14 | 6 | 84 |
| | 10 | 7 | 70 | | 11 | 7 | 77 | | 12 | 7 | 84 | | 13 | 7 | 91 | | 14 | 7 | 98 |
| | 10 | 8 | 80 | | 11 | 8 | 88 | | 12 | 8 | 96 | | 13 | 8 | 104 | | 14 | 8 | 112 |
| | 10 | 9 | 90 | | 11 | 9 | 99 | | 12 | 9 | 108 | | 13 | 9 | 117 | | 14 | 9 | 126 |
| | 합계 | | 450 | | 합계 | | 495 | | 합계 | | 540 | | 합계 | | 585 | | 합계 | | 630 |
| | 15단 | | | | 16단 | | | | 17단 | | | | 18단 | | | | 19단 | | |
| | 15 | 1 | 15 | | 16 | 1 | 16 | | 17 | 1 | 17 | | 18 | 1 | 18 | | 19 | 1 | 19 |
| | 15 | 2 | 30 | | 16 | 2 | 32 | | 17 | 2 | 34 | | 18 | 2 | 36 | | 19 | 2 | 38 |
| | 15 | 3 | 45 | | 16 | 3 | 48 | | 17 | 3 | 51 | | 18 | 3 | 54 | | 19 | 3 | 57 |
| | 15 | 4 | 60 | | 16 | 4 | 64 | | 17 | 4 | 68 | | 18 | 4 | 72 | | 19 | 4 | 76 |
| | 15 | 5 | 75 | | 16 | 5 | 80 | | 17 | 5 | 85 | | 18 | 5 | 90 | | 19 | 5 | 95 |
| | 15 | 6 | 90 | | 16 | 6 | 96 | | 17 | 6 | 102 | | 18 | 6 | 108 | | 19 | 6 | 114 |
| | 15 | 7 | 105 | | 16 | 7 | 112 | | 17 | 7 | 119 | | 18 | 7 | 126 | | 19 | 7 | 133 |
| | 15 | 8 | 120 | | 16 | 8 | 128 | | 17 | 8 | 136 | | 18 | 8 | 144 | | 19 | 8 | 152 |
| | 15 | 9 | 135 | | 16 | 9 | 144 | | 17 | 9 | 153 | | 18 | 9 | 162 | | 19 | 9 | 171 |
| | 합계 | | 675 | | 합계 | | 720 | | 합계 | | 765 | | 합계 | | 810 | | 합계 | | 855 |

**1** 10단 부터 완성합니다.

**2** 10단 내용만 복사하여 붙이기하는 방법으로 19단까지 완성합니다.

**3** 각 단에 맞도록 숫자를 수정합니다.

# CHAPTER 23
## 오늘은 분식 배달 시킬까? 얼마야?

**학습목표**
- 텍스트 표시 형식을 설정합니다.
- 사용자 지정 표시 형식을 설정합니다.
- 셀에 계산식을 입력합니다.

📁 불러올 파일 : 분식 배달.xlsx  📄 완성된 파일 : 분식 배달(완성).xlsx

| | A | B | C | D | E | F | G |
|---|---|---|---|---|---|---|---|
| 1 | | | | | | | |
| 2 | | 단품 | | 튀김 | | 세트 | |
| 3 | | 떡볶이 | 3,500원 | 김말이튀김 | 3,500원 | 김떡순 | 13,000원 |
| 4 | | 어묵 | 4,000원 | 고구마튀김 | 5,000원 | 떡튀순 | 11,000원 |
| 5 | | 순대 | 5,000원 | 어묵튀김 | 4,000원 | 김떡순튀 | 14,000원 |
| 6 | | 라면 | 3,500원 | 만두튀김 | 5,000원 | 김떡순튀오 | 17,000원 |
| 7 | | 김밥 | 1,500원 | 소시지튀김 | 3,500원 | 음료 | |
| 8 | | 왕만두 | 4,000원 | 오징어튀김 | 3,500원 | 콜라 | 1,000원 |
| 9 | | 쫄면 | 3,500원 | 새우튀김 | 3,500원 | 사이다 | 1,000원 |
| 10 | | | | | | | |
| 11 | | 날짜 | 품명 | 판매갯수 | 합계금액 | | |
| 12 | | 03월 10일 | 김떡순 | 10개 | 130,000원 | | |
| 13 | | 03월 10일 | 고구마튀김 | 5개 | 25,000원 | | |
| 14 | | 03월 10일 | 순대 | 3개 | 15,000원 | | |
| 15 | | 03월 10일 | 떡볶이 | 4개 | 14,000원 | | |

■ 다음은 딸기 샌드위치를 만드는 방법을 적어놓은 상자가 있어요. 빈 칸에 올바른 샌드위치를 만들기 위한 번호를 적어보세요.

① 맛있게 먹는다.

② 식빵에 치즈도 한 장 올린다.

③ 버터나이프로 딸기잼을 비스켓에 바른다.

④ 식빵을 꺼내서 도마 위에 올린다.

정답 입력

## 01 '김말이' 보다는 '김말이 튀김'이 맞지 않나?

**1** [Excel 2021] 프로그램을 실행한 후, '분식 배달.xlsx' 엑셀 파일을 불러옵니다.
➡ [열기]-[찾아보기]-[불러올 파일]-[23장]-'분식 배달.xlsx'-<열기>

**2** [D3] 셀부터 [D9] 셀에 영역을 지정한 후 [셀 서식]에서 표시 형식을 지정합니다.
➡ [범위 지정]-[마우스 오른쪽 단추 클릭]-[셀 서식]

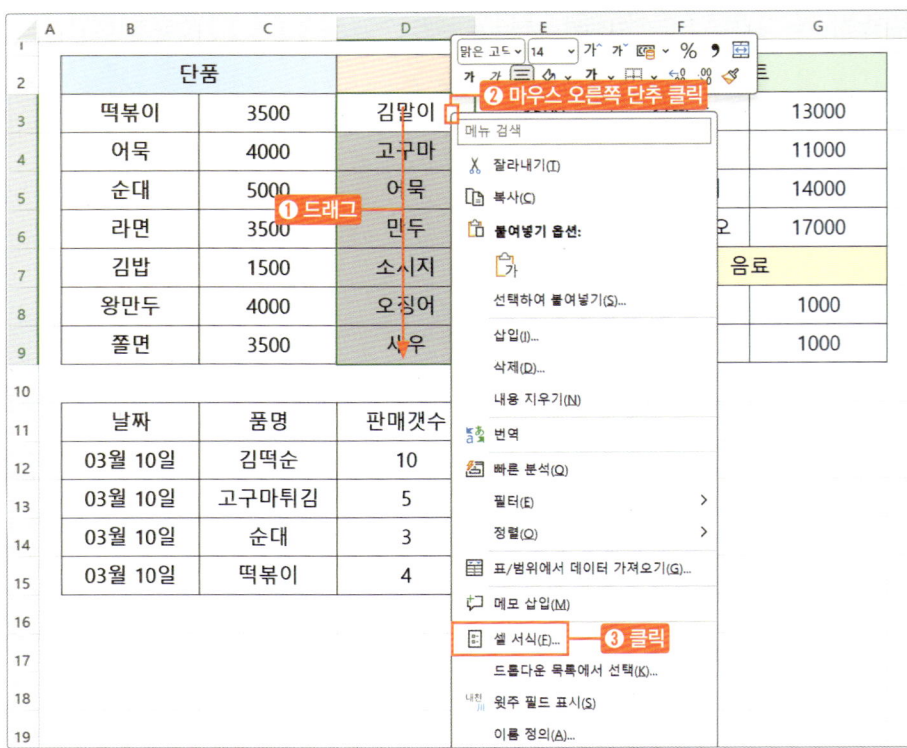

**3** [셀 서식] 대화상자가 나오면 원하는 형식을 지정합니다.
➡ [표시 형식]-[사용자 지정]-[형식]-'@' 선택-'@' 뒤 '튀김' 입력-<확인>

'김말이', '고구마', '어묵'~ 뒤에 '튀김'이라는 글자를 추가하는 거예요.

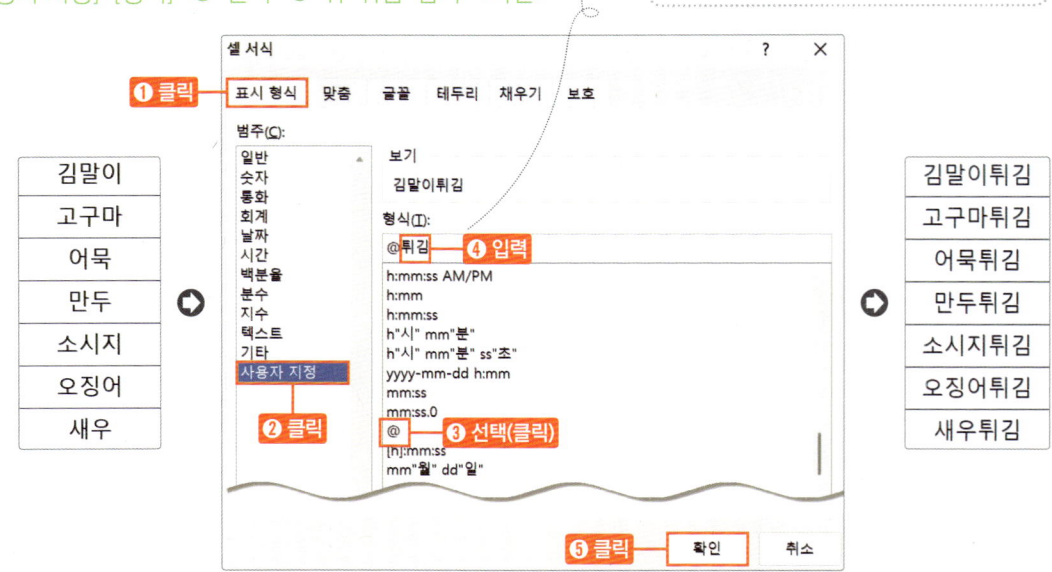

## 02 이제 숫자는 천 단위로 콤마(,)를, 숫자 뒤에는 '원'을 추가해 보자!

**1** 가격이 있는 각각의 셀을 블록으로 지정한 후, 마우스 오른쪽 단추를 눌러 [셀 서식]을 클릭합니다.
➡ [C3:C9 드래그]-[Ctrl+E3:E9 드래그]-[Ctrl+G3:G6 드래그]-[Ctrl+G8:G9 드래그]
➡ [마우스 오른쪽 단추]-[셀 서식]

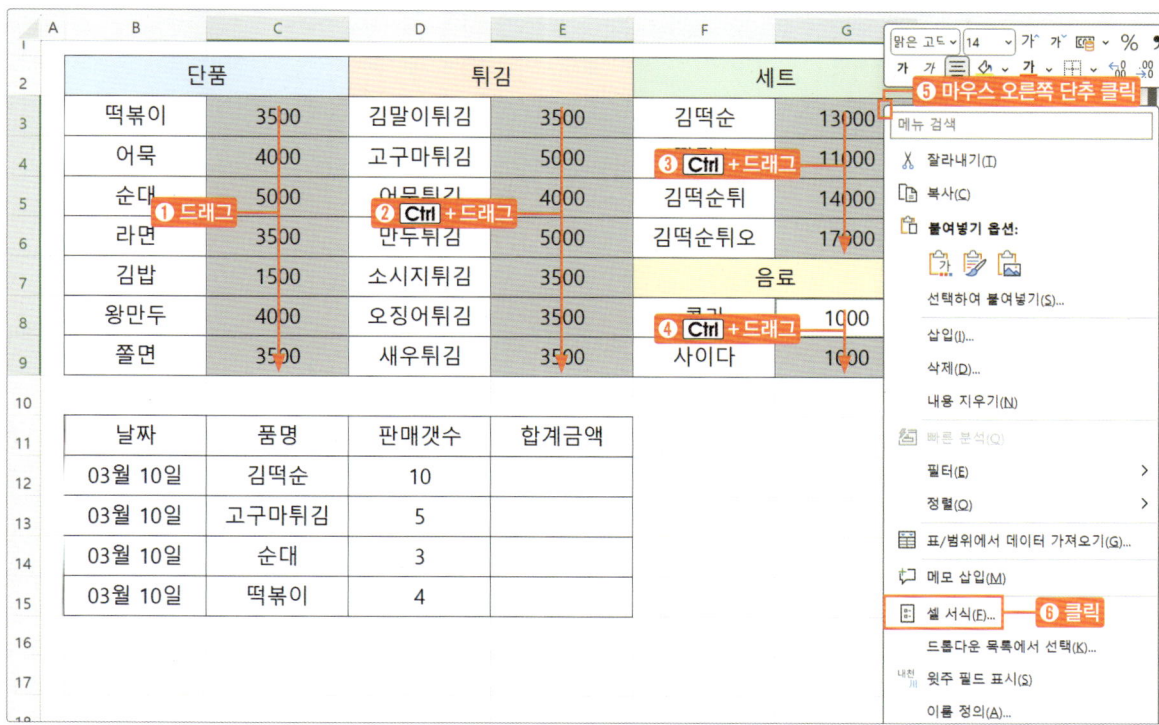

**2** [셀 서식] 대화상자가 나오면 원하는 형식을 지정합니다.
➡ [표시 형식]-[사용자 지정]-[형식]-'#,##0' 선택-'#,##0' 뒤 '원' 입력-<확인>

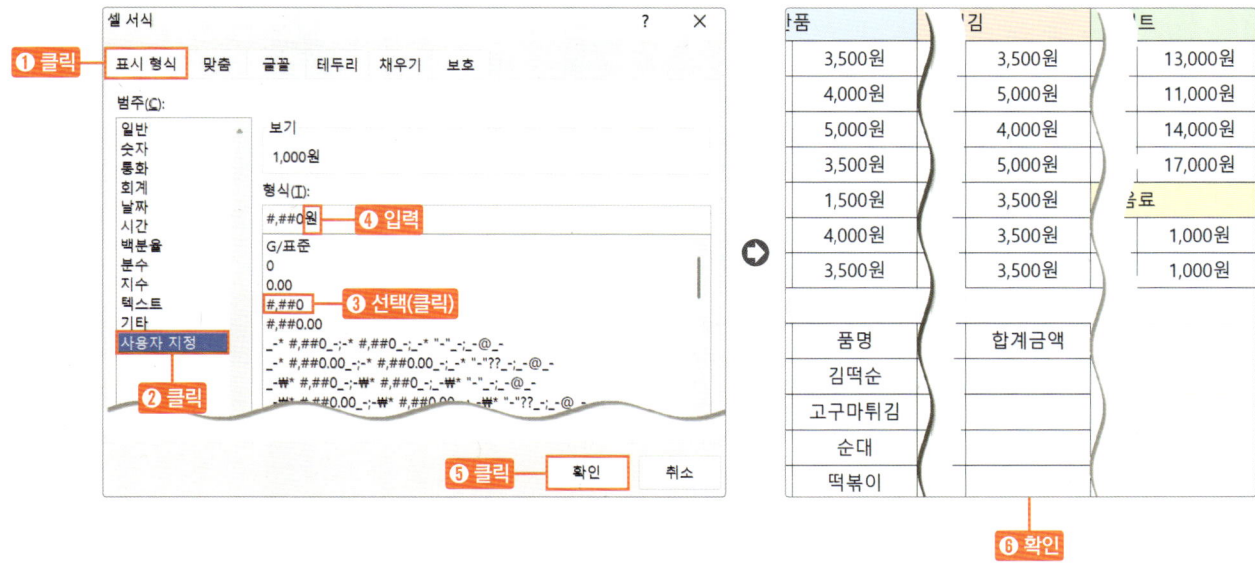

CHAPTER 23 오늘은 분식 배달 시킬까? 얼마야? **153**

## 03 각각 떨어져 있는 셀은 어떻게 계산하지?

**1** [E12] 셀에 3월 10일자에 주문한(김덕순) 금액을 계산합니다.

➡ [E12] 셀 클릭-['='입력]-[D12 셀 클릭(김떡순 판매갯수)]-['*'입력]-[G3 셀 클릭(김떡순 가격)]-Enter

**힌트 · 컴퓨터에서 사용되는 계산 기호**

+(더하기), -(빼기), *(곱하기), /(나누기) : 곱하기와 나누기 기호는 수학에서 사용되는 기호와 달라요.

**2** 같은 방법으로 수식을 만들고 Enter 키를 누릅니다.

➡ 고구마튀김 : [E13] 셀 클릭-['='입력]-[D13 셀 클릭(고구마튀김 판매갯수)]-['*'입력]-[E4 셀 클릭(고구마튀김 가격)]-Enter
➡ 순대 : [E14] 셀 클릭-['='입력]-[D14 셀 클릭(순대 판매갯수)]-['*'입력]-[C5 셀 클릭(순대 가격)]-Enter
➡ 떡볶이 : [E15] 셀 클릭-['='입력]-[D15 셀 클릭(떡볶이 판매갯수)]-['*'입력]-[C3 셀 클릭(떡볶이 가격)]-Enter

**3** [E12] 셀부터 [E15] 셀 숫자 뒤에 '원'이 나오도록 지정합니다.

➡ [범위 지정]-[마우스 오른쪽 단추 클릭]-[표시 형식]-[사용자 지정]-['#,##0' 선택]-['원' 입력]

**4** [D12] 셀부터 [D15] 셀에는 숫자 뒤에 '개'가 나오도록 지정합니다.

# CHAPTER 23

## 혼자서 뚝딱뚝딱

☐ 지금하기  ☐ 나중에 하기

📁 불러올 파일 : 미션_01.xlsx    📄 완성된 파일 : 미션_01(완성).xlsx

**1** '미션_01.xlsx' 파일을 열어 아래 그림을 참고하여 완성해 봅니다.

 금액이 있는 셀 영역에 천 단위 구분 (,)과 '원'을 지정합니다.

 [E12] ~ [E16] 셀 계산식을 입력합니다.

**3** [B12] ~ [B16] 셀에 그림과 같이 날짜 표시 형식을 설정합니다.

**4** [D12] ~ [D16] 셀에 그림과 같이 '개'를 표시합니다.

**5** 기타 그림을 참고해서 완성합니다.

# CHAPTER 24 단원 종합 평가 문제

**오늘 배울 내용**
- 17장~23장에서 배운 내용을 평가해봅니다.

1. 그림과 같이 [D3] 셀에 사용한 수식은 무엇인가요?

   | | A | B | C | D |
   |---|---|---|---|---|
   | 1 | | | | |
   | 2 | | 가지고 있는 금액 | 사용한 금액 | 남은 금액 |
   | 3 | | 9500 | 7200 | 2300 |
   | 4 | | | | |

   ❶ =C3-B3    ❷ =C3-D3    ❸ =B3-C3    ❹ =B2-C2

2. 자동 합계를 사용하는 도구는 무엇인가요?

   ❶     ❷ ◭    ❸ 🏞    ❹ ∑

3. 차트의 크기를 조정할 때 셀에 맞추어서 크기를 조정하려면 어떤 키를 같이 눌러야 할까요?

   ❶ Shift    ❷ Ctrl    ❸ Alt    ❹ Enter

4. 엑셀에서 미리 만들어진 도형을 입력하는 기능은 무엇인가요?

   ❶ 기본 도형    ❷ 스마트아트    ❸ WordArt    ❹ 그림 넣기

5. 다음 수식에서 사용하는 기호와 뜻이 다른 것은 무엇인가요?

   ❶ *(곱하기)    ❷ +(더하기)    ❸ @(나누기)    ❹ -(빼기)

6. 다음 중 복사하는 단축키는 무엇인가요?

   ❶ Shift+C    ❷ Ctrl+C    ❸ Ctrl+V    ❹ Alt+Enter

**7** '미션-_01.xlsx' 파일을 열어 아래 그림을 참고하여 완성해 봅니다.

📁 **불러올 파일** : 미션_01.xlsx  💾 **완성된 파일** : 미션_01(완성).xlsx

❶ [B3] 셀부터 [N4] 셀까지 드래그 → 추천 차트 : 묶은 세로 막대형
❷ 차트 스타일과 도형 스타일 설정

|   | 1월 | 2월 | 3월 | 4월 | 5월 | 6월 | 7월 | 8월 | 9월 | 10월 | 11월 | 12월 |
|---|---|---|---|---|---|---|---|---|---|---|---|---|
| 강수량(mm) | 0.9 | 0.3 | 42.2 | 42.3 | 8.2 | 122.9 | 113.3 | 229.2 | 141.4 | 32 | 55 | 5.2 |

[출처 : 기상청]

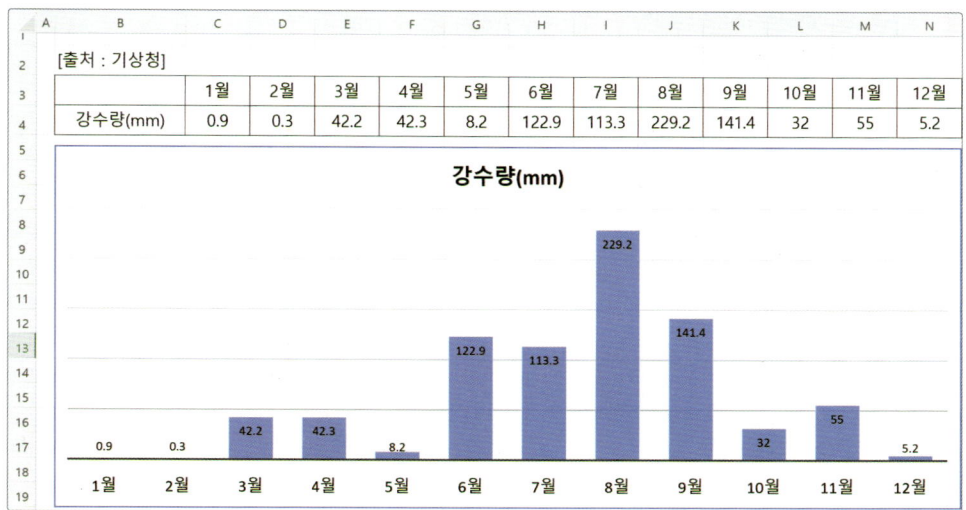

**8** '미션-_02.xlsx' 파일을 열어 아래 그림을 참고하여 완성해 봅니다.

📁 **불러올 파일** : 미션_02.xlsx  💾 **완성된 파일** : 미션_02(완성).xlsx

❶ 제목 글꼴 및 서식 변경
❷ 숫자 '천 단위 구분' 및 '원' 추가
❸ 과목별 최저가(최소값), 최고가(최대값) 계산
❹ 개인별 책 구매 합계 계산

### 컴퓨터반 책값 계산하기

| 과목 | 유하은 | 전시현 | 곽나영 | 손희영 | 최소값 | 최대값 |
|---|---|---|---|---|---|---|
| 꼬물이 윈도우 | 14,000원 | 13,500원 | 14,500원 | 15,000원 | 13,500원 | 15,000원 |
| 꼬물이 한글 | 16,000원 | 15,000원 | 14,000원 | 14,500원 | 14,000원 | 16,000원 |
| 꼬물이 파워포인트 | 13,500원 | 14,000원 | 14,500원 | 15,000원 | 13,500원 | 15,000원 |
| 꼬물이 엑셀 | 15,000원 | 14,500원 | 14,000원 | 15,500원 | 14,000원 | 15,500원 |
| 돌꿈 윈도우 | 14,000원 | 13,500원 | 14,500원 | 15,000원 | 13,500원 | 15,000원 |
| 돌꿈 한글 | 16,000원 | 15,000원 | 14,000원 | 14,500원 | 14,000원 | 16,000원 |
| 돌꿈 파워포인트 | 13,500원 | 14,000원 | 14,500원 | 15,000원 | 13,500원 | 15,000원 |
| 돌꿈 엑셀 | 15,000원 | 14,500원 | 14,000원 | 15,500원 | 14,000원 | 15,500원 |
| 합계 | 117,000원 | 114,000원 | 114,000원 | 120,000원 | 110,000원 | 123,000원 |

채점프로그램 MAG 소개

## 자격증의 새로운 변화!!
# MAG 채점 프로그램

### ❶ 개인용 채점프로그램_MAG PER

- ▶ 개인을 위한 **채점프로그램**으로 각 자격증별 **시험 결과** 즉시 확인
- ▶ **오피스(한컴·MS)** 설치 없이 **즉시 채점** 가능!
- ▶ **인공지능**으로 채점율 UP

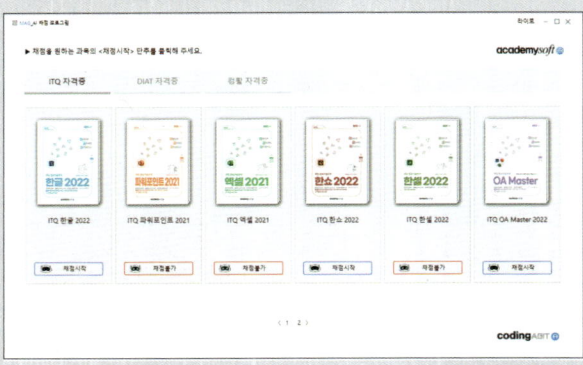
▲ 과목 선택

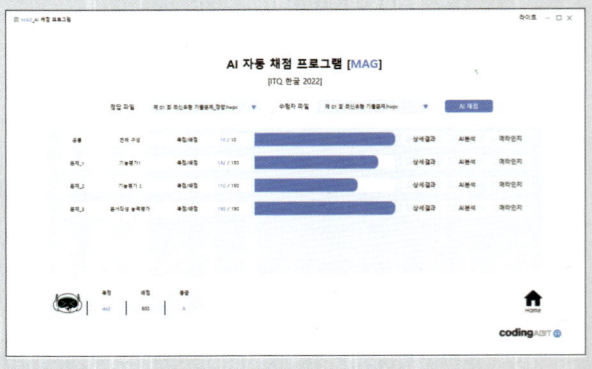
▲ 채점 결과

### ❷ 교육기관용 채점프로그램_MAG NET

- ▶ 선생님을 위한 또 다른 서비스를 제공합니다.
- ▶ 선생님을 위한 **온라인 채점프로그램**으로 접속한 수검자의 **시험 결과**를 실시간 확인
- ▶ 시험종료 후 **성적통계**로 문제별 부족한 부분과 단점을 완벽히 보완
- ▶ **인공지능**으로 채점율 UP

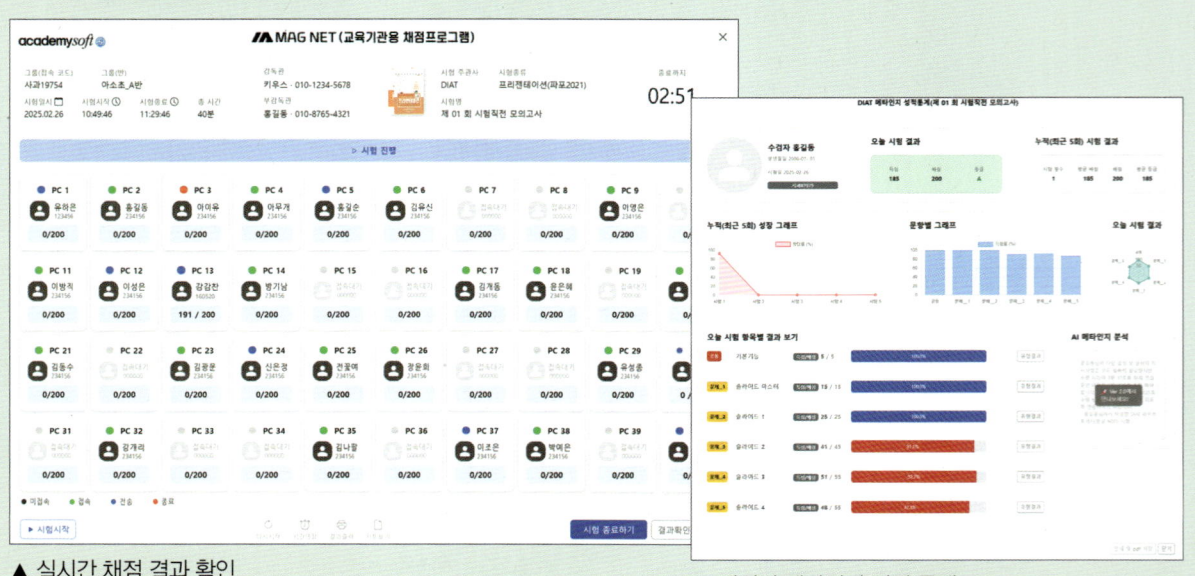
▲ 실시간 채점 결과 확인       ▲ 개인별 메타인지 성적 통계

답안 전송 프로그램 소개

## 2025년 아카데미소프트의 새로운 답안 전송 프로그램
# NEW 답안 전송 프로그램

▶ ITQ, DIAT 시험에 최적화된 **답안 전송 프로그램**
▶ 남은 작업 시간을 확인할 수 있는 **타이머** 기능 추가!
▶ 답안 전송 프로그램을 실행하면 시험 환경에 맞는 **자동 폴더 생성**
▶ **실제 시험장**과 유사한 작업 환경!
▶ 지속적인 **업데이트**로 프로그램 오류 최소화!

### 답안 전송 프로그램! UI 확인하기

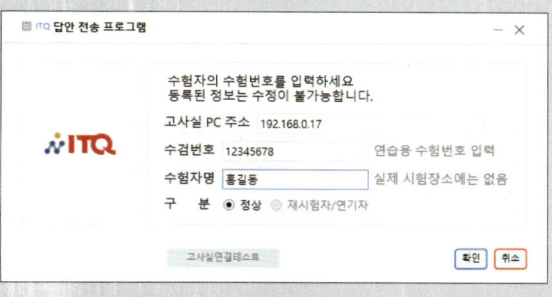

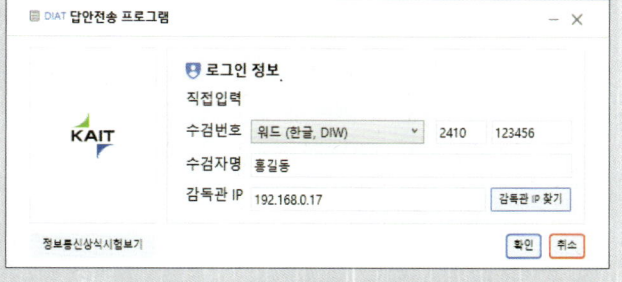

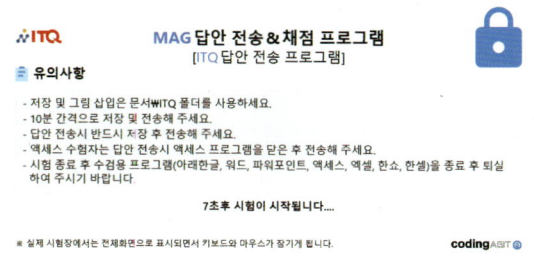

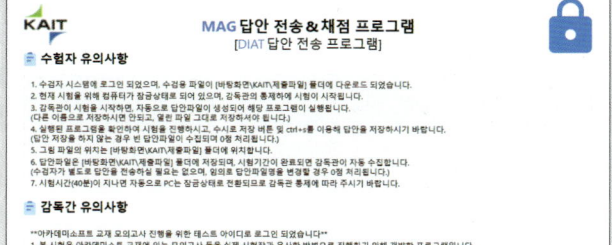

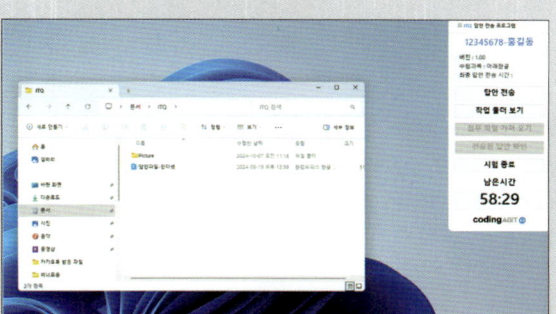

▲ ITQ 답안 전송 프로그램

▲ DIAT 답안 전송 프로그램

K마블 소개

아카데미소프트와 코딩아지트의 컴교실 **타자 프로그램**

 **V2.0 업그레이드**

 [K마블이란?]   [K마블인트로]

## 업그레이 된 K마블 V2.0을 만나보세요!

▶ 키우스봇과 함께하는 **무료 타자프로그램!**
▶ **영문 버전** 오픈
▶ 온라인 대전 **2 VS 2** 모드 출시
▶ 나만의 **커스텀 캐릭터** 기능 오픈

**100% 무료 타자프로그램**

K마블 V 2.0으로 한글·영문 타자연습 모두 가능해요!!

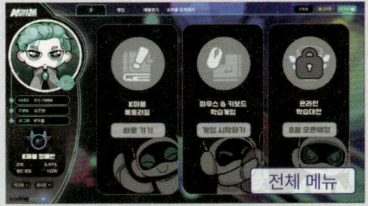
전체 메뉴

K마블 튜토리얼

커스텀 프로필

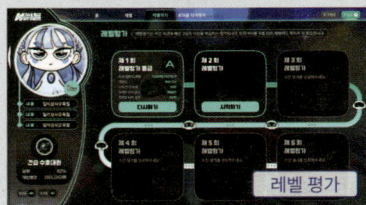
레벨 평가

영어 단어 연상게임

온라인 대전

▶ **커스텀 프로필**
자신의 캐릭터를 꾸밀 수 있는 기능이 추가되었습니다. 캐릭터의 머리, 얼굴, 옷, 장신구를 변경하여 자신만의 개성있는 캐릭터를 만들어 봅니다.

▶ **레벨평가 시안성**
레벨평가 화면이 이전 화면 보다 보기 좋게 변경되었습니다. 배운 내용을 복습하여 높은 점수에 도전해 봅니다.

▶ **영어 단어 연상 게임**
단어 연상 게임은 제시된 그림을 보고 연상되는 단어를 알아 맞히는 게임입니다. 두 글자 부터 네 글자까지 다양한 단어를 학습해 봅니다.

▶ **온라인 대전 게임 - 영토 사수 작전**
친구들과 1 VS 1 또는 2 VS 2 온라인 대전 게임으로 오타 없이 빨리 타자를 입력하여 영토를 지배하는 게임입니다. 비슷한 타수의 친구와 대결하면 재미있는 승부를 볼 수 있습니다.

 ※ K마블 영어 버전의 원어민 음성 모드도 곧 지원됩니다.